我的第一本炒股入门书

杨小丽◎编著

图解视频增值版

中国铁道出版社有限公司
CHINA RAILWAY PUBLISHING HOUSE CO., LTD.

内 容 简 介

　　本书从一个没有任何股市投资经验股民的角度出发，系统且全面地介绍了新股民入市前应该掌握的一系列炒股知识，主要包括基础理论知识、股票投资交易流程、炒股软件的使用、基本面分析、盘口信息解读、分时盘面分析、K线走势分析、量价关系变化、股价趋势变化、多种技术指标应用分析、庄家坐庄分析，以及风险管理控制等内容。

　　本书主要针对有炒股想法准备入市或刚刚入市的股民，以及股市投资爱好者，同时对有经验的投资者也具有参考价值。

图书在版编目（CIP）数据

我的第一本炒股入门书：图解视频增值版 / 杨小丽编著 .—北京：
中国铁道出版社有限公司，2021.6
ISBN 978-7-113-27826-7

Ⅰ. ①我… Ⅱ. ①杨… Ⅲ. ①股票投资－基本知识Ⅳ. ① F830.91

中国版本图书馆 CIP 数据核字（2021）第 050189 号

书　　名：我的第一本炒股入门书（图解视频增值版）
　　　　　WO DE DI-YI BEN CHAOGU RUMEN SHU（TUJIE SHIPIN ZENGZHIBAN）
作　　者：杨小丽

责任编辑：张亚慧　　编辑部电话：（010）51873035　　邮箱：lampard@vip.163.com
编辑助理：张秀文
封面设计：宿　萌
责任校对：苗　丹
责任印制：赵星辰

出版发行：中国铁道出版社有限公司（100054，北京市西城区右安门西街 8 号）
印　　刷：中煤（北京）印务有限公司
版　　次：2021 年 6 月第 1 版　　2021 年 6 月第 1 次印刷
开　　本：700 mm×1 000 mm　1/16　印张：20.25　字数：260 千
书　　号：ISBN 978-7-113-27826-7
定　　价：69.00 元

前言

说起投资理财，大部分人脑海中的第一反应就是股票。这是因为炒股操作简单，并且能够快速为人们带来丰厚的财富回报。但并不是所有的投资者都能在股市中赚得盆满钵满，对于经验丰富的投资者来说，股票确实是一种能够快速实现财富增值的投资工具。

但对于经验缺乏的新手股民来说，盲目入市可能意味着一场灾难。那是不是新手股民就不能入市了呢？

答案是否定的，实际上只要新手股民提前做好相应的准备，学习并掌握相关的炒股技巧，一样可以在股市中自由淘金。

然而在实际应用中，很多新手股民在入市学习之初却很茫然，感觉自己什么都不知道，更不知道自己应该从什么地方起步，是理论知识还是软件操作？又或者是炒股技能学习？

为此，笔者特地编写了本书作为新手股民入市前的第一本书，书中系统且全面地介绍了炒股入门的几乎所有知识。通过对此书的阅读，可以帮助新手股民快速了解必备的基础炒股理论知识、相关软件操作技能以及入市后需要掌握的炒股技巧等。

全书共 12 章，可分为 4 个部分。

◆ 第一部分为第 1 ～ 3 章，这部分主要是炒股的基础知识掌握，包括基本理论知识、股价交易流程以及炒股软件的操作，帮助股民快速了解炒股的基础操作。

◆ 第二部分为第 4 ～ 9 章，这部分是本书的重点部分，主要介绍了股市炒股的技能分析方法，包括基本面分析、盘口信息解读、分时盘面分析、K 线走势分析、量价关系变化以及股价趋势变化，帮助股民掌握多种实用的技术分析方法。

◆ 第三部分为第 10 ～ 11 章，这部分是炒股技能的提升内容，帮助股民进一步提升股市分析能力，包括多种技术指标应用分析和庄家坐庄分析。

◆ 第四部分为第 12 章，这部分是最后一部分内容，主要从风险防范方面入手，帮助股民了解股市中的多种风险，并介绍相应的规避方法，以便股民能够更稳健地进行投资操作。

本书从一个没有任何股市投资经验的股民的角度出发，系统全面地梳理了炒股投资应该掌握的一系列知识。另外，书中采用了大量的图示和实际案例来进行分析，在降低阅读枯燥感的同时，也能帮助读者理解和掌握相关知识内容。此外，还额外免费赠送了与炒股有关的视频讲解，让读者换一种方式补充学习。

最后，希望所有读者都能从本书中学到实用的炒股知识，快速提升自己的炒股技能，实现自己的炒股赚钱梦想，但也请牢记，股市有风险，投资须谨慎。

编 者

2021 年 3 月

目录

第 1 章　初涉股市，基本知识要懂得

第2章　开立账户，熟悉股市交易流程

第 3 章 赢在工具，炒股软件使用攻略

第 4 章 股市投资，基本面不能忽视

第 5 章 解读盘口，有效看盘的关键

第6章 分时盘面，识破股票涨跌玄机

第7章　掌握K线，找准股票买卖时机

第 8 章 读懂量价，预测股价运行方向

第 9 章　顺势而为，把握股市变化趋势

第 10 章　提高胜算，应用多种技术更可靠

第 11 章　识庄跟庄，依靠庄家稳获胜

第 12 章 有备无患，学点防范技能与策略畅游股市

第**1**章

初涉股市，基本知识要懂得

　　随着人们理财意识的不断增强，越来越多的人选择通过各种理财方式来积累财富。股票作为一种投资工具，被不同财富水平的人熟知，越来越多的人将其作为理财的方式。但是，为了更稳妥地投资股市，作为炒股新手，我们首先要懂得股市的一些基本知识，充分了解这个领域。

股票知识概述
认识股票市场的类型
了解股票市场的参与者
证券管理和服务机构
......

1.1 股票基本常识应知道

一提及"股票"，很多人都会觉得高深莫测、遥不可及。其实股票就是一种简单的投资工具，只要你认真了解就会明白，其实它并不是那么难懂。下面我们首先了解一下股票的一些基本常识内容，让炒股新手快速入门。

1.1.1 股票知识概述

股票属于一种有价证券，是股份有限公司在筹集资金时，公开或私下向出资人发行的一种证明持有人向公司出资多少的凭证，同时也是持有人拥有公司股东权益份额的证明。

其实，我们常说的股票只是一种虚拟的资本，其本身仅仅是一张记载权益的纸，随着科技的发展，它变成了存储在证券交易中心的电脑中的一种数据，其本身并没有任何价值。但是，它具有流通性、收益性、参与性、不可偿还性以及价格波动性和风险性，其特性的具体表述如表 1-1 所示。

表 1-1　股票的特性

特性	具体表述
流通性	股票作为一种有价证券，既可以在市场上买卖、转让，也可以继承、抵押，因此股票具有流通性，吸引投资者不断地进行交易，使股票价格在交易过程中发生变动，并带动投资者的资金流动，从而实现社会资源优化配置的效果。流通性越强的股票，其收益越可观，交易的频率就越高

续表

特性	具体表述
收益性	作为一种有偿投资，股票持有者有权从股份公司获取投资回报，其收益的多少取决于投资者的成本、股份公司的盈利水平和盈利的分配政策。另外，投资者还可以通过转让股票并从中获取差价，实现投资金额保持增长的方式来体现股票的收益性
参与性	投资者在买入某个公司的股票后就成为公司的利益相关者，只要数量达到一定限额，即可以股东的身份参与公司的股东大会。对于股票的参与性，具体表现在： ①股票持有者有权出席股份有限公司的股东会议，或参与公司的重大经营决策。 ②股票持有者具有参与公司盈利分配的权利。 ③公司遇到重大危机而解散或破产时，股东要按持有股份的比例对债权人承担清偿责任
不可偿还性	股票是一种无限期的长期投资，一经向股份公司购买股票之后，只要该公司依然存在，任何股票投资者都不能要求退股并返还资金。如果需要取回资金，可以在证券交易市场将股票转让给第三方。股票的转让只代表持有该股票的股东身份的转移，而对股份公司的资本并没有直接的影响
价格波动性和风险性	任何投资都存在着风险。股票作为在市场中流通的交易对象，与一般商品相似，股票的价格也是根据供求关系的变化而上下波动，其供求关系受到市场行情、公司经营状况和政策等因素影响。股票投资的风险正是来源于股票价格波动的不确定性，价格波动的不确定性越大，投资的风险性就越高

小贴士 *分清股票投资者和投机者*

　　股票投资者就是在股票市场中进行长期投资的人或机构。广义的投资者包括公司股东、债权人和利益相关者；狭义的投资者就是指股东。

　　而投机者是投资者的一种，是指在金融市场上"买空卖空""卖空买空"，希望以较少的资金来博取利润的投资者。

1.1.2 股票的种类有哪些

股市中的股票有很多，新股民在进入股市之前，需要了解这些股票的具体分类，从而更好地指导自己选择股票。

股票根据不同的划分依据可以分为不同的种类。

根据股东对公司资产、利润的分配顺序来划分可将股票分为普通股和优先股，各类型股票的具体介绍如表1-2所示。

表1-2　普通股和优先股的介绍

类型	具体介绍
普通股	普通股即大众投资者所购买的股票，它是股份有限公司最基本的一种股份，也是风险最大的一种股票。普通股股东所享有的权利有以下4个方面： ①认股优先权。若股份有限公司增发普通股股票，原持有普通股的股东有权优先认购新发行的股票。 ②经营参与权。普通股股东有权参与公司的经营管理，具有投票表决的权利。 ③收益分配权。普通股股东有权凭其所持有的股份参与公司的盈利分配，但盈利分配顺序后于优先股股东。 ④剩余资产分配权。当公司破产时，在其清偿债务和分配给优先股股东之后，普通股股东可分配剩余的资产
优先股	优先股是由于股份有限公司有一定特殊需求而向特定对象发行的股票，通常会在票面上添加"优先股"字样的标注。相比于普通股，优先股具有以下3个特点： ①可以约定股息率。优先股股东可事先确定固定的股息率，其收益与公司经营状况无关。而且其收益比普通股更高。 ②部分权利受限。优先股股东无权干涉公司的任何决策，也无投票表决权，且优先股一般不能上市交易。 ③风险性更小。股份公司破产清算时，当偿还债务后，优先股股东可先于普通股分配剩余资产

按照其募集的投资主体性质的不同可将股票分为国家股、公众股以及法人股，各类型股票的具体介绍如表1-3所示。

表1-3 国家股、公众股以及法人股的介绍

类型	具体介绍
国家股	国家股也称为"国有股"或者"国有资产股"，指有权代表国家投资的机构或部门，以国有资产向股份有限公司投资所产生的股份，也包括原国有企业向股份有限公司形式转换时，将现有资产折合成的国有股份
公众股	公众股也可以称为个人股，指社会个人或股份公司内部职工以个人合法财产投入公司形成的股份。公众股可分为公司职工股和社会公众股： ①公司职工股是指股份公司职工在本公司公开向社会发行股票时按发行价格所认购的股份。 ②社会公众股是指我国境内个人或机构以其合法财产向公司可上市流通的股权部分进行投资所形成的股份
法人股	法人股指企业法人或具有法人资格的事业单位和社会团体，以其依法可经营的资产向公司非上市流通股权部分投资所形成的股份。根据法人股认购的对象不同，将法人股又可分为国有法人股和社会法人股： ①国有法人股是指具有法人资格的国有企业、事业及其他单位，以其依法占用的法人资产向独立于自己的股份公司出资形成或依法定程序取得的股份。国有法人股属于国有股权。 ②社会法人股是指非国有法人资产投资于上市公司形成的股份

小贴士 *国家法人股与国家股的区别*

国家法人股与国家股的区别主要有以下两点：

一是持股单位不同，前者的持股单位为向公司投资的国有法人单位；后者的持股单位为有权代表国家投资的机构或者部门。

二是股权管理方式不同，前者的股利由国家法人单位收取并依法使用；后者的股利收入由国有资产管理部门监督收缴，并依法纳入国有资产经营预算和根据国家相关规定进行安排和使用。

按照股票的发行地点不同，可将股票划分为A股、B股、N股、S股和L股等，各类型股票的具体介绍如表1-4所示。

表1-4 A股、B股、N股、S股和L股的介绍

类型	具体介绍
A 股	A 股的正式名称是人民币普通股票,是由我国境内的公司发行,供境内机构、组织或个人以人民币认购和交易的普通股股票
B 股	B 股的正式名称是人民币特种股票,属于境内上市的外资股。它是以人民币标明面值,以外币认购,供境内外投资者买卖的股票
N 股	N 股主要是指在我国内地注册,在纽约上市的外资股,因纽约英文单词"New York"首字母为"N"而得名 N 股
S 股	S 股主要是指在我国内地注册,在新加坡上市的外资股,因新加坡英文单词"Singapore"首字母为"S"而得名 S 股
L 股	L 股主要是指在我国内地注册,在伦敦上市的外资股,因伦敦英文单词"London"首字母为"L"而得名 L 股

除了上述常见的 5 种分类方法外,还可以按公司的业绩、一定时期内的成交量等标准进行划分,各类型的具体介绍如表 1-5 所示。

表 1-5 按业绩或成交量划分的股票类型介绍

划分依据	类型	具体介绍
按业绩划分	绩优股	公司业绩良好,上市后净资产收益率连续 3 年显著超过 10% 的股票
	成长股	公司销售额和利润持续增长,且速度快于国家和本行业其他公司发行的股票
	垃圾股	与绩优股相对,指股票的发行公司业绩较差,公司净资产出现连续亏损的现象
按成交量划分	热门股	指那些关注度高、交易量大、流通性强且价格变动幅度较大的股票
	冷门股	与热门股相对,指那些少人关注、交易量小甚至无交易、流通性差且价格变动幅度小的股票
	龙头股	通常指在某一时期内对同行业板块的其他股票具有影响力和号召力的股票

1.1.3 了解 ST 股和 *ST 股

每一只股票都有对应的 6 位数字的代码，以及对应的名称，通过股票代码或名称可以唯一标识一只股票。但是在炒股软件中，我们会看到有一些股票的名称前面有"ST"或者"★ST"的标识，如图 1-1 中所示的 ST 宜化（000422）、ST 生物（000504）和 ★ST 华塑（000509）。

	代码	名称	涨幅%	现价	涨跌	买价	卖价	总量	现量	涨速%	换手%	今开
89	000422	ST宜化	0.00	2.59	0.00	2.58	2.59	12266	7	0.00	0.14	2.58
90	000423	东阿阿胶 R	1.59	46.10	0.72	46.01	46.10	49189	1	0.13	0.75	45.30
91	000425	徐工机械	-1.24	6.37	-0.08	6.37	6.38	352233	6	0.00	0.50	6.45
92	000426	兴业矿业 R	-0.40	7.42	-0.03	7.41	7.42	46589	101	0.54	0.32	7.44
93	000428	华天酒店	1.18	3.42	0.04	3.41	3.42	33423	49	0.00	0.33	3.38
94	000429	粤高速A	-0.29	6.99	-0.02	6.98	6.99	6725	15	0.00	0.05	6.98
95	000430	张家界	0.56	5.40	0.03	5.40	5.41	13883	1	-0.17	0.42	5.38
96	000488	晨鸣纸业 R	-1.28	5.39	-0.07	5.38	5.39	181930	1	0.00	1.10	5.47
97	000498	山东路桥	0.18	5.51	0.01	5.52	5.53	26571	19	0.00	0.24	5.51
98	000501	鄂武商A R	0.26	19.05	0.05	19.04	19.05	124056	8	0.00	1.62	19.20
99	000502	绿景控股	0.68	7.38	0.05	7.38	7.39	15262	47	0.14	0.83	7.43
100	000503	国新健康 R	-0.50	12.04	-0.06	12.03	12.04	35741	10	0.08	0.40	12.22
101	000504	ST生物	1.29	13.39	0.17	13.36	13.40	22014	13	0.22	0.07	13.19
102	000505	京粮控股 R	-2.45	11.14	-0.28	11.13	11.14	262566	25	0.27	6.47	11.25
103	000506	中润资源 R	-1.38	2.85	-0.04	2.85	2.86	82049	4	-0.34	0.88	2.88
104	000507	珠海港	1.03	5.87	0.06	5.86	5.87	43535	30	0.17	0.52	5.83
105	000509	*ST华塑	0.44	2.29	0.01	2.28	2.29	69572	200	0.00	0.84	2.29
106	000510	新金路	-0.22	4.45	-0.01	4.45	4.46	29135	15	0.23	0.53	4.46
107	000513	丽珠集团 R	3.50	53.28	1.80	53.26	53.29	63828	11	0.01	1.03	51.59
108	000514	渝 开 发	0.24	4.10	0.01	4.10	4.11	17853	1	-0.23	0.21	4.09

分类▲ A股▲ 中小▲ 创业▲ 科创▲ CDR▲ B股▲ 基金▲ 债券▲ 股转▲ 板块指数▲ 港美联动▲ 自选▲ 板块▲ 自定▲ 港股▲ 期权▲

图 1-1 ST 股和 *ST 股

下面分别介绍这两个标识的个股到底是怎么回事儿？

◆ ST 股

股票名称前面带"ST"标识的称为 ST 股。ST 是英文 Special Treatment（特别处理）的缩写，因此，ST 股也就是需要进行特别处理的股票。

在股票名称前添加"ST"前缀后，对股票的交易会产生一定的影响，因此在判断公司财务是否存在异常情况的标准上是非常严格的。通常，当上市公司财务状况出现以下几种异常情况后，就会被冠以 ST 股。

①上市公司经审计连续两个会计年度的净利润均为负值。

②上市公司最近一个会计年度经审计每股净资产低于股票面值。

③注册会计师对最近一个年度的财产报告出具无法表示意见或否定意见的审计报告。

④最近一份经审计的财务报告对上年度利润进行调整，导致连续两个会计年度亏损。

⑤最近一个会计年度经审计的股东权益扣除有关部门不予确认的部分，低于注册资本。

⑥经交易所或证监会认定的财务状况异常情况。

小贴士 *如何看待 ST 股*

投资者对 ST 股也要区别对待，具体问题具体分析。有的 ST 股主要是经营性亏损，在短期内很难通过加强管理扭亏为盈；有的 ST 股则是由于特殊原因造成的亏损，例如有的 ST 股正在进行资产重组，这类 ST 股往往具有很大的潜力。

◆ *ST 股

在股市中，为了警示存在退市风险的 ST 股，从 2003 年开始，将这类 ST 股前添加"★"符号。对于已经进行特别处理的个股，在其前面添加"★"符号，更加说明要引起重视。

通常，对于存在以下情况的 ST 股，都会被标识为 *ST 股。

①最近两年年度报告披露显示当年净利润为亏损。

②财务会计报告因存在重大会计差错或虚假记载，公司主动更改或被中国证监会责令改正，对以前年度财务会计报告进行追溯调整，导致最近两年亏损。

③财务会计报告因存在重大会计差错或虚假记载，中国证监会责令其改正，在规定期限内未对虚假财务会计报告进行改正的。

④最近一个会计年度经审计的股东权益扣除注册会计师、有关部门不予确认的部分，低于注册资本。

⑤最近一份经审计的财务报告对上年度利润进行调整，导致连续两个会计年度亏损。

⑥经交易所或中国证监会认定为财务状况异常的。

对于 *ST 股，有时候也会走出惊人的涨势，如图 1-2 所示，*ST 商城（600306）在 2020 年 6 月 8 日复牌后连续出现 5 个一字涨停拉高股价。但需要特别注意的是，由于该股属于 *ST 股，随时面临退市风险，因此，对于炒股新手而言，最好不要操作这样的股票。

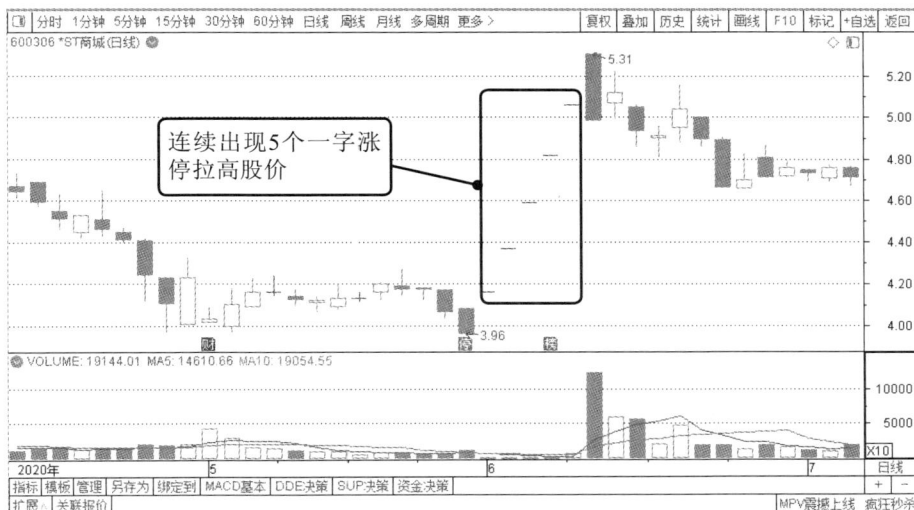

图 1-2 *ST 商城 2020 年 4 月至 7 月的 K 线走势

1.1.4 了解股票的指数

股票指数是由证券交易所或其他具有权限的金融服务机构根据众多上市公司的股票价格编制的一种动态反映某个时期各种股票价格的一种指

标。通常情况下，根据股票指数也可以观察、预测社会政治和经济的发展形势。对于新股民来说，需要了解如表 1-6 所示的几种常见股票指数。

表 1-6　常见的股票指数

股票指数	具体介绍
上证指数	上证指数是我国两大股票指数之一，由上海证券交易所编制。上证指数以 1990 年 12 月 19 日为基期，以"点"为指数单位，基期指数被指定为 100 点（基本指数为 100）。 上证指数计算的样本为所有在上海证券交易所挂牌上市并可自由交易的股票，采用的权数为上市公司的总股本，能清楚地反映上海股价的变动情况。 上海证券交易所的股票指数是逐笔计算的，即每完成一笔新的交易，就会重新计算一次股票指数。上证指数的发布几乎与行情变化同步进行。因此，上证指数成为投资者研究和分析股票价格变化趋势必不可少的工具
深证指数	深证指数其全称为深证综合指数，该指数的编制方法与上证指数编制方法相似，但它是以 1991 年 4 月 3 日为基期，同样以"点"为指数单位，并将基本的股票指数定为 100 点，它反映了深市的总体走势。 深圳证券交易所的股票综合指数所采集的股票样本为所有在该所挂牌上市的并可自由交易的股票，其代表性非常广泛，与深圳股市的行情同步发行。因此，其在研究深交所的股票行情方面具有重要的参考价值
沪深 300 指数	沪深 300 指数是由上海证券交易所和深圳证券交易所联合编制，以上证和深证市场中选取的 300 只 A 股作为样本，该样本覆盖了沪深市场约六成的市值，直接反映 A 股市场的整体走势

1.2　认识股市做到知己知彼

投资股票的所有买卖活动都是在股市中完成。因此，要进行炒股，新股民必须对这个"大市场"有充分地了解，只有做到知己知彼，才能百战百胜。

1.2.1 认识股票市场的类型

股市是股票市场的简称，它主要是对已经发行的股票按时价进行转让、买卖和流通。它主要包括股票发行市场和股票交易市场。下面分别对二者进行介绍。

◆ 股票发行市场

股票发行市场也称一级市场或者初级市场，指股票从计划发行到销售的全过程。需要新上市的公司或是老公司的增资、举债，都可以通过发行市场，借助于发行、销售股票来筹集资金。

由于股票发行市场是上市公司直接获得资金的市场，作为普通投资者很难接触到的市场，其具有以下两个特征。

无固定场所股票发行者可以根据自己的需要和股市行情走向来自行决定何时发行股票。

无统一发行时间可以在投资银行、信托投资公司和证券公司等处发行，也可以在市场上公开出售新股票。

◆ 股票交易市场

股票交易市场也称二级市场或者次级市场。股票的交易一般是在股票交易市场中完成的，而这个市场与我们生活中所见到的其他物品交易市场有所不同，它是已经发行的股票按现价转让、买卖和流通的市场。

股票交易市场既有实体市场，也有虚拟市场。实体市场在我国内地仅有上海证券交易所和深圳证券交易所；而虚拟市场则是通过互联网形成的一个全国、甚至全球范围的网络交易场所。

1.2.2 了解股票市场的参与者

要形成一个市场，除了买卖交易的商品外，还应该有市场参与者。在股市中，参与者主要包括市场主体、中介机构、自律性组织和监管机构等，各参与者的具体介绍如表 1-7 所示。

表 1-7　股市各参与者的具体介绍

参与者	具体介绍
市场主体	包括股票发行人和股票投资者两部分。股票发行人是具备发行条件并公开发行股票的股份有限公司，股票投资者包括个人投资者、企业投资人、各类金融机构、各种社会基金以及国外投资者等
中介机构	参与股票发行和交易的机构。主要包括证券承销商、证券经纪商、证券交易中心、证券交易所、证券评级机构、证券投资咨询与服务机构等
自律性组织	按照行业规定，实施自我监管，以维持市场公平、有效的组织。主要包括行业协会和交易所等，我国主要的自律性组织包括中国证券行业协会、上海证券交易所和深圳证券交易所
监管机构	指按照证券法规和行业规定，对证券的发行、交易以及市场参与者行为进行监督和管理的机构，如中国证券监督管理委员会

在股票发行市场和交易市场都有各自不同的参与者，下面分别介绍不同股票市场的参与者。

◆　股票发行市场的参与者

股票发行市场主要由股票发行者、股票承销商和股票投资者 3 个主体因素相互连接而成。

为了确保股票发行事务的顺利进行，使发行者和投资者都能顺利地实现自己的目标，股票承销商会代表发行者将股票发行到投资者手中，承销商会向股票发行者收取一定的手续费用。

这样，整个发行市场就以股票承销商为中心，将发行者和投资者联系起来，从而积极展开股票发行活动，其示意如图1-3所示。

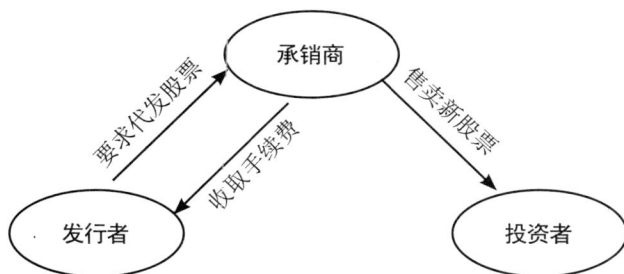

图1-3 股票发行活动示意

◆ 股票交易市场的参与者

在股票交易市场中，主要有三大参与者，第一是股票持有者（卖方）；第二是股票投资者（买方）；第三是证券交易所或其他证券机构。

1.2.3 股市具有哪些作用

股市的存在，对国家的经济发展、股份制企业和投资者都发挥着巨大作用，具体介绍如表1-8所示。

表1-8 股市的作用

作用对象	具体介绍
国家经济的发展	从国家经济发展角度而言，股票市场对其作用有以下5个方面。 ①充分发挥市场机制，打破条块分割和地区封锁，促进资金的横向融通和经济的横向联系，提高资源配置的总体效益。 ②广泛地动员、积聚和集中社会上闲散的资金，为国家经济建设发展服务，扩大生产建设规模，推动经济的发展。 ③改革和完善我国的企业组织形式，更好地发挥股份经济在我国国民经济中的地位和作用，促进我国经济的发展。 ④促进经济体制改革深化发展，有利于理顺产权关系，使政府和企业能各就其位、各司其职、各用其权、各得其利。 ⑤扩大我国利用外资的渠道和方式，增强对外的吸纳能力，有利于更多地利用外资和提高利用外资的经济效益

作用对象	具体介绍
股份制企业	从股份制企业影响角度而言，股票市场对其作用有两方面。 ①有利于股份制企业建立和完善自我约束，自我发展的经营管理机制。 ②有利于资金的筹集，从而满足生产建设的资金需要，由于股票投资的无期性，股份制企业对所筹资金不需要还本，长期使用有利于企业的经营和扩大
投资者	从股票投资者利益角度而言，股票市场对其作用有两方面。 ①可以为投资者开拓投资渠道，扩大投资的选择范围，适应投资者多样性的投资动机，交易动机和利益的需求，一般来说能为投资者提供获得较高收益的可能性。 ②可以增强投资的流动性和灵活性，有利于投资者股本的转让出售交易活动，使投资者随时可以将股票出售，收回投资资金

1.2.4 上市公司的股票是如何上市的

所谓股票上市是指股票在证券交易所挂牌交易，按照《中华人民共和国公司法》的有关规定，股份有限公司满足以下的条件才能申请股票上市。

公司股本总额不少于人民币 5000 万元；成立时间在 3 年以上，最近 3 年连续盈利。

股票经国务院证券管理部门批准已向社会公开发行。

公司股本总额超过人民币 4 亿元的，其向社会公开发行股份的比例为 15% 以上。

公司在最近 3 年内无重大违法行为，财务报告无虚假记载。

原国有企业改建而设立，或本法实施后新成立，其主要发起人为国有大中型企业的。

公司股本总额不少于人民币 5000 万元；开业时间在 3 年以上，最近 3 年连续盈利。

向社会公开发行的股份达公司股份总数的 25% 以上。

国务院规定的其他条件。

股票要上市交易必须经过一个非常复杂的程序，由于涉及大量资金的流动，每一个程序的要求都非常严格，整个上市过程如图 1-4 所示。

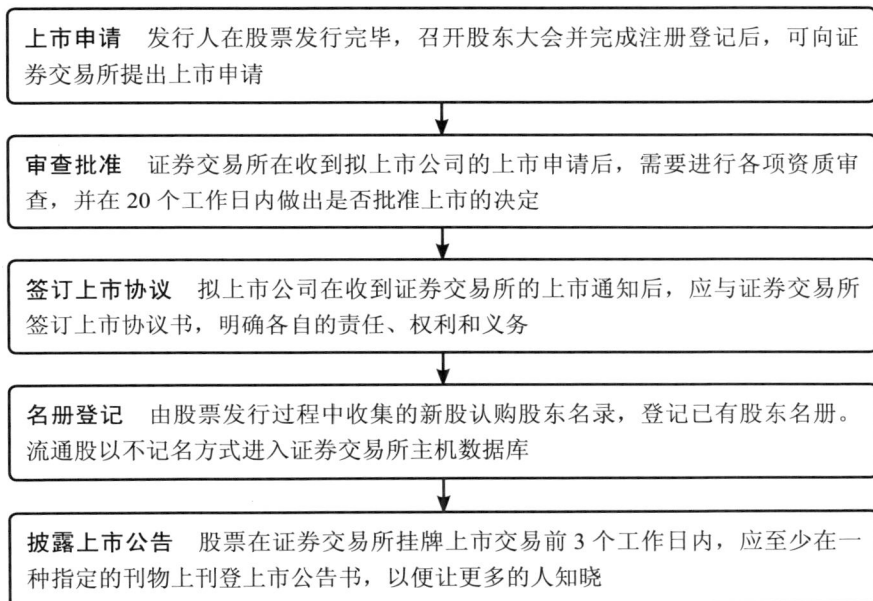

上市申请 发行人在股票发行完毕，召开股东大会并完成注册登记后，可向证券交易所提出上市申请

审查批准 证券交易所在收到拟上市公司的上市申请后，需要进行各项资质审查，并在 20 个工作日内做出是否批准上市的决定

签订上市协议 拟上市公司在收到证券交易所的上市通知后，应与证券交易所签订上市协议书，明确各自的责任、权利和义务

名册登记 由股票发行过程中收集的新股认购股东名录，登记已有股东名册。流通股以不记名方式进入证券交易所主机数据库

披露上市公告 股票在证券交易所挂牌上市交易前 3 个工作日内，应至少在一种指定的刊物上刊登上市公告书，以便让更多的人知晓

图 1-4 股票上市交易的基本过程

1.3 了解股票市场中的监管机构

在股票市场中，股票的所有交易活动和管理工作都是由交易监管机构完成，下面就来介绍常见的监管机构。

1.3.1 股票市场中的证券公司

证券公司是专门经营证券业务的机构，它是依照《中华人民共和国公司法》和《中华人民共和国证券法》的规定设立的并经国务院证券监督管理机构审查批准而成立的，具有独立法人地位的有限责任公司或者股份有限公司。

证券公司有两大特点：一是大多为国有控股企业，资产的赠与必须满足国有资产管理部门的相关规定；二是大多为非上市公司，股份流通受限制，没有市场价格，但又有上市的规划，能够满足上市公司的有关规定。

从功能的角度可以将证券公司分为证券经纪商、证券自营商和证券承销商，其具体的描述如表1-9所示。

表1-9　证券公司的分类

类型	具体介绍
证券经纪商	即证券经纪公司，指以接受客户委托，代客户买卖证券并以此收取佣金的中间人。证券经纪商以代理人的身份从事证券交易，与客户是委托代理关系
证券自营商	即综合型证券公司，除了证券经纪公司的权限外，还可自行买卖证券的证券机构，它们资金雄厚，可以直接进入交易所为自己买卖股票
证券承销商	证券承销商是指与发行人签订证券承销协议，协助公开发行证券，借此获取相应承销费用的证券经营机构

小贴士 *证券经营机构的类型*

我国的证券经营机构主要有两种类型：一种是证券公司，另一种是信托投资公司。其中，证券公司是直接从事证券发行与交易业务的具有法人资格的证券经营机构，其主要业务有代理证券发行、证券自营、代理证券交易、代理证券还本付息和支付红利、接受客户委托代收证券本息和红利以及代办过户等。信托投资公司是以盈利为目的，以委托人身份经营信托业务的金融机构。它除了办理信托投资业务外，还可设立证券部办理证券业务。其主要业务有证券的代销及包销、证券的代理买卖及自营、证券的咨询、保管及代理还本付息等。

1.3.2 股票市场中的证券交易所

证券交易所是依据国家有关法律，经政府证券主管机关批准设立的集中进行证券交易的有形场所。

1. 两大证券交易所简介

在前面的内容介绍中，已经提过两大证券交易所，即上海证券交易所和深圳证券交易所，其基本介绍如表1-10所示。

表1-10 两大证券交易所简介

介绍项目	上海证券交易所	深圳证券交易所
成立时间	创立于1990年11月26日，同年12月19日开业，注册人民币1 000万元，是我国目前最大的证券交易中心	1989年11月15日筹建，1990年12月1日开始集中交易（试营业），1991年4月11日由中国人民银行总行批准成立，并于同年7月3日正式成立
主要职能	提供证券交易的场所和设施；制定证券交易所的业务规则；接受上市申请，安排证券上市；组织、监督证券交易；对会员、上市公司进行监管；管理和公布市场信息	提供证券交易的场所和设施；制定本所业务规则；接受上市申请、安排证券上市；组织、监督证券交易；对会员和上市公司进行监管；管理和公布市场信息；中国证监会许可的其他职能
交易模式	上海证券交易所采用无形席位为主、有形席位为辅的交易模式，拥有亚太地区最大的交易大厅，设有1 608个交易席位，交易网络连接交易终端5 700个。覆盖全国、连通海外的卫星通信网每天为3 000个卫星接收站传达即时行情和相关信息	深圳证券市场采用无形化市场模式，不设交易大堂，市场实时行情通过现代化的通信设备准确无误地传递给遍布全国各省的会员，来自会员的指令通过他们与深交所的电子联网进入撮合主机，按照价格优先和时间优先的原则由电脑进行连续撮合配对

2. 证券交易所在股市中的作用

无论是上海证券交易所，还是深圳证券交易所，在股市中它们都会产生积极作用和消极作用。

◆ 积极作用

从股票交易实践可以看出，证券交易所有助于保证股票市场运行的连续性，实现资金的有效配置，形成合理的价格，从而降低证券投资的风险，联结市场的长期与短期利率。

◆ 消极作用

证券交易所可能产生 6 个方面的消极作用，分别是扰乱金融价格、易受虚假消息影响、从事不正当交易、内幕人士操纵股市、股票经纪商作弊和交易所工作人员作弊，各作用的具体表现如表 1-11 所示。

表 1-11　交易所产生消极作用的具体表现

消极作用	具体表现
扰乱金融价格	由于证券交易所中很大一部分交易仅是转卖和买回，表面上看起来证券买卖周转量大，但实际交割并不大。而且由于这类交易其实并非代表真实金融资产的买卖，其供求形式在很大程度上不能反映实际情况，有可能在一定程度上扰乱金融价格
易受虚假消息影响	证券交易所对各类消息都特别敏感。因此，只要有人故意传播不实消息、谎报企业财务状况及散布虚有的政治动向等，都可能造成交易所价格剧烈变动，导致部分投机者蒙受重大损失，而另一些人则可能大获其利
从事不正当交易	从事不正当交易主要包括从事相配交易、虚抛交易和搭伙交易。相配交易是指交易者委托两个经纪人按其限定价格分别买进和卖出同种数量的证券，以抬高或压低该证券的正常价格；虚抛交易是指交易者故意以高价将证券抛出，同时预嘱另一经纪人进行收购，并约定一切损失仍归卖者负担，结果是可能造成该证券的虚假繁荣。搭伙交易是指由两人以上结伙以操纵价格，一旦目的达成后，搭伙者即告解散

续表

消极作用	具体表现
内幕人士操纵股市	由于各公司的管理大权均掌握在大股东手中，所以他们有可能通过散布公司的盈利、发放红利及扩展计划、收购和合并等消息操纵公司股票价格；或者直接利用内幕消息牟利
股票经纪商作弊	股票经纪商的作弊方式：倒腾、侵占交易佣金、虚报市价、擅自进行买卖从而以客户的资金为自己谋利，或者虚报客户违约情况从而赚取交易赔偿金
交易所工作人员作弊	交易所工作人员的作弊方式为自身在暗中非法进行股票买卖、同时股票经纪商串通作弊或同股票经纪商秘密地共同从事股票交易

3. 证券交易所如何对股票交易进行监管

证券交易所对股票交易活动的监管内容有以下几个方面。

①实时公布行情，并按日制作股票行情表，记载并以适当方式公布上市公司股票的名称；开市、最高、最低以及收市价格；与前一交易日收市价比较后的涨跌情况；成交量、值的分计及合计；股票指数及其涨跌情况等事项。

②将市场内的成交情况编制成相应的日报表、周报表、月报表和年报表，并及时向社会公布。

③监督上市公司按照规定披露信息。

④与上市公司订立上市协议，以确定相互间的权利义务关系。

⑤建立上市推荐人制度，以保证上市公司符合上市要求。

⑥依照股票法规和证券交易所的上市规则、上市协议的规定，或者根据中国证券监督管理委员会的要求，对上市股票做出暂停、恢复或者取消其交易的决定。

⑦设立上市公司的档案资料，并对上市公司的董事、监事及高级管理

人员持有上市股票的情况进行统计，并监督其变动情况。

⑧会员应当遵守证券交易所的章程、业务规则，依照章程、业务规则的有关规定向证券交易所缴纳席位费、手续费等，并缴存交易保证金。

⑨会员应当向证券交易所和中国证券监督管理委员会提供季度、中期及年度报告，并主动报告有关情况；证券交易所有权要求会员提供有关报表、账册、交易记录及其他文件。

1.3.3 证券管理和服务机构

除了前面介绍的监管机构外，在股票市场中还有证券管理机构和服务机构，它们的存在可以更好地对股票市场进行监管和提供服务。

◆ 证券管理机构

证券管理机构有 3 个，分别是国务院证券管理委员会、中国证券监督管理委员会和中国证券业协会。

国务院证券管理委员会简称证监委，它是国家对证券市场进行统一宏观管理的主管机构。中国证券监督管理委员会简称中国证监会，它是国务院证券委的监管执行机构，依照法律法规对证券市场进行监管。这两个机构是 1992 年 10 月宣告成立的，这标志着我国已经建立了专门的证券管理机构和全国统一的、跨部门的、自律性的证券行业组织相结合的证券市场管理体制。

中国证券业协会是我国另外设立的自律性的证券管理组织，它是 1990年经中国人民银行批准并在民政部注册登记后成立的社团法人，是由证券经营机构主体会员自愿组成的全国证券行业自律组织。

◆ 证券服务机构

证券服务机构是指依法设立的从事证券服务业务的法人机构，我国的证券服务机构主要包括证券登记结算公司、证券投资咨询公司、信用评级机构、会计师事务所、资产评估机构和证券信息公司等，其具体介绍如表1-12所示。

表1-12 我国的证券服务机构介绍

服务机构	具体介绍
证券登记结算公司	不以营利为目的，为证券交易提供集中的登记、托管与结算服务的法人
证券投资咨询公司	又称证券投资顾问公司，是指对证券投资者和客户的投融资、证券交易活动和资本运营提供咨询服务的专业机构
信用评级机构	由专门的经济、法律和财务专家组成的，对证券发行人和证券信用进行等级评定的中介机构
会计师事务所	依法设立并承办注册会计师业务的机构
资产评估机构	专门从事资产评估业务的中介机构
证券信息公司	对证券信息进行收集、加工、整理、存储、分析和传递，以及信息产品、信息技术的开发，为客户提供各类证券信息服务的专业性中介机构

1.4 分清股息和红利

上市公司对外发行股票的目的主要是通过发行的股票来募集社会资金，以此来经营和拓展自己的事业。

如果公司盈利了，那么就需要将利润分配给各位股东，其通常采用的利润分配方式是股息和红利。本节将对这两种方式进行具体介绍。

1.4.1 股息和红利的来源与派发过程

股东每年的股息和红利并不是固定的，它主要取决于上市公司当年的经营业绩，公司在盈利并缴纳相关税务后所剩的利润即形成股息和红利，它是股息和红利的唯一来源，又是上市公司分红派息的最高限额。

一般来讲，上市公司在财会年度结算后会根据股东的持股数将一部分利润作为股息分配给股东，分红派息工作的具体过程如图1-5所示。

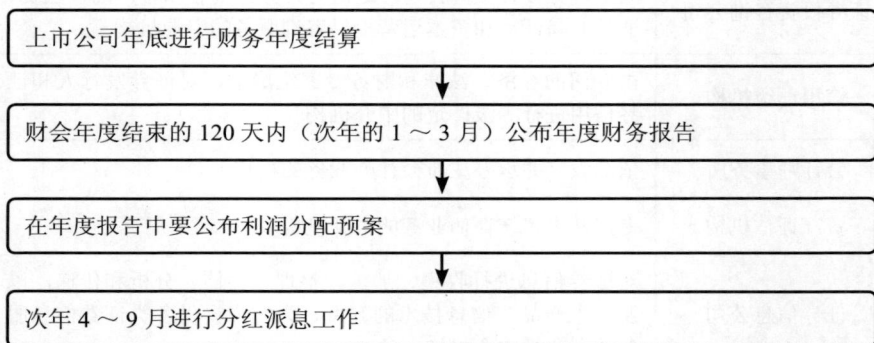

```
┌─────────────────────────────────────────────┐
│ 上市公司年底进行财务年度结算                        │
└─────────────────────────────────────────────┘
                    ↓
┌─────────────────────────────────────────────┐
│ 财会年度结束的120天内（次年的1～3月）公布年度财务报告  │
└─────────────────────────────────────────────┘
                    ↓
┌─────────────────────────────────────────────┐
│ 在年度报告中要公布利润分配预案                       │
└─────────────────────────────────────────────┘
                    ↓
┌─────────────────────────────────────────────┐
│ 次年4～9月进行分红派息工作                          │
└─────────────────────────────────────────────┘
```

图1-5 上市公司进行分红派息工作的过程

小贴士 *为什么股息和红利的总额少于税后利润*

在上市公司盈利以后，其税后利润主要有两大用途：一是派息与分红，二是补充资本金以扩大再生产。如果公司的股息政策倾向于公司的长远发展，就有可能少分红派息，或不分红直接将税后利润转为资本公积金。反之，派息分红的量就会大一些。因此，上市公司分红派息的总额一般都不会高于每股税后利润（除非有前一年度结转下来的利润）。

1.4.2 股息与红利的发放方式

股息红利作为股东的投资收益，是以股份为单位计算的货币金额，如每股多少元。但在上市公司实施具体分派时，其形式可以有4种，分别是股票股利、负债股利、现金股利和财产股利，其具体介绍如表 1-13 所示。

表 1-13　分红派息的方式

方式	具体介绍
股票股利	是公司以增发股票的方式支付给股东的股息红利，也就是通常所说的送红股
负债股利	是公司通过建立一种负债，用债券或应付票据作为股利分派给股东。它还可以确定股东对公司享有的独立债权
现金股利	是公司以货币形式支付给股东的股息红利，也是最普通、最常见的股利形式，如每股派息多少元，就是现金股利
财产股利	是公司用现金以外的其他资产向股东分派的股息红利。它可以是公司持有的其他公司的有价证券，也可以是实物

上市公司发放股息红利的形式虽有 4 种，但沪深股市的上市公司分配利润的方式只有股票股利和现金股利两种，即通常所说的送红股和派现金。当上市公司向股东分派股息时，就要对股票进行除息；当上市公司向股东送红股时，就要对股票进行除权。

在除权、除息前交易的股票是含权的，而在除权、除息后的股票不能参与利润分配。

因此，除权、除息实际上就是将股权登记日的收盘价予以更改，由证券交易所在除权、除息日收盘后计算出除权除息价，作为次日开盘的参考价，其具体的计算公式如下。

除息价 = 除息日的上个交易日的收盘价 − 每股现金股息额

送股除权价 =[原股数 ×（原价 − 股息）]/（原股数 + 送股数）

配股除权价 =[原股数 ×（原价 − 股息）+ 配股数 × 配股价]/（原股数 + 配股数）

送股配股除权除息价 =[原股数 ×（原价 − 股息）+ 配股数 × 配股价]/（原股数 + 送股数 + 配股数）

实例分析

计算除权除息日的开盘参考价

2019 年 7 月 2 日，丽珠集团（000513）的收盘价为 34.64 元，次日（2019 年 7 月 3 日）该公司进行权息变动，此次变动的派息和送股方案：每 10 股派息 12 元，每 10 股送红股 3 股。

除权除息日开盘参考价 =[10×（34.64−12÷10）]/（10+3）

= 25.72（元）

计算出开盘参考价后，投资者可以在 25~25.5 元的价位区间附近设置买入价，成功买入的机会比较大，而事实上，该股 7 月 3 日以 25.30 元的价格开盘，与计算的参考价只存在 0.42 元的误差。

小贴士 *什么是含权股*

当一家上市公司宣布上年度有利润可供分配并准备予以实施时，则该只股票就称为含权股，投资者只有持有该只股票才能享有分红派息的权利。在这一阶段，上市公司一般要宣布一个时间称为"股权登记日"，即在该日收市时持有该股票的股东就享有分红的权利。

1.4.3 如何处理零碎股

所谓零碎股即不足 1 股的股票，在公司分红派息过程中经常会出现零碎股。根据深交所的规定，公众股以及内部职工股分红产生的零碎股不派发给投资者，记入深圳证券登记结算公司的风险账户；国有股、法人股以及高级管理人员股份分红产生的零碎股数，也记入结算公司的风险账户。

沪市对每一个股东应得的零碎股按大小顺序依次派送，送完为止，如果零碎股大小相同的股东，则由计算机随机抽签决定零碎股的分配。下面以一个案例进行分析说明。

实例分析

处理零碎股

某上市公司进行权息变动，此次变动送股方案：每10股送红股2股，假设甲有3 363股，乙有4 899股，丙有3 697股，丁有1 875股，各股东应得红股分别为：

甲股东应得红股 =3 363×（2÷10）=627.6（股）

乙股东应得红股 =4 899×（2÷10）=979.8（股）

丙股东应得红股 =3 697×（2÷10）=739.4（股）

丁股东应得红股 =1 875×（2÷10）=375（股）

对零碎股进行处理后，各股东实际应送的股数如表1-14所示。

表1-14 处理零碎股

股东	持股	送股	送整股	零碎股	零碎股总和	实际送股
甲	3 363	672.6	672	0.6		672
乙	4 899	979.8	979	0.8	0.6+0.8+0.4+0=1.8	979+1=980
丙	3 697	739.4	739	0.4		739
丁	1 875	375	375	0		375

1.5 熟悉股市术语，不做外行人

股市投资是一项非常专业的投资活动，投资过程中会涉及许多专业的术语，作为新股民而言，熟悉股市中的术语不做外行人是炒股的第一步，下面分别从不同的类别讲解股市中的常用术语，如表1-15～表1-19所示。

表 1-15　股票术语

术语	具体介绍
小盘股	一般指股本比较小的股票
大盘股	一般指股本比较大的股票
黑马股	指价格可能脱离过去的价位而在短期内大幅上涨的股票
白马股	指股价持续稳定上涨，且还有一定的上涨空间
领导股	指对股市整个行情变化趋势有领导作用的股票，这类股票必为热门股
非上市股	不在证券交易所注册挂牌的股票

表 1-16　股价术语

术语	具体介绍
最低价	指股票当天成交的最低价格
最高价	指股票当天成交的最高价格
涨停价	涨停板的市价为涨停价
跌停价	跌停板的市价为跌停价
票面价	指公司最初所定的股票票面价值
天价	指个股或者股指由多头市场转为空头市场的最高价，或创历史最高价
填空	指将跳空出现时没有交易的空价位补回来，以填补跳空价位
铁底	指股价绝对不可能跌破的底部价位
头部	指股价上涨至某个价位时遇阻力而下滑
突破	指股价经过一段盘档时间后，产生的价格波动

小贴士 *停板、涨停板、跌停板分别指什么*

为了防止证券市场上价格出现大幅上涨大幅下跌的情况，引起过分的投机现象。在公开竞价时，证券交易所依法对证券市场上的价格涨幅度予以适当的限制，即当天的市场价格涨跌到开盘价的10%（ST股为5%）就不能继续涨跌，该现象称为停板。当天市价的最高限度称为涨停板；当天市价的最低限度称为跌停板。

表1-17 股票发行术语

术语	具体介绍
股票发行	指符合条件的发行人依照法定程序向投资者募集股份的行为
路演	指上市公司发行股票时，公司领导和股票承销商向股民介绍公司情况，接受股民的咨询等。现在一般是通过网络进行
主承销商	上市公司聘请的证券公司，主要对公司上市进行辅导以及帮助公司在一级市场发行股票
承销	指将股票销售业务委托给专门的股票承销机构代理，承销方式主要有包销和代销两种方式
认股权证	股票发行公司增发新股时发给公司原股东的一种证书，通过该证书，股东可以优惠价格购买一定数量的股票
发行费用	指发行公司在筹备和发行股票过程中产生的费用，主要包括中介机构费、上网费和其他费用，该费用可以在股票发行溢价收入中扣除
溢价发行	溢价发行有两种情况：一是指新上市的公司以高于面值的价格办理公开发行，二是已上市的公司以高于面值的价格办理现金增资
中间价发行	指股票以时价和面值的中间价格作为发行价格
摘牌	也称揭牌，指上市公司因长期亏损，扭亏无望或者其他原因而被停止上市交易资格

表1-18 股市术语

术语	具体介绍
多头市场	也称牛市，主要指股票价格普遍上涨的市场

续表

术语	具体介绍
空头市场	也称熊市，主要指股价长期呈下降趋势的市场，熊市中，股价的变动情况是大跌小涨
三板市场	三板市场的全称是"代办股份转让系统"，于 2001 年 7 月 16 日正式开办，是证券公司以其自有或租用的业务设施，为非上市股份公司提供股份转让服务
猴市、鹿市和牛皮市	大幅震荡的股市称为猴市；平缓行情的股市称为鹿市；走势波动小，陷入盘整，成交量低的股市称为牛皮市
交割单	由证券公司出具的买卖委托记录
价位	指股票报价的升降单位，我国 A 股的价位是 0.01 元

表 1-19　股市参与者术语

术语	具体介绍
看空	某股股价下跌，看坏大盘或股市行情未来的投资者
看多	某股股价上涨，看好大盘或股市行情未来的投资者
空头	指现时股价虽然较高，但是对股市未来不看好，预计股价将会下跌，趁高价时卖出股票的投资者
多头	指现时股价虽然较低，但是对股市未来看好，预计股价将会上涨，趁低价时买进股票的投资者
长线	指长期投资者买进绩优股后长期持有，以此来获取利润
短线	指短期投资者，在短时期内通过不断卖出买进来获取利润
散户	指股市上的小额投资者
中户	指投资金额较大的投资者
大户	指成交股票金额与数量都很大的客户，通常指信托公司、资金雄厚的集团或者个人

第 2 章

开立账户，熟悉股市交易流程

新手投资者想要进入股票市场炒股，需要经过一系列的流程，首先需要做的事情就是开立股票账户，然后才能委托买卖。整个过程比较复杂，投资者需要掌握相关知识才能成功开户。

了解股票买卖的流程
全流程指导账户的开立
下达委托买卖指令
涨跌停板制度
......

2.1 新手入市需要开立账户

作为一个初入股市的股票投资者，在进行股票买卖操作之前，需要先开立自己的股票账户。股票账户是指投资者在券商处开设的进行股票交易的账户，而开立股票账户则是投资者进入股市进行操作的首要条件。

2.1.1 了解股票买卖流程

对于新手投资者而言，通常不会花费大量时间与精力研究股市，所以对股票的相关信息知之甚少，甚至在一无所知的情况下入市，进而可能面临巨大的投资风险。

投资者在炒股之前，一定要全面了解各种股票与上市公司，从而掌握市场行情，并谨慎交易。其中，必须要熟知股票的具体交易流程，如图 2-1 所示。

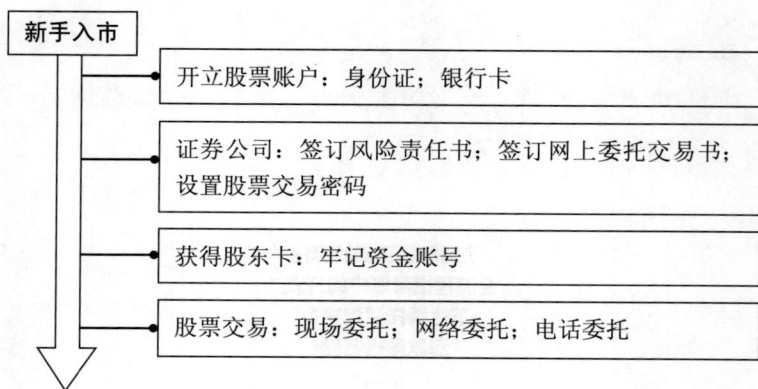

图 2-1 股票交易的流程

从图 2-1 中可以看出，新股民首先需要为自己开立一个股票账户，即获得股东卡。其中，股票账户相当于银行的"户头"，新股民只有开立了股票账户才可进行股票买卖。

当然，投资股票是一门很深的学问，并不是随随便便操作股票就能赚钱，在没有做好充分准备的情况下贸然入市，可能会损失惨重，新手投资者想要投资成功，一定要牢记股票交易流程，并积累相应的股票知识与操作经验。

2.1.2 认识资金账户和证券账户

投资者在为股票交易开户时，需要开立两个账户，即证券账户和资金账户。开户成功后，证券公司会将两个账户以短信的方式发送给投资者。

其中，证券账户是由证券登记结算机构设立的一个账户，用来记录投资者买卖的股票种类、名称和数量及其变动情况，是用来证明投资者股东身份的份额凭证，具有法律效力，根据交易所的不同分为上海证券账户和深圳证券账户，通常开户时默认同时开启两个交易所的账户。

资金账户是投资者登录证券交易结算资金账户的凭证，用来记录投资者买卖股票后的资金方面的收付和结存情况，只要在证券公司开户后，就拥有了该证券公司的资金账户，并使用其进行股票的买卖和操作。

由此可见，证券账户和资金账户具有以下几个方面的区别。

- ◆ 证券账户由证券登记结算机构为投资者设立，记录资金和股票清算、结算业务；而资金账户由证券公司开立的个人存管资金股票的账户。
- ◆ 证券账户相当于"身份证"，具有唯一性；资金账户相当于"银行卡"，如果转到其他证券公司，就具有不同的资金账户。简单而言，投资者更换了证券公司后资金账户会改变，但是证券账户不变。

2.1.3 开设账户的前期准备

在开立账户时，必须要符合相关的法律法规，还应满足以下两个条件。

◆ **合法性** 只有符合我国相关法律法规的自然人或机构法人，才能前往证券公司开立账户。

◆ **真实性** 合法的投资者向证券公司提供的开户资料，必须确保真实有效，不得存在虚假行为。

因此，投资者在开户前需要准备相关资料，而自然人与机构法人所准备的资料存在一定差别，其具体介绍如图 2-2 所示。

自然人开户 自然人身份证原件与复印件，不能出现涂改、伪造及损坏等情况，否则视为无效。如果委托他人代办，则需要同时出示受委托人的身份证原件

机构法人开户 机构的营业执照原件、复印件和法人代表证明书（盖公章）。如果委托他人代办，则需要同时出示授权委托书和受委托人的身份证原件与复印件。另外，如果是外地金融机构，还需要提交交易所批准的入市文件及复印件。

图 2-2 开户的资料准备

小贴士 *不允许开立证券账户的人员类型*

在开户的过程中，除了符合国家法律法规的自然人与机构法人可以开户外，还有一些投资者是不允许开户的，具体介绍如下。

◆ 证券主管机关和证券交易所管理证券事务的有关人员。

◆ 证券经营机构中与股票有直接关系的人员；与发行方有直接关系的机关工作人员；其他与股票发行或交易有关的人员。

◆ 未成年或无能力的人员；违反证券法规，主管机关停止其证券交易，期限未满者；其他法规规定不能拥有或参与证券交易的人。

2.1.4 全流程指导账户的开立

通常情况下，投资者开设账户时，可以选择在证券公司的柜台或网上办理。目前，国内的证券公司众多，包括东方财富、光大证券、中信证券、华泰证券、海通证券以及申万宏源等，投资者可以多方比较后择优进行开户。一般情况下，股票的开户流程如图2-3所示。

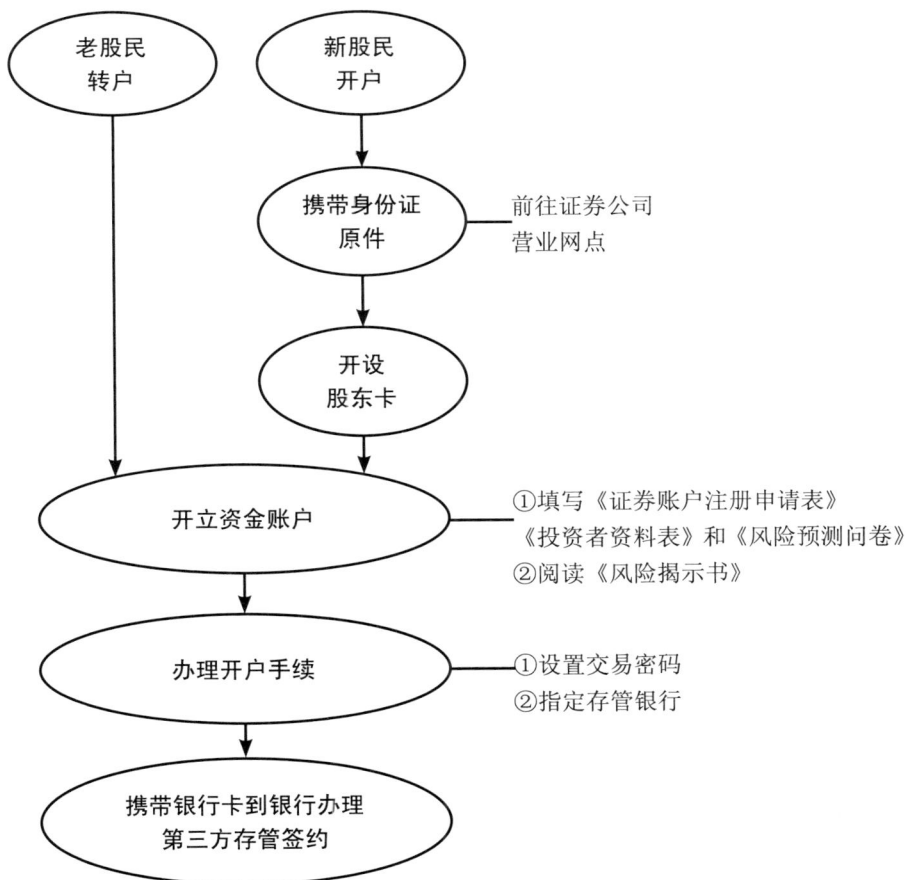

老股民
转户

新股民
开户

携带身份证
原件 —— 前往证券公司
营业网点

开设
股东卡

开立资金账户 —— ①填写《证券账户注册申请表》
《投资者资料表》和《风险预测问卷》
②阅读《风险揭示书》

办理开户手续 —— ①设置交易密码
②指定存管银行

携带银行卡到银行办理
第三方存管签约

图 2-3 股票开户的流程

不过，随着互联网的快速发展，投资者已经可以足不出户在网上办理股票开户。也就是说，投资者通过网上开户注册，不用再去营业部现场，通过手机或电脑即可向证券公司申请办理开立证券账户、资金账户以及第三方存管等业务。

◆ 首先，准备本人的身份证、银行卡、手机以及配备有摄像头的电脑。

◆ 其次，进入证券公司的客户端或网站，通过提示上传身份资料、进行视频认证、申请数字证书以及填写信息等。

◆ 最后，证券公司审核通过并对开户人回访成功后，即可成功开户。

2.2 了解股市交易机制

经常炒股的投资者都清楚，股市有其特定的交易机制。股票交易机制是证券市场特定交易系统设计的基础，如下达买卖指令、进行集合竞价以及连续竞价等。

2.2.1 下达委托买卖指令

投资者在进行股票交易时，除了证券公司的自营业务外，其他的投资行为都需要通过委托证券公司办理，也就是向证券公司下达交易指令，然后由证券公司向交易所申报。其中，最常见的就是下达委托买卖指令。

1. 委托的形式

投资者向证券公司委托买卖时，主要有两种不同的委托方式，即柜台委托和非柜台委托。非柜台委托又有其他的分类，如电话委托、磁卡委托以及终端自助委托等，投资者可以根据自己的实际情况和开户券商所提供的服务来进行选择。

◆ **柜台委托** 也称为当面委托，即投资者亲自到证券营业部交易柜台填写委托单，签字后将委托单、股东卡及身份证交给工作人员办理，工作人员将投资者的委托输入电脑并签章后完成。

◆ **电话委托** 投资者通过拨号进入券商电话委托系统，下达委托指令进行证券买卖的委托方式。

◆ **磁卡委托** 目前，磁卡委托是投资者使用较多的一种委托方式，在证券营业部的磁卡委托机上刷磁卡，输入个人密码后进入交易主菜单，投资者即可根据提示完成委托。

◆ **终端自助委托** 这是证券营业部提供给大中户使用的一种委托方式，投资者通过证券营业部的电脑终端设备进入交易系统，下达委托指令。

◆ **网上委托** 证券公司通过网络或移动通信工具的网上交易系统，为投资者完成接受指令、申报交易所和完成交易的服务。

2. 委托的内容

投资者在办理完开户手续及存入相应资金后，即可进行委托买卖证券。在向证券公司下达委托指令时，不管采用哪种委托方法，都要正确反映买卖股票的具体要求。就委托的内容而言，委托指令详细介绍如表2-1所示。

表2-1 委托指令的常见内容

特性	具体表述
证券账号	投资者在买卖股票时，需要填写证券账户与密码。若在上海证券交易所交易，应填写中国结算公司上海分公司的证券账户号码；若在深圳证券交易所交易，应填写中国结算公司深圳分公司的证券账户号码
交易品种	交易品种是指投资者委托证券公司买卖股票的名称，是填写委托单最重要的事项，可填写股票全程、简称或代码。例如"神州信息"，可以填写为"000555""SZXX"或"神州信息"
买卖方向	在向证券公司委托交易指令时，投资者必须表明操作股票的方向，买入或者卖出，如果表达不明确，则可能出现错误操作

续表

特性	具体表述
时间	时间主要包括两个方面：一是投资者委托证券公司买卖股票的时间，格式为年、月、日；二是投资者填写委托单的时间，精确到分钟
数量	也就是投资者买卖多少股的股票
有效期	即投资者委托指令的有效期限，若委托单没有成交或没有全部成交，则证券公司在有效期内将继续为投资者执行委托，直到有效期结束
其他内容	主要有投资者的签名、身份证号码以及资金账户等内容

3. 委托指令有哪些

在股市中，普通投资者不能直接进行交易，而是以委托的形式进行。按照委托价格分类，投资者的委托指令可以分为市价委托和限价委托，如表2-2所示。

表2-2　委托的常见内容

名称	详情	优点	缺点
市价委托	指投资者向证券公司发出买卖某只股票的委托指令时，要求证券公司按证券交易所内该只股票的市价买入或卖出	由于价格没有限制，所以指令的达成速度较快，概率较大	如果以市价进行交易，买入就无法确定持股的成本，而卖出也无法确定收益或损失
限价委托	指投资者向证券公司发出买卖某只股票的委托指令时，要求其按照限定的价格或比限定价格更有利的价格买入或卖出，即必须以限价或低于限价买进证券，以限价或高于限价卖出证券	股票成交时，投资者可以预期该股的收益与损失，从而做到胸中有数	由于限价和市价存在价差，只有当限价与市价一致时股票才能成交，从而导致成交速度慢或无法成交。在股票走势较好时，容易错失盈利机会

通常普通股票进行交易都会选择市价委托，因为它们不会等待时机成

熟，只是看中某只股票就会大量买进。而很多专业化的交易机构，会利用限价委托的交易特点对数据进行分析，从而掌握大盘与个股的具体走势。

由于市价委托和限价委托都各有优缺点，投资者在选择委托方式时，需要结合自身情况进行选择，从而达到自己想要盈利的目的，若随意选择，则可能出现损失。

> **小贴士** *委托指令的有效期*
>
> 委托的有效期限主要分为两种情况，即当日或多日（如当周有效、当月有效等）。其中，当日有效是自委托之时起到当日交易所收盘时为止有效，收盘后自动失效；多日有效是指投资者的委托若当日不能成交，则由证券公司将投资者的委托在之后的交易日中继续申报。通常情况下，投资者的委托均为当日委托，如果想要进行多日委托，在委托时通过委托单或其他有效方式向证券公司予以事先约定。

4. 委托的时间

股票委托指令的时间只有在交易时间段内才可以，按照上海证券交易所和深圳证券交易所的规定，交易日为每周的周一至周五，如果遇到国家法定假日或交易所公告的休市日，交易所将会休市不交易。其中，接受证券公司交易申报的具体时间如表2-3所示。

表2-3　委托时间说明

交易所	说明
上海证券交易所	每个交易日的 9:15 ～ 9:25、9:30 ～ 11:30、13:00 ～ 15:00 为申报时间。每个交易日的 9:20 ～ 9:25 为开盘集合竞价阶段，该阶段中交易主机不接受撤单申报
深圳证券交易所	每个交易日的 9:15 ～ 11:30、13:00 ～ 15:00 为申报时间，每个交易日的 9:20 ～ 9:25、14:57 ～ 15:00 不接受撤单申报。另外，每个交易日的 9:25 ～ 9:30 交易主机只接受申报，不对买卖申报或撤单做出处理

2.2.2 开市前的集合竞价

集合竞价是指在每日开盘前的 10 分钟之内（9:15 ~ 9:25），投资者按照自己所能接受的心理价格自由地进行买卖申报，主机交易系统对全部有效委托进行一次集中撮合处理过程。根据我国的竞价交易制度，集合竞价时确定成交价格的原则有 3 个，其具体介绍如下。

◆ 在有效价格范围内选取可实现最大成交量的价格。

◆ 高于成交价格的买进申报与低于成交价格的卖出申报全部成交。

◆ 与该价格相同的买方或卖方至少有一方全部成交。

符合上述两个以上价位条件的，上海证券交易所规定使未成交量最小的申报价格为成交价格。

符合上述两个以上条件的，上海证券交易所使其成交量最大的申报价格为成交价，若有两个以上申报价格符合条件，则取其中间价为成交价格；而深圳证券交易所则取该价格以上的申报数量和该价格以下的申报数量累积数量之差最小的价格为成交价，若出现两个以上的价格，则取距离前一交易日收盘价差距最小的价格为成交价。

其中，集合竞价的所有交易均以同一价格成交，所有的买方委托按照由高到低的价格排序后依次成交，所有的卖方委托按照由低到高的价格排序后逐笔撮合成交。而未成交的部分，则自动进入连续竞价。

通常情况下，集合竞价会影响到开盘后的走势预期，所以很多主力会利用集合竞价来影响投资者对股票的判断，经常在集合竞价时急速拉升或打压股价，接近不能撤单的时间时又快速做出撤单处理，从而达到操作股票走势的目的。

另外，开盘时参与交易的人还比较少，市场主力可以用少量的资金来试探股票投资者的反应，所以集合竞价是每天最重要的一个试盘信号。

2.2.3 开市中的连续竞价

连续竞价是指对买卖申报采取逐笔连续撮合的竞价方式，当一笔交易指令进入交易所的自动撮合系统后，系统即可对该指令进行不同的处理：能成交则成交，不能成交则等待成交，部分成交的剩余部分则继续等待。

在交易日中，除了集合竞价的时间，其余时间都采用连续竞价。连续竞价时，成交价格的确定也有一定的原则。

- 最高买入申报和最低卖出申报价格相同，则以该价格成交。
- 买入申报价格高于即时的最低卖出申报价格，则以即时的最低卖出申报价格为成交价格。
- 卖出申报价格低于即时的最高申报买入价格时，则以即时的最高申报买入价格为成交价。

连续竞价的价格范围须在股价的涨跌幅限制内，一般为 -10% ~ +10%。不过，特殊情况下不设涨跌幅限制，如首次公开发行新股、增发等。

2.2.4 计算交易需要缴纳的手续费

股票交易手续费是进行股票交易时所支付的手续费，投资者在向证券公司下达交易指令时，除了支付购买股票的费用外，还需要支付一系列的手续费，如贸易佣金、印花税和过户费等。

- 交易佣金

交易佣金指投资者在委托指令成功后，按照成交金额的一定比例支付给证券公司的费用，主要由证券公司经纪佣金、证券交易所手续费以及证券交易监管费组成。根据《证券法》的相关规定，交易佣金为双边收取，最高不超过成交金额的 3‰，最低 5 元起，单笔交易佣金不满 5 元的按 5 元收取。

另外，证券公司还会根据电话交易、网上交易等不同方式提供不同的佣金率，通常网上交易收取的佣金比较低。

◆ 印花税

印花税是指投资者在买卖成交后按一定税率支付给财税部门的税金，为成交金额的1‰，经证券公司代扣后由交易所统一代缴。我国的印花税税收长期以来都在做调整，至今只对出让方征收，受让方不再征收。

◆ 过户费

过户费是指在委托买卖的股票成交后，买方和卖方为了变更持有者的登记资料所支付的费用。这笔费用一部分属于中国结算公司，一部分由证券公司留存，在和投资者清算交收时代为扣收。其中，只有上海证券交易所的股票收取过户费，1 000股收取1元，不足的按1元收取。

投资者在上海证券交易所买入某只股票10 000股，每股的成交价格为10元。首先，对其买入成本进行计算。

买入股票所用金额：10元/股×10 000股=100 000元。

过户费：0.001元×10 000股=10元。

交易佣金：100 000元×3‰=300元。

买入总成本：100 000元+300元+10元=100 310元。

那么，该投资者应该以多少元的股价卖出股票才不会亏钱呢？此时，可以通过以下公式来计算。

买入总成本÷（1-印花税率-交易佣金率）÷股票数量=100 310元÷（1-0.001-0.003）÷10 000≈10.07元。

投资者为了确保不亏钱，可以在股价高于10.08元时卖出，这里以10.08元为例进行计算。

卖出股票所得金额：10.08元/股×10 000股=100 800元。

过户费：0.001 元 ×10 000 股 =10 元。

印花税：100 800 元 ×1‰ =100.8 元。

交易佣金：100 800 元 ×3‰ =302.4 元。

最终卖出实收入：100 800 元 -100.8 元 -10 元 -302.4 元 =100 386.8 元。

由此可见，交易佣金是股票买卖中的费用"大头"，不同的证券公司具有不同的佣金标准，不同的资金量也具有不同的佣金标准，投资者在投资之前应多咨询几家证券公司，然后进行开户。

2.3 股市交易需要遵循的规则

在股市中，很多投资者由于盲目跟风、冲动交易，可能会导致资金亏损或被套牢。因此，在进行股票交易时，投资者、证券公司与交易所都需要遵循一定的规则，从而避免失误，抓住获利时机。

2.3.1 股票竞价成交的原则

证券公司在受理投资者的买卖委托后，会即刻将信息按时间先后顺序传送到交易所主机，公开申报竞价。竞价就是指交易所将所有的买卖指令按照一定的原则，将其撮合成交的过程，原则是"价格优先、时间优先"。

◆ 价格优先

股票交易中价格优先原则，是指交易所在进行撮合成交的过程中，较高价格的买入申报先成交于较低价格的买入申报，而较低价格的卖出申报先成交于较高价格的卖出申报。

在上海证券交易所中，投资者 A 申报以 10 元买入 100 股 ×× 股票，投资者 B 随后申报以 10.5 元买入 200 股同一只股票，如果投资者 C 申报以 10.5 元卖出 300 股 × × 股票，则投资者 B 虽然后申报但先成交，而投资者 A 由于价格不符，先申报却不能成交。

◆ 时间优先

时间优先原则是指当出现多只买卖方向和买卖价格相同的交易指令时，时间较早的申报优先成交。电脑申报竞价时，按主机接受的时间顺序排列；书面申报竞价时，按证券公司接到书面凭证的顺序排列。

2.3.2 证券清算交割原则

在股票交易过程中，投资者对清算交割这个名词并不陌生。证券公司在交易日结束后需要为投资者办理清算交割，在该过程中需要遵循两个原则，即净额交收与钱货两清，其具体介绍如图 2-4 所示。

> **净额交收** 又称差额清算，是指证券公司在清算过程中，对资金的清算计算应收应付之后的净额，对股票的清算是计算每只股票应收应付相抵后的净额。其中，该方式的好处是简化操作手续，提高清算效率

> **钱货两清** 又称款券两讫、货银对付，俗称"一手交钱，一手交货"，是指在办理资金交割的同时完成股票的交割，维护买卖双方的合法权益。也是指在办理资金交收的同时完成股票的交割。其中，该方式的主要目的是防止买空、卖空行为的发生，维护交易双方的正当权益，保护市场正常运行

图 2-4 清算交割需遵循的原则

简单而言，清算就是将买卖股票的数量和金额分别予以抵消，然后通过交易所交割净差额股票或价款的一种程序。清算可以减少通过证券交易所实际交割的股票与价款，以节省大量的人力、物力和财力。

股票清算后，即办理交割手续，交割是卖方向买方交付的股票，同时买方向卖方支付价款。

2.3.3 T+N 股票交易制度

T+N 股票交易制度是指投资者在买入股票后，可以卖出股票的时间段。目前，我国一共实行过 3 种交易制度，即"T+0 交易制度""T+1 交易制度"和"T+3 交易制度"。

◆ T+0 交易制度

所谓 T+0 的"T"，即交易的意思，而 T+0 交易制度是指当天买入的股票在当天就可以卖出的交易制度。在 T+0 交易制度下，股市的表现非常活跃，为了保证股市的稳定，防止过度投机，加上我国当时的证券市场体制并不健全，所以该交易制度并没有实行多长时间。不过，对资金仍然实行"T+0"，即当日回笼的资金马上可以使用。

◆ T+1 交易制度

T+1 交易制度是指投资者当天买入的股票当天无法卖出，只能等到下一交易日才可以卖出。目前，我国 A 股与 B 股市场都在实行这种交易制度，它可以很好地遏制投机行为，有助于稳定股市。

另外，T+1 交易制度具有很大的灵活性，即当天买入的股票要到下一个交易日才能卖出，但是当天卖出可以当天再次买入。

◆ T+3 交易制度

T+3 交易制度是指投资者买入当天的股票后，需要等到第 3 个交易日之后才可以卖出。例如，第一天买入股票 100 股，第二天买入股票 200 股，虽然已经拥有 300 股股票，但到 3 天后只能卖出 100 股，另外 200 股只能到第 4 天才能卖出。

T+3 交易制度是我国 B 股市场曾实行过的制度，但该交易制度的交易时间长，方式不灵活，后来 B 股更改为 T+1 的交易制度。不过，资金结算还是采用 T+3 交易制度，即卖出 B 股股票的第 3 个交易日后才能提现。

2.3.4 涨跌停板制度

为了防止股市的价格出现大幅上涨或大幅下跌的情况，进而影响市场的正常运行，股票市场的管理机构对每日股票买卖价格涨跌的上下限做出的相关规定，即涨跌停板制度，也就是每日市场价格达到了上限或下限时，不允许再有涨跌。其中，当日股票市场的最高上限叫作"涨停板"，而最低下限则叫作"跌停板"。

另外，股市管理机构根据常规股票和 ST 股的各自情况，分别设置了不同的涨跌幅限制，如图 2-5 所示。

> **普通股票**　对于普通股票而言，每日的涨跌幅限制为前一交易日收盘价的 10%（创业板为 20%）

> **ST、*ST 股**　由于 ST 股和 *ST 股的风险较大，为了降低风险，设置该类股票当日的涨跌幅为前一交易日收盘价的 5%

图 2-5 股票涨跌幅限制

对于新手投资者而言，一定要弄清楚涨跌停板制度，这样在投资股票时才能做到胸中有数。

实例分析

九牧王（601566）股价的涨跌停分析

在 2020 年 9 月 9 日，九牧王的收盘价为 12.15 元。在 2020 年 9 月 10 日，九牧王股价走出了一个涨停板，收盘价为 13.37 元，如图 2-6 所示。

其中，涨停板价格的计算公式：涨停板价格＝前一交易日收盘价 ×（1+涨跌幅比例）。

已知九牧王当前为普通股票，涨幅限制为 10%，且前一交易日收盘价格为 12.15 元，则涨停板价位：12.15 ×（1+10%）=13.365 ≈ 13.37 元。

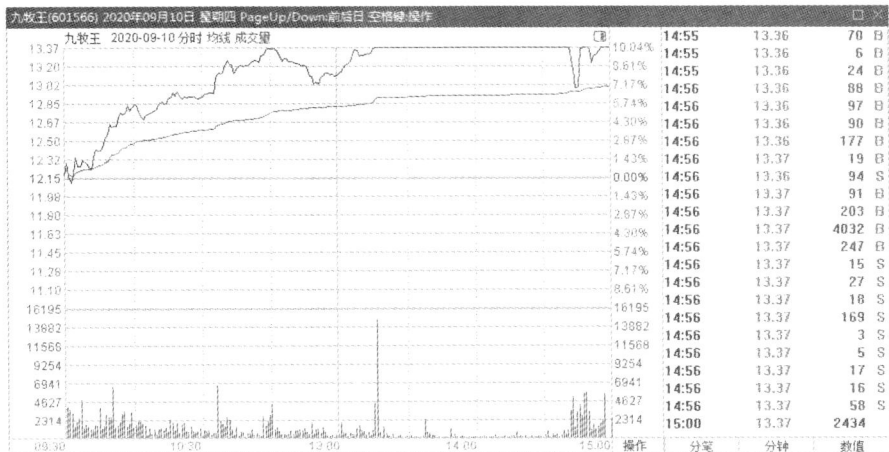

图 2-6 九牧王 2020 年 9 月 10 日的分时图

不过，在 2020 年 9 月 11 日，九牧王走出了一个跌停板，收盘价为 12.03 元，如图 2-7 所示。

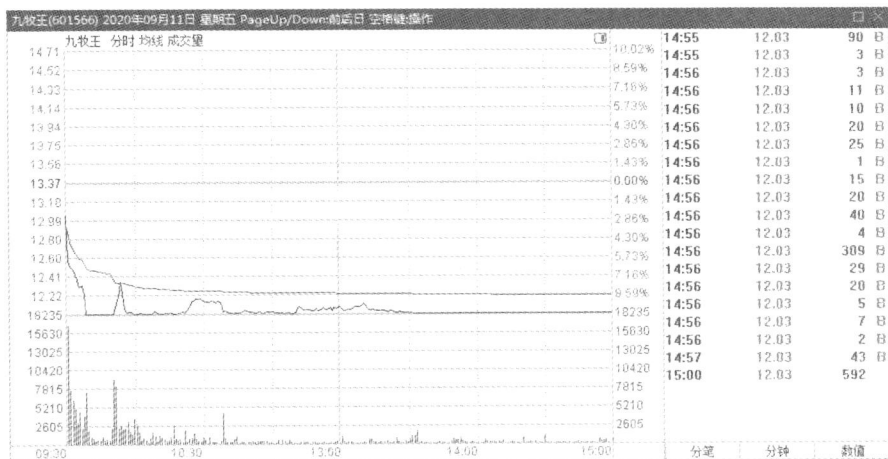

图 2-7 九牧王 2020 年 9 月 11 日的分时图

其中，跌停板价格的计算公式：跌停板价格＝前一交易日收盘价×（1-涨跌幅比例）。

已知九牧王的跌幅限制为 10%，且前一交易日收盘价格为 13.37 元，则跌停板价位：13.37×（1−10%）=12.033 ≈ 12.03 元。

2.3.5 股票停牌制度

由于某种消息或进行某种活动，引起股票价格的连续上涨或下跌，然后由证券交易所暂停其在股票市场上进行交易。待情况澄清或公司恢复正常后，再复牌并在交易所挂牌交易。

对上市公司的股票进行停牌，是证券交易所为了维护广大投资者的利益和市场信息披露公平、公正以及对上市公司行为进行监管约束，而采取的相应措施。

从停牌时间上而言，上市公司的股票停牌并没有特定的规定，而是要看停牌的原因。通常情况下，停牌主要有以下几种原因。

◆ 连续涨停或跌停引发的临时停牌，停牌时间为 1 个小时，通常为10:30 后复牌。

◆ 重大事项引发的停牌，时间不确定，一般最长的时间不会超过20 个交易日。

◆ 上市公司合并重组引发的停牌，时间不确定，可能是时间最长的停牌。目前，停牌在交易所权限最长是 3 个月。若超过 3 个月，则需要证监会同意。

◆ 澄清媒体报道引发的停牌，时间较短，通常为一个小时到几个交易日。

◆ 召开股东大会的停牌，是最常见的停牌，通常为一个交易日。

对于投资者而言，虽然上市公司的股票停牌有好有坏，但股市中有两种停牌方式风险较大，具体介绍如下。

◆ 被监管部门勒令停牌，可能存在内幕交易、涉及严重违法事件等。

◆ 股价前期涨幅过大，复牌后存在较大可能股价会大幅度下跌。

2.3.6 禁止内幕交易

内幕交易是指股票交易内幕信息的知情人员或者以非法获取证券、期货交易内幕信息的人员，在涉及股票的发行、股票交易或者其他对股票交易价格有重大影响的信息尚未公开前，买入或者卖出股票、泄露该信息或者建议他人从事相关股交易交易活动，是一种严重的欺诈行为。

内幕交易者利用股市上信息不对称的现象，从而获取不正当的利益，使上市公司或其他投资者的合法权益受到严重侵害，违反了股市的公平、公正原则，情节严重的依照内幕交易、泄露内幕信息罪定罪处罚。

根据《中华人民共和国刑法》第一百八十条中的有关司法解释，涉嫌下列情形之一的应予追诉。

①买入或者卖出证券，或者泄露内幕信息使他人买入或者卖出证券，成交额累计在五十万元以上的。

②买入或者卖出期货合约，或者泄露内幕信息使他人买入或者卖出期货合约，占用保证金数额累计在三十万元以上的。

③获利或者避免损失数额累计在十五万元以上的。

④多次进行内幕交易、泄露内幕信息的。

⑤有其他严重情节的。

2.4 打新股必知的方法与技巧

在股票市场中，新股申购是很重要的一个环节，往往成功中签一只新股带来的预期收益是翻倍的。因此，投资者需要特别重视新股申购，掌握打新股的方法与技巧。

2.4.1 股民如何申购新股

打新股是指投资者使用资金参与新股申购，如果中签，就能买到即将上市的股票。不过，申购新股必须在发行日之前办好上海证券交易所或深圳证券交易所的证券账户，并持有相应市值的股票。投资者参与网上公开发行股票的申购时，其具体流程如下。

◆ 步骤一：市值准备

投资者申购之前需要做好相关准备，在申购日前 2 天（T-2）之前的 20 个交易日，证券账户日均持仓市值在 1 万元以上。

◆ 步骤二：进行申购

满足条件之后，如果有新股申购，投资者即可在指定时间内参与打新。到申购日（T 日）时，投资者根据市值进行新股申购，无须进行缴款，申购完成后，交易所将根据最终的有效申购总量，由交易主机自动对有效申购进行统一连续配号。在 T+1 日时，主承销商公布中签率，并且进行摇号抽签。

◆ 步骤三：中签缴款

在 T+2 日时，交易所会公布中签结果。如果投资者中签，则需要在当日留足新股的配售资金。如果配售资金不够，投资者可以考虑卖出部分股票，将回款作为新股配售资金。

◆ 步骤四：进行配售

在 T+3 日时，投资者的资金会划入主承销商的资金交收账户，并且给中签的投资者配售新股。在 T+4 日时，主承销商会从认购的资金中扣除承销费用，然后将资金划给发行人，投资者即可等待新股上市。在新股上市日时，投资者可以将中签股票进行交易。

2.4.2 新股申购有哪些规则

目前，新股 IPO（Initial Public Offering，首次公开募股）进入常态化，进行新股申购的投资者越来越多，由于打新股的规则逐步优化，新股申购也就越来越便利。因此，为了更加容易地申购到新股，投资者需要掌握相应的申购规则。

◆ 在新股申购的规则中，明确取消了预缴款机制，强调新股申购的自主决策、自担风险及自负盈亏。简单来说，就是投资者在进行申购时无须缴付申购资金，确认中签后再缴款。

◆ 投资者申购新股摇号中签后，必须确保 T+2 日 16:00 时有足够资金，以用于新股认购资金交收。

◆ 如果投资者连续 12 个月内累计 3 次中签，但是放弃申购，将被交易所纳入"打新黑名单"中。

◆ 一个证券账户只可以申购一次，并且不能重复申购以及不能撤单。

◆ 新股申购必须有额度才行，由系统按照账户所持有股票市值来发放。

◆ 不能通过券商进行新股申购。

◆ 下单时出现错误或者违反规则会被视为无效申购。

◆ 突出发行审核重点，调整发行监管方式，严格执行证券法规定的发行条件，将审慎监管条件改为信息披露要求。

◆ 公开发行 2 000 万股以下的，取消询价环节，由发行人、主承销商协商定价，简化程序，提高发行效率，降低中小企业发行成本。

2.4.3 新股申购中的市值如何计算

上市公司的新股发行当日，投资者可以通过指定交易的证券公司查询其持有市值或可申购额度，然后根据可申购额度进行新股申购。

上海证券交易所每 1 万元市值可申购一个申购单位，不足 1 万元的部分不计入申购额度，每一个申购单位为 1 000 股，申购数量应当为 1 000 股或其整数倍，但最高不得超过当次网上初始发行股数的千分之一，且不得超过 9 999.9 万股；深圳证券交易所每 5 000 元市值可申购一个申购单位，不足 5 000 元的部分不计入申购额度，每一个申购单位为 500 股。

对于每只新股的发行，有多个证券账户的投资者只能使用一个有市值的账户申购一次，如果出现多次申购，则只有第一笔申购有效。有多个账户的投资者，其持有市值将合并计算。另外，网上申购是以"市值＋现金"的方式进行申购，投资者账户中必须先有足够的股票市值，才能以自有资金参与新股申购。

在深圳证券交易所中，A 公司与 B 公司同时定于 2020 年 9 月 14 日进行网上申购，网上发行量分别为 1 000 万股和 2 000 万股，主承销商规定的申购上限分别为 1 万股和 2 万股，发行价格都为 10 元。

2020 年 9 月 12 日时，投资者至少拥有 1 万元市值的股票，才能够获得对应额度新股申购的权利。

申购日前两个交易日收市后，陈先生持有深圳证券交易所 A 股股票在前 20 个交易日的每日平均市值为 10.7 万元，则陈先生获配了 21 个申购单位，可申购新股 21×500＝10 500 股。

因此，陈先生可以申购的额度超过了 A 公司的 1 万股申购上限，少于 B 公司的 2 万股申购上限。因此，陈先生最多只能申购 A 公司 1 万股，B 公司 10 500 股，超过部分为无效申购。

2020 年 9 月 14 日，陈先生进行网上新股申购。根据市值申购，无须缴款。

2020 年 9 月 16 日，交易所公布中签率与中签号。

2020 年 9 月 17 日，如果陈先生中签，则按要求缴款。

第**3**章

赢在工具，炒股软件使用攻略

炒股软件也就是股票软件、行情软件，可供使投资者随时随地查看行情，提高分析大盘与股票走势的准确度，并能及时进行委托买卖操作，从而降低风险，获取收益。

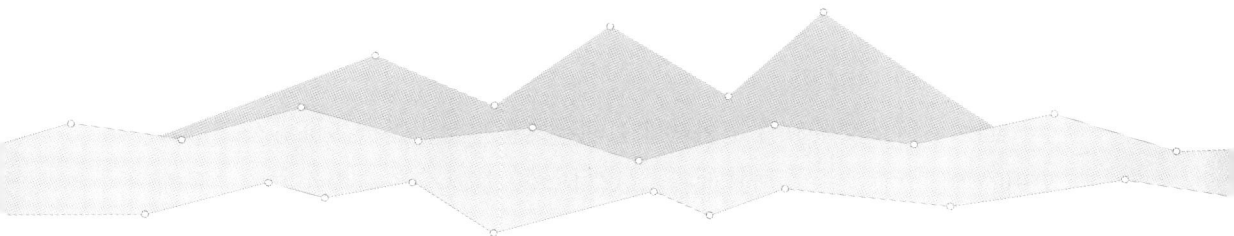

热门炒股软件介绍
登录与退出炒股软件
如何查看大盘/个股走势
如何实现银证转账
······

3.1 如何获取和安装行情软件

工欲善其事，必先利其器。想要通过股票获取收益，首先需要一套好的行情软件。通常情况下，投资者选择网上开户后，证券公司就会提示投资者下载、安装行情软件，投资者可以选择一款适合自己的行情软件。

3.1.1 热门炒股软件介绍

股民以前只能在股票交易大厅盯着大屏看股票走势，随着互联网的快速发展，现在可以使用炒股软件查看股票走势，并能及时地对股票进行买卖操作，使炒股的难度和门槛降低。目前，市场中有很多炒股软件，不同的炒股软件由不同的公司开发，在功能和特点上存在些许差异，下面就来介绍几种热门的炒股软件。

1. 通达信

通达信行情交易软件是多功能的证券信息平台，是很多证券公司推荐使用的炒股软件之一。与其他行情软件比较，通达信具有操作方便、界面简洁、行情更新快以及功能强大等优点。

通达信允许用户自由划分屏幕，并规定每一块对应哪些内容，而"在线人气"功能可以帮助投资者快速了解当前关注、持续关注以及较为冷门等内容，从而快速掌握各只股票的活跃度。投资者在登录通达信后，首先看到的是行情报价界面，如图 3-1 所示。

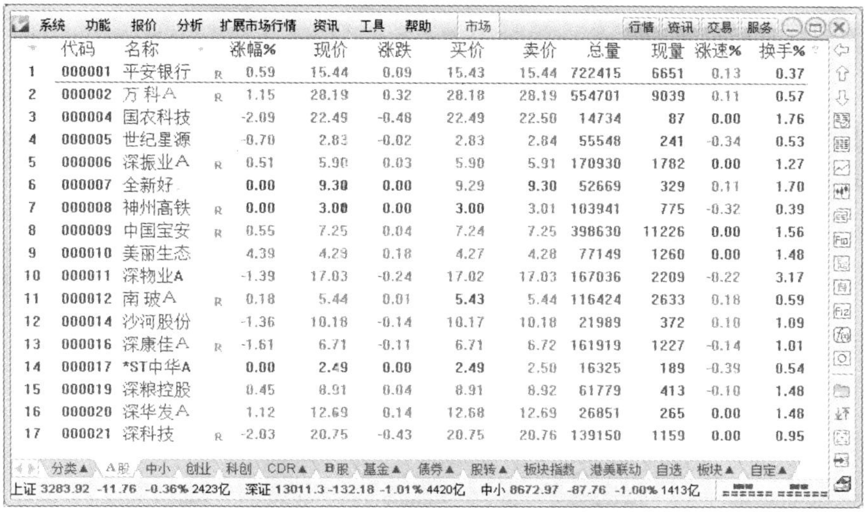

图 3-1 通达信行情报价界面

另外，通达信还有一个特色功能，即定制版面，投资者可以将不同的看盘界面组合到一起，如图 3-2 所示。在该界面中，投资者不仅可以看到自选股的报价，还能看到所关注股票的分时图、K 线图以及大盘走势图等。

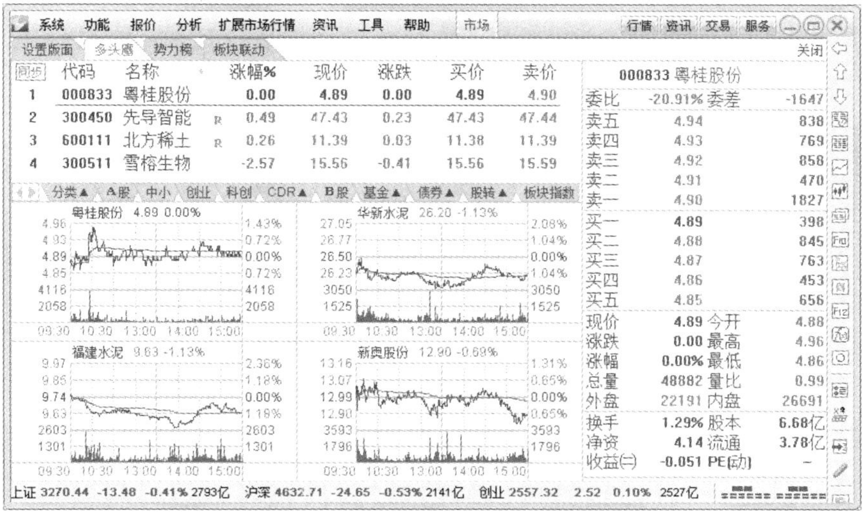

图 3-2 通达信定制看盘界面

2. 同花顺

同花顺是一款功能强大的资讯平台，能为投资者提供文本、超文本（HTML）、信息地雷、紧急公告以及滚动信息等多种形式的资讯信息，还有多种不同的资讯产品。同时，同花顺与券商网站紧密衔接，让投资者及时了解券商网站的各种信息。

其中，同花顺的个股资料、交易所新闻等内容经过了预处理，能让投资者实现轻松浏览、快速查找，享受平台带来的便捷。

另外，同花顺的指标丰富，系统预置了近两百个经典技术指标下载。为了满足部分专业投资者的需求，还提供了公式编辑器，投资者可以随意编写或修改各种公式、指标、选股条件以及预警条件，同花顺的行情报价界面如图 3-3 所示。

图 3-3 同花顺的行情报价界面

此外，同花顺还为投资者提供了简单易用的"选股平台"，投资者只需要在菜单栏中选择"智能/选股平台"选项，即可进入选股平台中，如图 3-4 所示。

图 3-4 同花顺的选股平台

3. 大智慧

大智慧股票软件是一套用来进行证券行情显示、行情分析、外汇及期货信息分析，并同时进行信息即时接收的超级证券信息平台。目前，大智慧也是国内手机炒股用户使用率较高、效果较好的炒股软件。

大智慧不仅整合了行情分析、盘口分析、竞价分析、趋势分析、盘中选股、指标选股、基本面选股以及基本分析，还融入万国测评强大的资讯实力，率先将盘中资讯和实时行情相结合。

同时，还能让投资者随时买卖、随时盈利。其界面友好、表现形式多样、人性化操作设计以及使用技巧简单，投资者无须花费过多时间学习，便能掌握软件的使用方法与股票的投资技巧，大智慧炒股软件的主界面如图3-5所示。

序号	代码	名称	最新	涨跌	涨幅	换手率	量比	涨速	总额	总手	现手	最高
1	600000	浦发银行	9.94	+0.11	1.12%	0.32%	2.07	0.40%	9.42亿	95.23万	952306	9.94
2	600001	邯郸钢铁										
3	600002	齐鲁石化										
4	600003	ST东北高										
5	600004	白云机场	14.68	+0.20	1.38%	0.73%	0.62	-0.07%	2.21亿	15.17万	151652	14.70
6	600005	武钢股份										
7	600006	东风汽车	5.05	-0.02	-0.39%	2.29%	1.06	0.20%	2.30亿	45.79万	457887	5.13
8	600007	中国国贸	13.90	+0.13	0.94%	0.22%	0.84	0.80%	3006万	21843	21843	13.90
9	600008	首创股份	3.15	+0.04	1.29%	1.00%	1.27	-0.32%	1.77亿	56.57万	565721	3.16
10	600009	上海机场	74.87	+0.18	0.24%	1.16%	1.13	0.28%	9.38亿	12.68万	126838	75.10
11	600010	包钢股份	1.18	+0.01	0.85%	0.76%	0.79	-0.84%	2.82亿	239.27万	2392706	1.19
12	600011	华能国际	5.80	+0.21	3.76%	0.19%	0.89	0.35%	1.22亿	21.40万	213953	5.80
13	600012	皖通高速	5.42	+0.13	2.46%	0.45%	2.23		2808万	52140	52140	5.43
14	600015	华夏银行	6.34	+0.09	1.44%	0.18%	1.40	0.16%	1.42亿	22.56万	225599	6.34
15	600016	民生银行	5.50	+0.06	1.10%	0.31%	2.00		5.99亿	109.40万	1093999	5.50
16	600017	日照港	2.91	+0.05	1.75%	0.43%	0.87		3845万	13.32万	133191	2.91

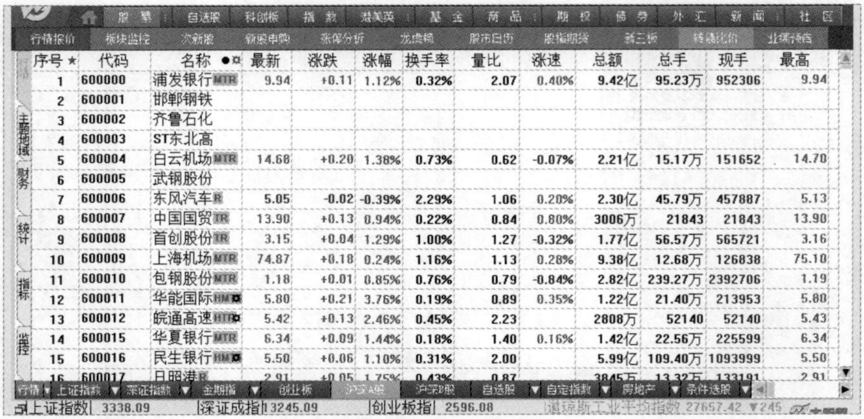

图 3-5 大智慧炒股软件的主界面

3.1.2 下载并安装炒股软件

通过炒股软件，投资者可以在家里看盘并对股票进行分析，然后发出交易委托指令进行股票买卖。不过，投资者在这之前需要下载并安装炒股软件，以通达信软件为例。

实例分析

下载并安装通达信行情软件

在浏览器的地址栏中输入“https://www.tdx.com.cn/”，按【Enter】键进入通达信软件的官方网站中，单击“下载中心”超链接，如图 3-6 所示。

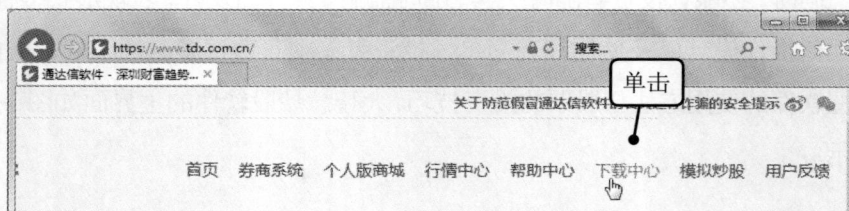

图 3-6 进入通达信网站主页

进入"下载中心"页面中，选择需要下载的炒股软件版本，然后单击其右侧的"下载"按钮。在打开的提示对话框中单击"保存"下拉按钮，选择"另存为"命令，如图3-7所示。

图3-7 选择需要下载的软件

在打开的"另存为"对话框中，设置文件的保存路径，单击"保存"按钮。下载完成后，在通达信的安装文件上右击，选择"打开"命令，如图3-8所示。

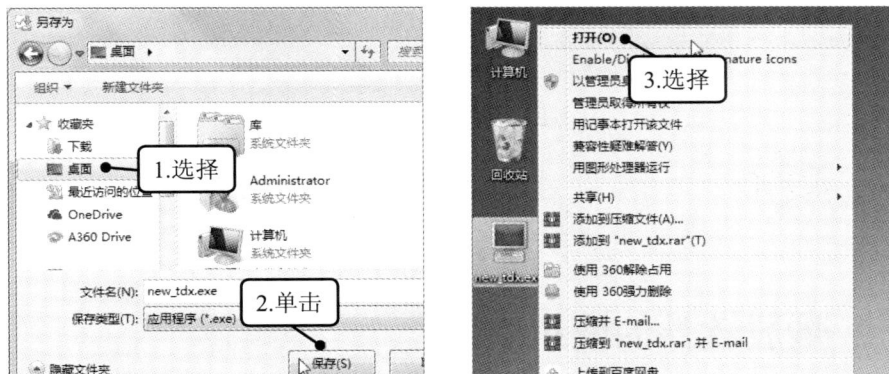

图3-8 保存并打开安装程序

运行通达信软件的安装程序，选中"我同意声明"复选框，单击"下一步"按钮。设置软件的安装路径，单击"下一步"按钮，如图3-9所示。

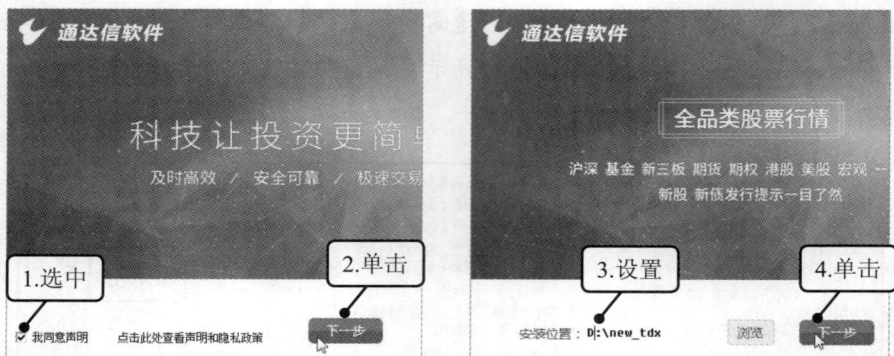

图 3-9 设置文件的安装路径

此时，投资者只需要耐心等待，在软件安装完成后会打开安装成功的提示对话框，单击"确定"按钮，即可完成操作，如图 3-10 所示。

图 3-10 完成安装

3.2 炒股软件的使用指南

投资者在选择好炒股软件后，还需要花时间学习炒股软件的使用方法，以便让自己在股市中更加游刃有余。

3.2.1 登录与退出炒股软件

成功安装炒股软件后，投资者可以登录炒股软件进行操作。操作完成后，可以通过"退出"命令退出软件。

实例分析

登录与退出通达信行情软件

在桌面上选择"通达信金融终端"快捷图标，并右击，选择"打开"命令。打开"通达信金融终端"窗口，此时可以看到两种登录方式，单击"免费精选行情登录"选项卡，然后单击"登录"按钮，如图 3-11 所示。

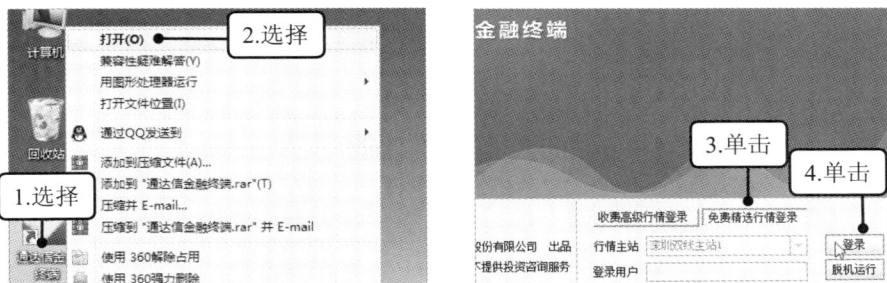

图 3-11 启动通达信金融终端并登录

登录成功后，即可进入软件的首页中。在菜单栏中选择"报价 / 沪深分类 / 上证 A 股"命令，即可进入上证 A 股的行情页面，如图 3-12 所示。

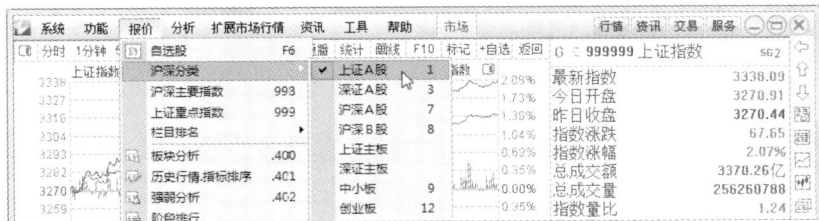

图 3-12 进入上证 A 股的行情页面

如果要退出炒股软件，在菜单栏中选择"系统 / 退出系统"命令（或者单击右上角的"关闭"按钮），在打开的提示对话框中单击"退出"按钮，即可完成操作，如图 3-13 所示。

图 3-13 退出炒股软件

3.2.2 认识炒股软件的界面及主菜单功能

为了满足广大投资者网上炒股的需要，各大券商纷纷推出了功能全面的股票行情分析交易软件，投资者一般比较喜欢速度快、界面简洁以及功能强大的软件。

通达信软件是众多行情软件中的佼佼者，广泛应用于国内证券行业，融合并优化了主流行情软件的功能，如行情分析、技术分析、财务分析、资讯信息以及互动交流等。

1. 界面介绍

通常情况下，炒股软件的界面中都含有很多炒股元素，如窗口、菜单栏、标题栏、指数条以及信息对话框等。

◆ 窗口

炒股软件的窗口通常显示在画面中间，是供投资者浏览和分析的界面，分为主窗口和子窗口。其中，主窗口是指系统默认的行情窗口，如图3-14所示；而子窗口包括组合窗口（如分析图、分时图和多种图形的组合）、报表分析窗口、个股资料窗口以及公告信息窗口，如图3-15所示。

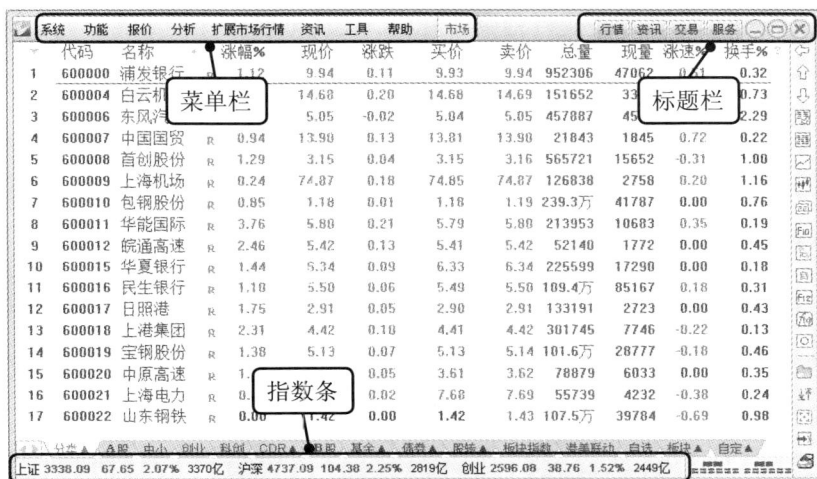

图 3-14 主窗口

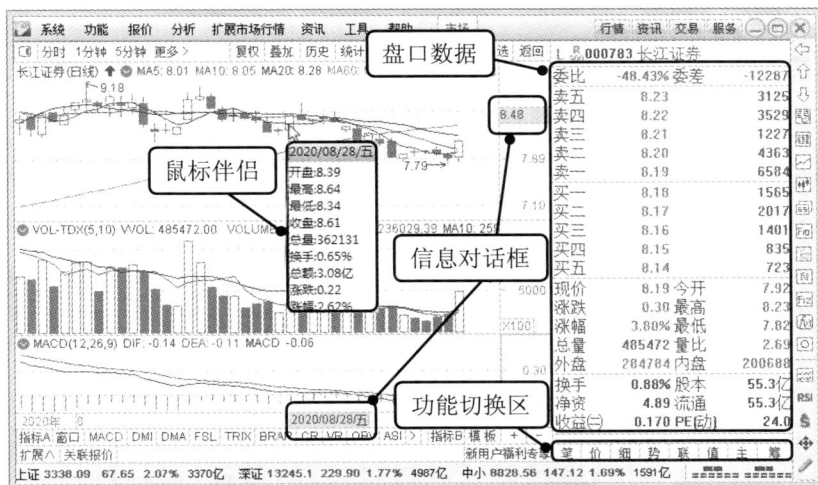

图 3-15 子窗口

◆ 菜单栏

菜单栏位于系统界面的左上方，主要包括9个栏目，分别是系统、功能、报价、分析、扩展市场行情、资讯、工具、帮助和市场。炒股的基本操作方法都罗列其中，方便投资者更加直观、便捷地使用相关功能。

◆ 标题栏

标题栏位于系统界面的右上方，也就是在菜单栏的右侧。标题栏中除了标示系统的名称外，还显示了行情、资讯、交易和服务4个功能按钮。

◆ 指数条

指数条位于系统界面的最下方，主要显示了上证指数、深证成指、中小指数以及创业指数等相关数据，包括当前指数的值、涨跌点数、涨跌比例以及成交金额等数据。

◆ 鼠标伴侣

当鼠标停放在 K 线、指标、工具栏图标按钮或各种指示上时，系统就会显示出相应的背景信息框。

◆ 信息对话框

当鼠标光标在分析图与 K 线图中移动时，股票的价格、数量以及日期等信息会发生相应的改变，由此形成对应的对话框。

◆ 功能切换区

功能切换区在个股分析图右边信息栏的最下方，分为笔、价、细、势、联、值、主与筹，对应不同的信息栏小窗口显示内容。

◆ 盘口数据

盘口数据位于系统界面的右端，显示价位、数量以及涨跌等当日盘口数据信息。

2. 使用菜单栏

通达信软件通过菜单操作的方式来执行不同的功能。其中，菜单栏主要分为两大类，即主菜单栏和快捷菜单。

◆ 主菜单栏

启动通达信软件后，就可以在系统界面的顶部看到主菜单栏，每个主菜单中含有多个下拉菜单。

◆ 快捷菜单

投资者在界面中右击时，在弹出的快捷菜单中可以快速找到当前状态下可以使用的常见功能。

当然，在不同界面中显示出来的右键菜单也不同，在同一界面的不同位置所显示的快捷菜单也不同，如图 3-16 所示。

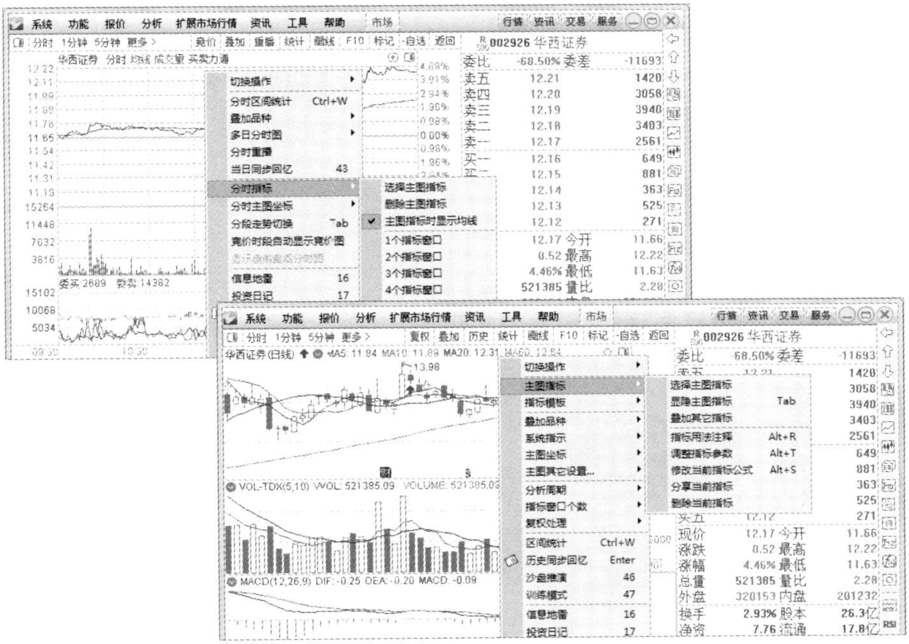

图 3-16 各类界面的快捷菜单

小贴士 *使用快捷命令*

在某些情况下，打开的下拉菜单中有一些灰色的菜单命令，表示当前菜单命令处于不可使用的状态，只有当该菜单命令激活后，才会显示为黑色的可用状态。另外，系统为一些常用的菜单命令设置了快捷键，投资者不需要一步步地打开菜单，直接按快捷键即可调用该功能。例如，按【F6】键可以查看自选股，如图3-17所示。

图 3-17 按【F6】键可以查看自选股

3.2.3 如何查看大盘 / 个股走势

投资者想要投资股票，首先需要看懂股市的行情，只有大致了解股市的涨跌情况，才能选择出好的股票，同时结合大盘的走势（常说的大盘是指上证综指和深证综指），进而获得可观的投资回报。

实例分析

查看综合指数与个股走势

启动通达信软件后，在菜单栏中选择"分析 / 大盘走势 / 深证综指走势"命令（也可以查看其他指数），如图3-18所示。

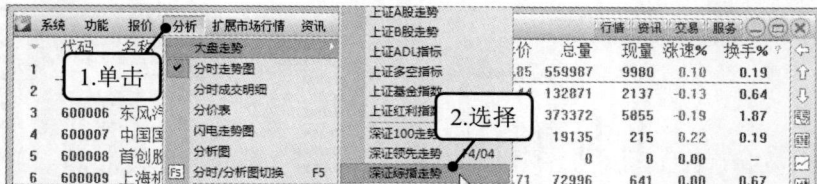

图 3-18 选择指数命令

此时，即可进入大盘指数的分时图走势页面，如图3-19所示。

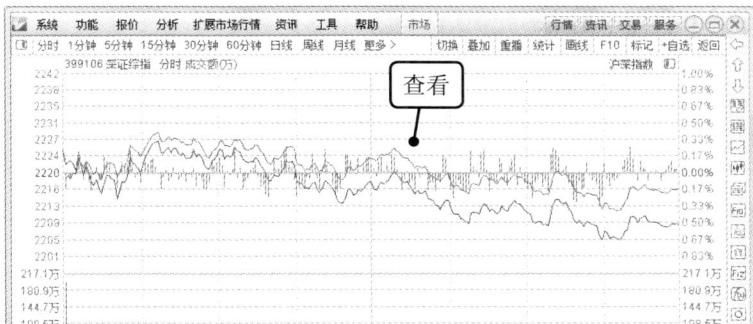

图 3-19 查看综合指数

如果需要查看个股走势，可以直接在系统界面中输入股票代码，如这里查看长江证券的走势，直接输入"000783"，在打开的"通信达键盘精灵"窗口中，直接选择目标个股并按【Enter】键即可，如图 3-20 所示。

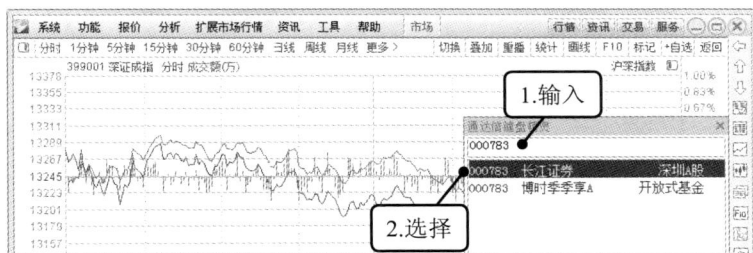

图 3-20 输入个股代码

此时，即可进入个股的分时图走势页面，如图 3-21 所示。

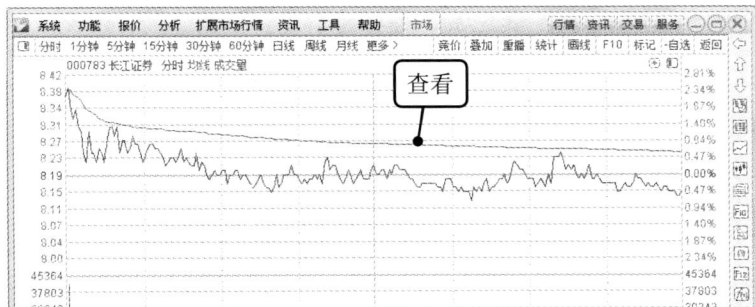

图 3-21 查看个股走势

3.2.4 将关注的个股添加到自选股

股市中有几千只股票，种类繁杂，而投资者往往只关注其中很小的一部分，甚至是几只股票。为了能在行情软件中快速地找到这些个股，投资者可以将其添加到自选股中，只需要打开自选股页面就能快速地查看到关注的股票。

实例分析

将个股添加到自选股

进入需要添加进自选股的个股页面中，单击页面右上角的"＋自选"按钮，如图 3-22 所示。

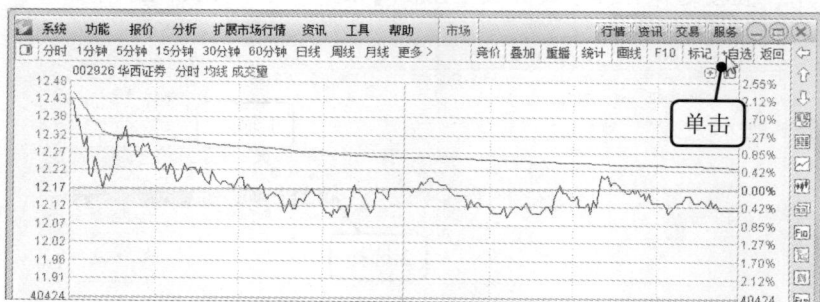

图 3-22 添加自选股

在菜单栏中单击"报价"菜单项，选择"自选股"命令。此时，在打开的自选股页面中可以查看到添加成功的个股，如图 3-23 所示。

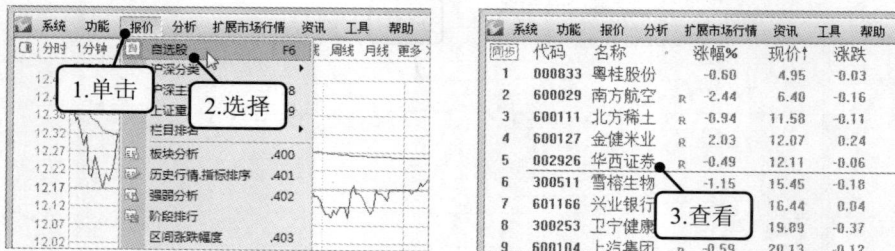

图 3-23 查看自选股

3.2.5 修改主副图窗口的技术指标

默认情况下，通达信软件中主图指标为移动平均线，副图指标为成交量。不过，投资者可以根据自己的实际需要，对这些指标进行修改。

实例分析

修改主副图窗口的技术指标

在个股页面的K线图空白处右击，在弹出的快捷菜单中选择"主图指标/选择主图指标"命令，如图3-24所示。

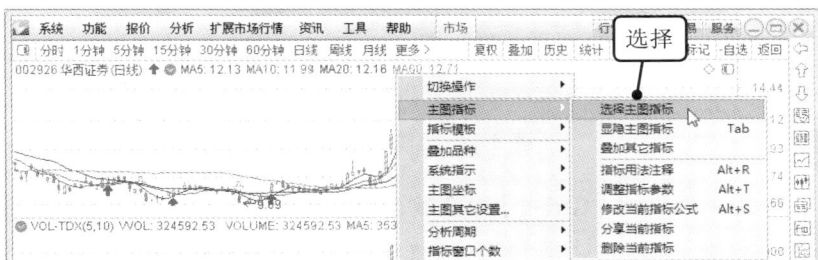

图 3-24 修改主图指标

在打开的"请选择主图指标"对话框中选择指标类型，如这里选择"BOLL-M 布林线 – 传统版"选项，然后单击"确定"按钮即可，如图3-25所示。

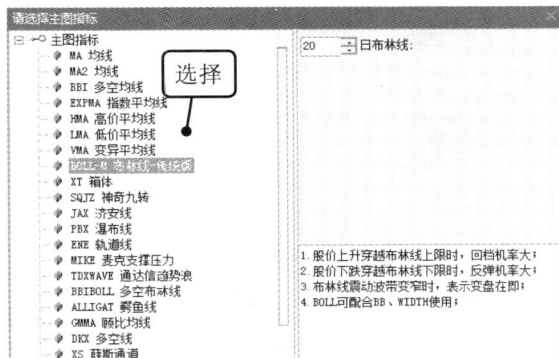

图 3-25 选择指标

选择好替换的指标后，返回主界面即可得到 K 线和布林线的叠加分析图。如果只希望显示线图，可将叠加指标删除或隐藏，在 K 线图的空白处右击，在弹出的快捷菜单中选择"主图指标/显隐主图指标"命令即可，如图 3-26 所示。

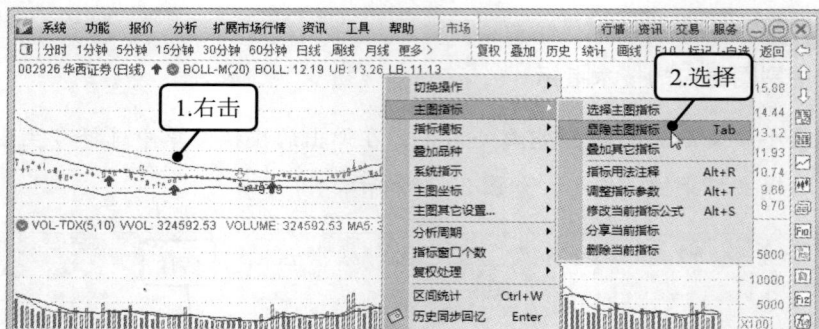

图 3-26 显隐主图指标

在个股页面中按【Ctrl+I】组合键，即可快速进入副图指标选择页面，选择指标类型，如这里选择"KDJ 随机指标"选项，单击"确定"按钮即可，如图 3-27 所示。

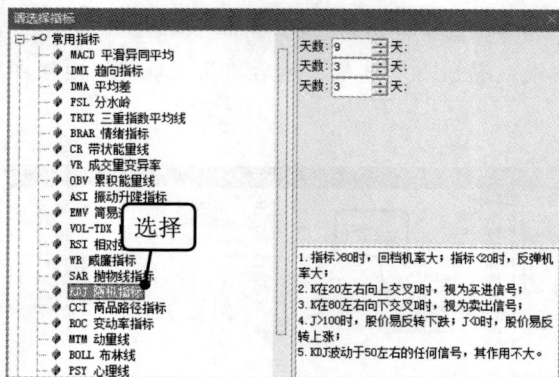

图 3-27 修改副图指标

完成操作后，系统会自动返回个股走势页面，此时的副图指标已经成为 KDJ 随机指标，如图 3-28 所示。

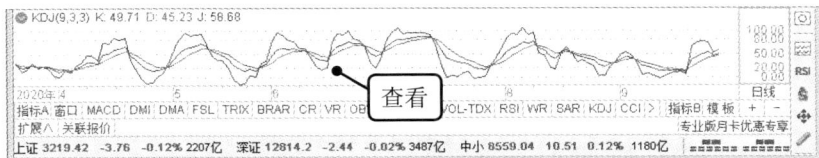

图 3-28 查看修改效果

3.2.6 炒股软件的快捷键操作

为了便于投资者操作，证券公司通常为自己的炒股软件设置了功能快捷键，下面以通达信软件为例来介绍。目前，通达信软件的快捷键主要有4种形式，即点序列键、数字键、功能键和组合键，而细分主要有如表 3-1 所示的几种类型。

表 3-1 炒股软件常用的快捷键

交易热键					
快捷键	对应功能	快捷键	对应功能	快捷键	对应功能
21	闪电买入	221	普通买入	268	格线交易（8 单）
211	闪电融资买入	223	普通卖出	269	格线交易（9 单）
233	闪电融券卖出	225	涨停价买入	20（.8）	交易委托
277	闪电买券还券	229	跌停价卖出	.+1	卖一价闪买
299	闪电卖券还款	25	个股闪电手	.+2	卖二价闪买
22	撤单查询	26	组合闪电手	.+3	卖三价闪买
23	闪电卖出	261	格线交易（1 单）	.+4	卖四价闪买
24	一键全撤	262	格线交易（2 单）	.+5	卖五价闪买
241	一键全撤买	263	格线交易（3 单）	.+01	买一价闪买
242	一键全撤卖	264	格线交易（4 单）	.+02	买二价闪买

快捷键	对应功能	快捷键	对应功能	快捷键	对应功能
243	一键全撤委托	265	格线交易（5单）	.+03	买三价闪买
247	撤买单	266	格线交易（6单）	.+04	买四价闪买
248	撤卖单	267	格线交易（7单）	.+05	买五价闪买
.+.	涨停价闪买	.−.	跌停价闪卖	.−1	买一价闪卖
.−2	买二价闪卖	.−3	买三价闪卖	.−4	买四价闪卖
.−5	买五价闪卖	.−01	卖一价闪卖	.−02	卖二价闪卖
.−03	卖三价闪卖	.−04	卖四价闪卖	.−05	卖五价闪卖
总体部分					
快捷键	对应功能	快捷键	对应功能	快捷键	对应功能
F1	分时成交明细	F11	图文F10	Ctrl+T	条件选股
F2	分价表	F12	交易委托	Ctrl+U	移动筹码
F3	上证指数	Ctrl+A	批量操作	Ctrl+X	多周期同列
F4	深证成指	Ctrl+D	系统设置	Ctrl+Y	价量条件预警
F5	分时	Ctrl+F	公式管理器	Ctrl+Z	加入到板块股
F6	自选股	Ctrl+J	主力监控精灵	Ctrl+Tab	窗口切换
F7	财经资讯	Ctrl+M	多股同列	Ctrl+F4	关闭当前窗口
F8	周期切换	Ctrl+P	屏幕切换	Ctrl+Enter	进入报价
F9	消息中心	Ctrl+Q	标记文字	Alt+D	板块股中删除
F10	个股资料	Ctrl+R	所属板块	Alt+Z	加入到自选股
Tab	行情/财务栏目切换	Shift+↑	当前品种前移	Shift+↓	当前品种后移

续表

快捷键	对应功能	快捷键	对应功能	快捷键	对应功能
+	排序状态切换	−	自动换页	Page Up	向前翻页
Page Down	向后翻页	Alt+F12	画线工具	Shift+F10	权息资料

K 线界面					
快捷键	对应功能	快捷键	对应功能	快捷键	对应功能
Alt+ 数字	切换多个窗口	Ctrl+B	后复权	Ctrl+W	区间统计
Ctrl+I	选择指标	Ctrl+N	定点复权	Alt+R	指标用法注释
Ctrl+E	专家系统指示	Ctrl+O	叠加品种	Ctrl+G	删除品种
Alt+S	修改指标公式	Ctrl+V	前复权	Ctrl+L	显隐行情信息
Backspace	前只品种	Ctrl+K	五彩 K 线指示	Ctrl+H	删除所有指示
Alt+T	调整指标参数	Ctrl+ ↑	放大 K 线	Ctrl+ ↓	缩小 K 线

分时界面					
快捷键	对应功能	快捷键	对应功能	快捷键	对应功能
Alt+ 数字	切换多日分时	Ctrl+O	叠加指定品种	Ctrl+W	分时区间统计
Ctrl+L	显隐行情信息	Ctrl+G	删除叠加品种	Backspace	前只品种

数字系列（键盘精灵）					
快捷键	对应功能	快捷键	对应功能	快捷键	对应功能
1	上证 A 股	500	中证 500 走势	71	分类资讯
2	上证 B 股	60	深沪 A 涨幅排名	72	分类数据
3	深证 A 股	61	沪 A 涨幅排名	73	行业数据

续表

快捷键	对应功能	快捷键	对应功能	快捷键	对应功能
4	深证 B 股	62	沪 B 涨幅排名	74	公告纵览
5	上证债券	63	深 A 涨幅排名	75	研报纵览
6	深证债券	64	深 B 涨幅排名	80	A 股综合排名
7	深沪 A 股	65	沪债涨幅排名	81	沪 A 综合排名
8	深沪 B 股	66	深债涨幅排名	82	沪 B 综合排名
9	中小企业板	67	沪深 A 涨幅排名	83	深 A 综合排名
18	科创板	68	沪深 B 涨幅排名	84	深 B 综合排名
41	仅显示当日数据	69	中小企业板涨幅排名	85	沪债综合排名
42	锁定显示开始日期	612	创业板涨幅排名	86	深债综合排名
46	沙盘推演	613	切换涨幅排名	88	沪深 B 综合排名
47	训练模式	615	板块指数涨幅排名	89	中小企业板综合排名
48	最近浏览品种	618	科创板涨幅排名	811	沪深权证综合排名
50	上证 50 走势	70	财经资讯	815	板块指数综合排名
96	日线	97	周线	98	月线
99	10 分钟	910	45 日线	911	季线
912	年线	998	沪深主要指数	999	上证重点指数
100	深证 100 走势	180	上证 180 走势	300	沪深 300 走势

3.3 利用炒股软件如何进行交易

目前，对于很多投资者而言，网上进行股票交易最为便捷，所以很多证券公司都为投资者提供了炒股软件，也推荐投资者使用炒股软件炒股。投资者只要掌握了炒股软件的交易技巧，就能进行股票交易，从而获得可观的收益。

3.3.1 如何实现银证转账

银证转账是指将投资者在银行开立的个人结算存款账户（可以是借记卡）与证券公司的资金账户建立对应关系，通过网上银行、网点自助以及证券公司的电话、网上交易系统或自助设备等方式使资金在银行和证券公司之间划转，使投资者进行存取款时更加方便。

也就是说，投资者要想进行股票交易，首先需要熟悉银证转账操作，使资金从银行卡中转入股票账户中，以华泰证券为例介绍相关操作。

实例分析

向炒股软件中转入资金

安装并运行华泰证券行情软件（交易版本），打开"用户登录"窗口，依次输入账号、交易密码和通信密码，单击"确定"按钮，如图 3-29 所示。

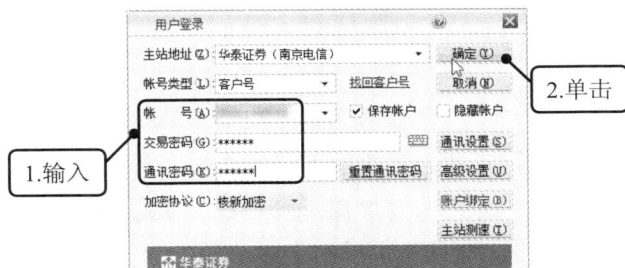

图 3-29 登录炒股软件

　　打开"华泰网上证券委托系统"窗口，在"股票"选项卡的左侧展开"银证转账"列表，选择"银行→券商"选项，在右侧的"银证转账"栏中依次设置转账银行、转账币种和转账金额，单击"转账"按钮。在打开的转账提示对话框中单击"是"按钮，即可完成操作，如图 3-30 所示。

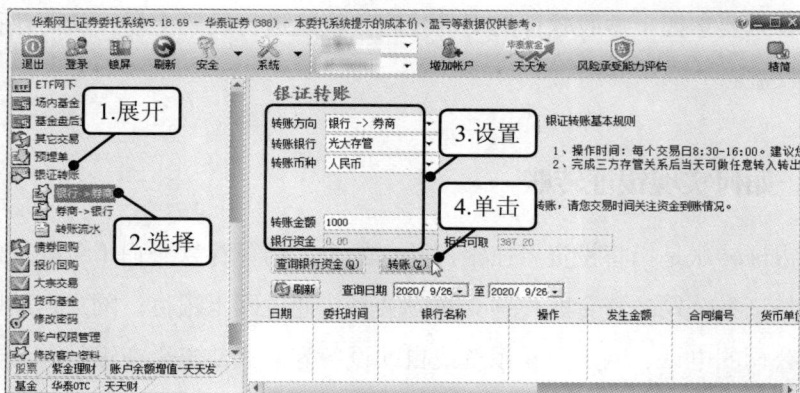

图 3-30　从银行卡中转账到证券账户中

3.3.2　如何购买股票

　　当炒股软件中有足够的资金后，投资者就可以在合适的时机购买看好的股票。使用炒股软件买卖股票比较简单，只需要提前登录炒股软件，在买入股票页面输入要买入的股票代码，即可实现。

实例分析

通过炒股软件买入股票

　　通过账号与密码进入"华泰网上证券委托系统"窗口中，在"股票"选项卡中选择"买入"选项，依次输入证券代码、买入价格和买入数量，单击"买入"按钮。打开买入股票提示对话框，然后单击"是"按钮，即可完成买入操作，如图 3-31 所示。

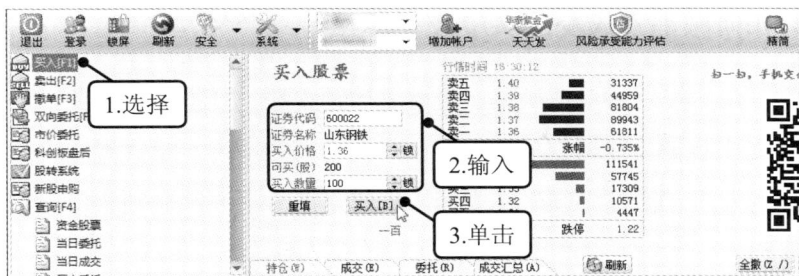

图 3-31 买入股票

3.3.3 如何卖出股票

如果股票的价格合适，投资者可以卖出当前持有的股票，从而使利润落到自己"口袋"中，这就是股票投资者常说的"落袋为安"。

实例分析

通过炒股软件卖出持有的股票

进入"华泰网上证券委托系统"窗口中，在"股票"选项卡中选择"卖出"选项，依次输入证券代码、卖出价格和卖出数量，单击"卖出"按钮。在打开的卖出股票提示对话框中单击"是"按钮完成卖出操作，如图 3-32所示。

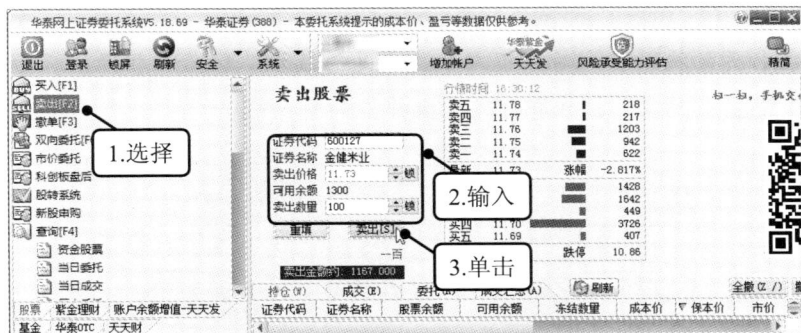

图 3-32 卖出股票

3.3.4 如何撤销未成交的买单或卖单

撤销未成交的买单或卖单，也就是撤销委托，是指投资者要求证券公司将其委托撤销。根据相关规定，在委托的有效期内，投资者有权提出撤销委托的要求，不过必须是在委托未成交之前。下面以撤销卖单为例介绍相关操作。

实例分析

通过炒股软件撤销委托

进入"华泰网上证券委托系统"窗口中，在"股票"选项卡中选择"撤单"选项，选中卖单前面的复选框，单击"撤单"按钮，如图3-33所示。

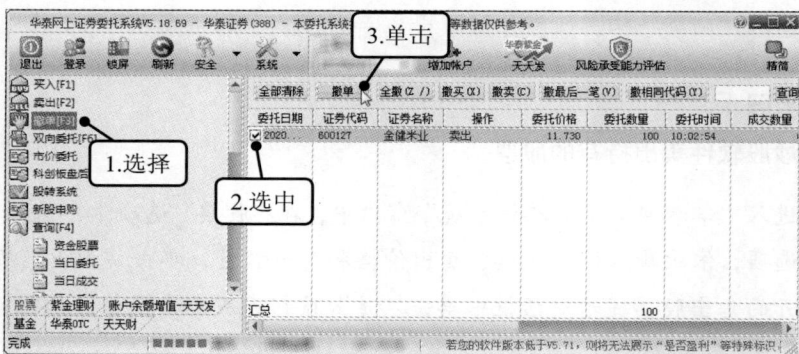

图 3-33 选择需要撤销的委托

在打开的提示信息对话框中单击"是"按钮。然后在打开的提示对话框中，单击"确定"按钮即可完成操作，如图3-34所示。

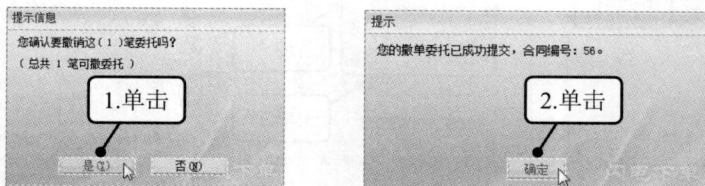

图 3-34 确定撤单

3.4 手机炒股的基本操作

随着移动互联网的快速发展，以前在电脑上能做的事情，现在也能在手机上完成。因此，很多使用炒股软件进行网上交易的投资者，开始通过手机行情软件进行炒股，从而可以随时随地查看行情并进行股票交易。

3.4.1 如何添加与删除自选股

投资者在使用手机上的炒股软件查看股票行情时，可以将感兴趣的股票添加到自选股中，便于以后进行查看。而不再关注的股票，又可以将其从自选股中删除。

实例分析

添加与删除自选股

安装并运行涨乐财付通 App（华泰证券手机软件），在首页页面中点击"搜索"按钮。进入搜索页面中，输入股票代码，在"股票"栏中选择显示出的股票，如图 3-35 所示。

图 3-35 搜索股票

进入个股走势页面中，点击"加自选"按钮。返回到"首页"页面中，点击"行情"按钮，点击"自选股"选项卡，在列表中选择需要从自选股中删除的个股，如图 3-36 所示。

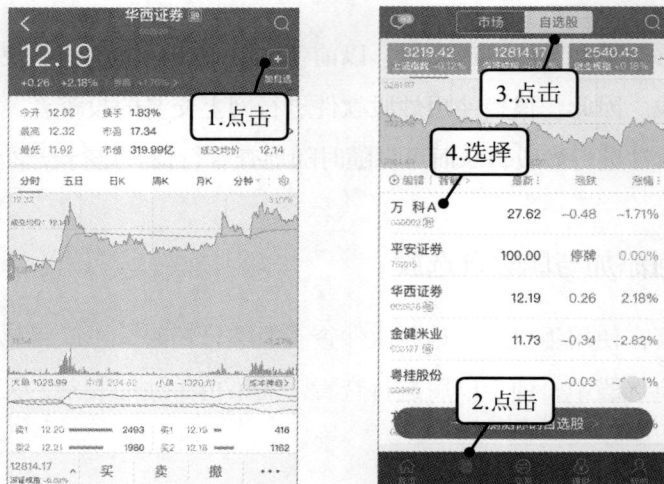

图 3-36 添加自选股

进入个股详情页面中，点击右上角的"－自选"按钮，然后点击"返回"按钮，在"行情"页面的"自选股"选项卡中，即可查看到目标个股已经被删除，如图 3-37 所示。

图 3-37 删除自选股

3.4.2 怎样获取炒股知识

目前，手机炒股已经成为众多投资者的生活常态，投资者只要打开自已的手机炒股 App，就能学习到相关的炒股知识。

实例分析

查看炒股知识

运行涨乐财付通 App，在"首页"页面中点击"学习"选项卡。进入学习页面中，在下方可以看到多个学习栏目，这里点击"入门"按钮，然后在列表中选择"新手训练营"选项，如图 3-38 所示。

图 3-38 选择学习项目

进入课程详情页面中，点击"课程目录"选项卡，点击"试听"按钮。进入试听页面中，点击"播放"按钮，即可开始听课，如图 3-39 所示。

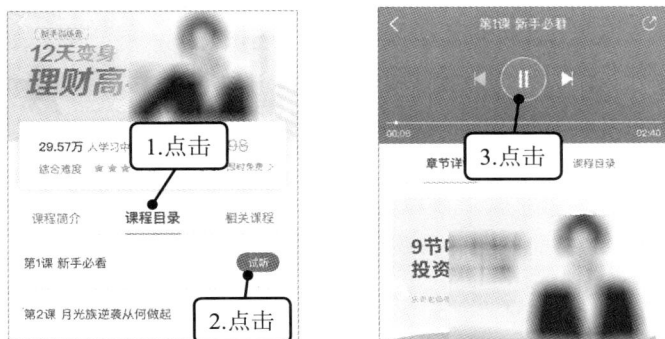

图 3-39 试听课程

3.4.3 如何利用手机登录交易系统

通常情况下，投资者使用手机行情软件，除了查看大盘和个股的相关走势以外，还可以进行股票买卖。当然，买卖股票之前需要登录交易系统。

实例分析

登录交易系统

运行涨乐财付通 App，在"首页"页面中点击"我的"按钮，点击"进入账户"超链接。进入"交易登录"页面中，依次输入账户、交易密码和通信密码，然后点击"登录"按钮，即可登录交易系统，如图 3-40 所示。

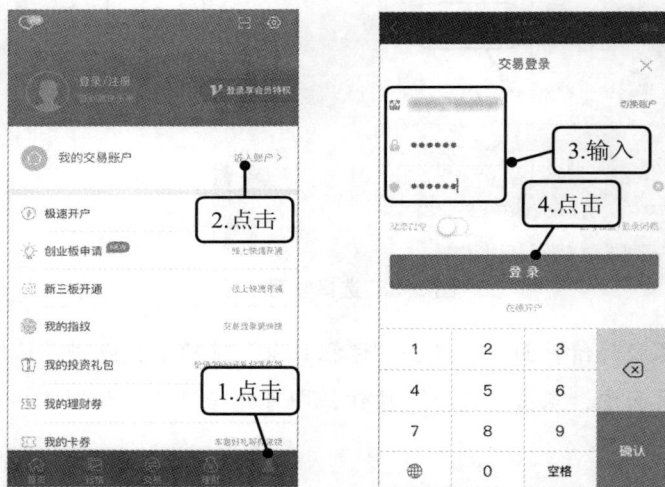

图 3-40 登录交易账户

第 **4** 章

股市投资，基本面不能忽视

　　基本面简单来说就是上市公司的基本情况，如果要细化可以分为宏观现状、行业现状及公司现状。这些基本面因素的变化与股票价格的涨跌有非常密切的联系。因此基本面分析是股市投资的一个重要前提。由于基本面分析不仅需要对宏观政策进行精准把握与分析，还需要对行业和公司情况进行分析，对于初涉股市的股民来说，相对困难一点，但是也需要对基本面有一些初步的了解。

宏观经济指标如何影响股市行情
国家经济政策如何影响股市行情
认识行业的类型
行业分析到底分析什么
……

4.1 从宏观现状看股市

宏观现状主要分析当下我国宏观经济形势，通过宏观经济指标、国家经济政策等宏观因素，从大环境来判断股票市场的走势。宏观经济因素有很多，本节具体介绍一些常见因素与股市变化之间的相互影响。

4.1.1 宏观经济指标如何影响股市行情

宏观经济指标是体现经济情况的一种方式，我们可以通过国内生产总值、利率、汇率、通货膨胀和通货紧缩等指标来反映宏观经济水平。下面具体介绍这些指标与股市涨跌之间的关系。

1. 国内生产总值对股市的影响

国内生产总值（Gross Domestic Product，GDP）是指按国家市场价格计算的一个国家（或地区）所有常驻单位在一定时期内生产活动的最终成果，被公认为是衡量国家经济状况的最佳指标。

GDP 的上升是经济增长和消费者信心增强的信号，也是经济繁荣的表现，在这种情况下，整个市场经济都比较活跃，投资者参与股市的激情也会高涨，促进整个股票市场价格上扬。

GDP 如果出现下滑，说明整个市场经济不景气，企业利润下降，投资者参与股市的激情并不高，股市出现疲软，整个股市集体下跌。

2. 利率变动对股市的影响

利率（又称利息率）是指借贷期内所形成的利息额与本金的比率，利率的波动反映出市场资金的供求状态，具体的关系如图 4-1 所示。

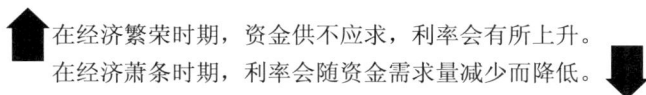

在经济繁荣时期，资金供不应求，利率会有所上升。
在经济萧条时期，利率会随资金需求量减少而降低。

图 4-1 资金和利率的关系

由此可见，利率是影响市场的重要经济指标，对选股也有一定的指导作用。通常，利率的升降与股价的变化成反比，其具体表现如下。

◆ 当利率上调时，银行存款收益相对增加，使得人们倾向于选择存款或购买国债，这样就减少了投入股市的资金；对于发行公司而言，此时公司的贷款筹资成本加大，影响公司扩大发展规模的速度，盈利相对减少。这两方面的因素，使得股价出现下跌。

◆ 当利率下调时，银行存款收益相对减少，使得投资者的银行存款收益相对减少，从而倾向于将资金投入证券市场；对于发行公司而言，此时公司的贷款筹资成本减少，盈利相对增加，同时可以大规模扩大生产。这两方面的因素都会拉动股价出现上涨。

一般情况下，以上规律都是成立的，但是利率变化与股价变化并非绝对成反比，在某些相对特殊的情形下，当股票行情大幅上涨的时候，利率的调整对股价的控制作用就不会很大。同样，当股市处于大幅下跌的时候，即使出现利率下降的调整政策，也可能会使股价回升乏力。表 4-1 所示的数据就是近年来利率调整对股市的影响。

表 4-1 央行近年利率调整对股市的影响

调整时间	调整幅度	公布后首个交易日沪指表现
2015 年 10 月 24 日	央行下调存贷款基准利率 0.25 个百分点	10 月 26 日沪指上涨 0.5%

续表

调整时间	调整幅度	公布后首个交易日沪指表现
2015 年 8 月 26 日	央行下调存贷款基准利率 0.25 个百分点	沪指下跌 1.27%
2015 年 6 月 28 日	央行下调存贷款基准利率 0.25 个百分点	6 月 29 日沪指下跌 3.34%
2015 年 5 月 11 日	央行下调存贷款基准利率 0.25 个百分点	沪指上涨 3.04%
2015 年 3 月 1 日	一年期存款利率下调 0.25 个百分点；一年期贷款利率下调 0.5 个百分点	3 月 2 日沪指上涨 0.78%
2014 年 11 月 22 日	一年期存款利率下调 0.25 个百分点；一年期贷款利率下调 0.4 个百分点	沪指上涨 1.39%，并连续上涨 12 个交易日，直接突破 3 000 点关口，区间涨幅超过 23%
2012 年 6 月 8 日	央行下调存贷款基准利率 0.25 个百分点	地产股板块整体涨幅达 2%
2011 年 7 月 7 日	央行上调金融机构人民币存贷款基准利率 0.25 个百分点	沪指收盘 2 794.27 点，下跌 0.58%
2011 年 4 月 6 日	央行上调金融机构人民币存贷款基准利率 0.25 个百分点	沪指上涨 1.14%

3. 汇率变动对股市的影响

汇率是指用一国货币兑换其他国家货币的比率，也可以认为它是一种货币购买另一种货币时的"价格"，在国际贸易中是非常重要的经济指标。

汇率的波动会给进出口贸易带来大范围的波动，也就意味着与进出口贸易相关的公司的股票，以及金融业股票会直接受汇率变化而产生价格波动。汇率对股价的影响如表 4-2 所示。

表 4-2　汇率对股价的影响

汇率变化	对股价的影响
以外币为基准，当汇率上涨时，本国货币贬值	①从宏观来看，如果预测到某国汇率将要上涨，那么货币资金就会向上升国家转移，而其中某部分资金将进入股市，股票行情可能因此而上涨。 ②对于以进口原料加工，商品外销的企业说，生产成品增加，产品利润降低，其股价将会下跌。 ③对于原料不需要进口，而商品主要外销的企业来说，生产成本不变，但产品的利润提高，这类企业的股票也会有所上涨。 ④对于银行或资金密集型企业来说，其资产就变相减少，其股价会下跌
以外币为基准，汇率下跌时，本国货币升值	①对于以进口原料加工，商品外销的企业说，同样的资金可购买的原材料更多，生成成本极大降低，产品利润增加，其股票也就会上涨。 ②对于原料不需要进口，而商品主要外销的企业来说，生产成本不变，但产品的利润降低，这类企业的股票也会有所下跌。 ③对于银行或资金密集型的企业来说，其资产就变相增加，其股价会上涨

小贴士 *什么是资金密集型产业*

　　资金密集型产业是指在单位产品成本中，资本成本与劳动成本相比所占比重较大，每个劳动者所占用的固定资本和流动资本金额较高的产业，如钢铁业、一般电子与通信设备制造业、运输设备制造业、石油化工、重型机械工业及电力工业等。

4. 通货膨胀 / 通货紧缩对股市的影响

　　通货膨胀是指纸币的发行量超过流通中所需要的数量，从而引起纸币贬值、物价上涨的经济现象，其实质是社会总需求大于社会总供给；通货紧缩是指在经济相对萎缩时期，物价总水平较长时间内持续下降，货币不断升值的经济现象，其实质是社会总需求持续小于社会总供给。

通货膨胀与通货紧缩是相反的一种经济现象，这两种经济现象对股市都会造成一定的影响。

◆ 通货膨胀对股市的影响

通货膨胀对股票市场的影响没有特定的规律，需要根据通货膨胀产生的原因、通货膨胀的程度、当前经济形势以及政府可能采取的干预措施等方面，视具体情况进行具体分析，在分析过程中可把握以下 5 点。

①通货膨胀在可容忍的范围内持续时，如果当前市场经济比较景气，产量和就业率都在增长，那么股价也会随之增长。

②严重的通货膨胀会导致货币快速贬值，投资者多转向保值的固定资产，资金流出股市，导致股价下跌。

③当通货膨胀影响市场经济时，政府会采取宏观的经济政策来抑制通货膨胀，这些政策也会选择性地影响到股票市场。

④通货膨胀会使商品价格产生不确定性，从而影响企业的未来发展，也就增加了投资的风险性，更多的人不敢随意进入股市，造成股市低迷。

⑤通货膨胀初期，税收、负债和存货等效应都可能刺激股价上涨，但长期严重的通货膨胀必然会使社会和经济环境恶化，致使股票市场出现大跌行情。

这里反复提到"通货膨胀在可容忍的范围""通货膨胀严重"，那么到底以什么标准来衡量通货膨胀适度呢？这里就需要了解 CPI 指标。

消费者物价指数（Consumer Price Index，CPI）是反映与居民生活有关的商品及劳务价格统计出来的物价变动指标，通常作为观察通货膨胀水平的重要指标。

若物价上涨在 1% ~ 2%，不超过 5%，这种缓慢变化能刺激经济发展，上市公司收益额会增加，股票市场也会对应的呈现繁荣。

◆ 通货紧缩对股市的影响

通货紧缩是与通货膨胀相对的一个概念，它会损害投资者的积极性，不利于币值的稳定，也就必然会导致股票市场的萎靡，这可以从不同的方面来进行分析。

①从消费者角度 持续的通货紧缩会使消费者对物价的预期值下降，更多地推迟购买，致使商品交易不活跃。

②从投资者角度 通货紧缩会使投资产品的未来价格低于预期，投资活动延迟。

③从利率角度 通货紧缩必然导致名义利率下调，这将降低投资的预期收益率，导致投资支出的减少，进而影响到企业业绩、工人工资和失业率等。

由此可见，由于通货紧缩带来的经济负增长，必然会使股票、债券及房地产等价格大幅下降。

4.1.2 国家经济政策如何影响股市行情

经济政策是国家或政府为了达到充分就业、价格水平稳定、经济快速增长和国际收支平衡等宏观经济政策的目标，为增进经济福利而制定的解决经济问题的指导原则和措施。

经济政策可划分为宏观经济政策和微观经济政策，宏观经济政策包括财政政策、货币政策和收入政策等；微观经济政策是指政府制定的一些反对干扰市场正常运行的法规以及环保政策等。

在众多的经济政策中，股市对财政政策和货币政策的颁布和实施最为敏感，通常在这些政策实施之前，股市都会出现波动，下面分别对这两种经济政策如何影响股市进行具体介绍。

1. 财政政策对股市的影响

财政政策是政府依据客观经济规律制定的指导财政工作和处理财政关系的一系列方针、准则和措施的总称。财政政策的手段包括国家预算、税收政策、发行国债及财政补贴等，它们对于股市的影响如表 4-3 所示。

表 4-3　财政政策对股市的影响

财政政策	对股价的影响
国家预算	国家预算作为政府的基本财政收支计划，能全面反映国家财力规模和平衡状态，同时也是财政政策的主要手段。国家预算的支出方向可以调节社会总供求的结构平衡，当国家预算的支出方向偏向某些行业时，此类行业的股票会上涨
税收政策	税收具有强制性、无偿性和固定性的特征，是国家参与社会产品分配的重要形式，同时也是调控宏观经济的重要手段。税收的增减，会直接影响到企业和个人的收入，进而影响企业的股票价格以及投资者的参与情绪
发行国债	国债可以调节国民收入的使用结构和产业结构，通常用于国民经济发展薄弱的部门和瓶颈产业的发展。如果一段时间内，国债发行量大且有一定的吸引力，就会导致股票市场部分资金流出，影响股价走势
财政补贴	我国的财政补贴主要包括价格补贴、企业亏损补贴、财政贴息和外贸补贴等，是国家为了某种特定需求，将一部分财政资金无偿补助给企业或居民的一种再分配形式，受补贴的企业会有更好的营利能力，其股票也会上涨
财政管理体制	财政管理体制是中央与地方各级政府之间，以及国家与企业事业单位之间资金管理权限和财力划分的一种根本制度，可以调节各地区、各部门之间的财力分配，这也就间接影响到受调节的企事业单位的股票发展

财政政策对证券股票市场的影响是十分深刻的，也是十分复杂的。在正确分析财政政策对股市的影响时，需要把握以下 3 点。

①认清当前的经济形势，可以多关注有关统计资料的信息。

②分析过去类似形势下政府采取的财政政策及其对股市的影响，据此

预测政策倾向和可能的经济影响。

③关注年度财政预算，把握财政收支总量的变化趋势，以便了解政府的财政投资重点和倾斜政策。

2. 货币政策对股市的影响

货币政策是指中央银行为了实现一定的宏观经济目标所制定的关于货币供应和货币流通组织管理的基本准则，它对宏观经济的调整作用主要体现在以下几个方面，如图4-2所示。

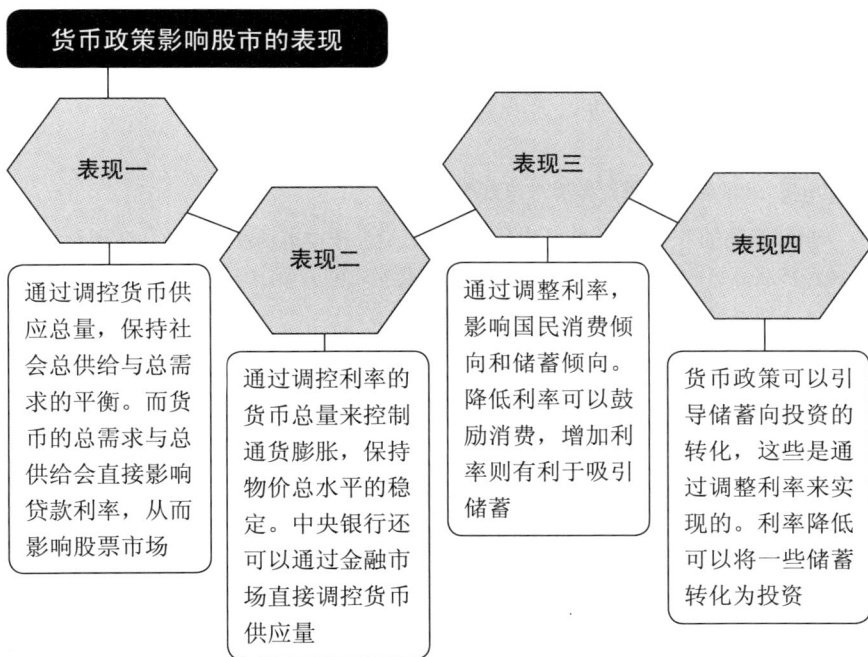

货币政策影响股市的表现

表现一

表现二

表现三

表现四

通过调控货币供应总量，保持社会总供给与总需求的平衡。而货币的总需求与总供给会直接影响贷款利率，从而影响股票市场

通过调控利率的货币总量来控制通货膨胀，保持物价总水平的稳定。中央银行还可以通过金融市场直接调控货币供应量

通过调整利率，影响国民消费倾向和储蓄倾向。降低利率可以鼓励消费，增加利率则有利于吸引储蓄

货币政策可以引导储蓄向投资的转化，这些是通过调整利率来实现的。利率降低可以将一些储蓄转化为投资

图4-2 货币政策影响股市的表现

从图4-2中可以看到，货币政策的实施主要是通过调整利率来实现的，有关利率对股市的影响在前面已经介绍了。除了利率工具外，货币政策的实施还有其他特有的工具，不同的工具对股票市场的影响也是不同的，可

以从以下几个方面进行分析。

央行的公开业务　央行的公开业务主要以国债为操作对象，当政府实施宽松的货币政策时，央行就会大量购进证券，使市场上货币供给充足，这会推动利率下跌，影响股价上涨。反之，股票价格将会下跌。

货币供应量　央行可以通过法定存款准备金率和再贴现政策来调整货币供应量，从而影响货币市场和资本市场的资金供求关系，进而影响股票市场。

选择性货币政策工具　为实现国家产业政策和区域经济政策，我国对不同行业和不同区域采取区别对待的方针。一般情况下，政策偏向利好的企业以及其所在的板块的股票都可能出现上涨。

小贴士　*全球经济形势对股市也有影响*

自从我国加入 WTO（世界贸易组织）之后，资本市场逐步开放，我国经济与全球经济联系日趋紧密，国际金融市场的动荡对我国股票市场的影响也越来越大。其具体主要通过以下几个方面来影响我国的股市。

①通过汇率直接影响我国股市。随着我国经济的持续调整发展，人民币升值成为趋势，这就意味着外币人民币汇率将不断降低，这对于我国股市来说，是一个相对利好的形势。

②通过宏观面间接影响我国股市。全球经济动荡会导致出口增幅和外商的直接投资下降，影响经济增长率，这也将导致上市公司的业绩下降，从而影响投资者的投资信心，致使整个股票市场出现下滑趋势。

③通过微观面直接影响我国股市。随着中国经济的增长，国内企业在国际上的竞争力也在不断加强，有些国内上市公司通过购买境外企业的股票以达到参股或控股的目的，全球经济的波动会造成境外企业的股票价格大幅缩水，也会影响到这部分国内企业的业绩。

4.2 从行业发展现状看股市

前面介绍的是从宏观现状看股市，对整个股市大的发展趋势进行分析。但是在相同的经济环境下，不同行业的处境、对经济政策的敏感性不同，从而导致不同行业的股票受影响程度不同。正是因为如此，所以引入了基本面分析中的行业分析，也可以说从行业发展现状来看股市。

行业分析是指根据经济学原理，综合应用统计学、计量经济学等分析工具对行业经济的运行状况、产品生产、销售、消费、技术、行业竞争力、市场竞争格局和行业政策等行业要素进行深入分析，从而发现行业运行的内在经济规律，进一步预测未来行业发展的趋势。

4.2.1 认识行业的类型

在从行业发展现状来分析股市之前，首先需要了解行业有哪些划分类型。

行业的分类方法多种多样，不同国家可能采用不同的分类方法。1985年，国家统计局为我国划分的行业只有三大产业，如图4-3所示。

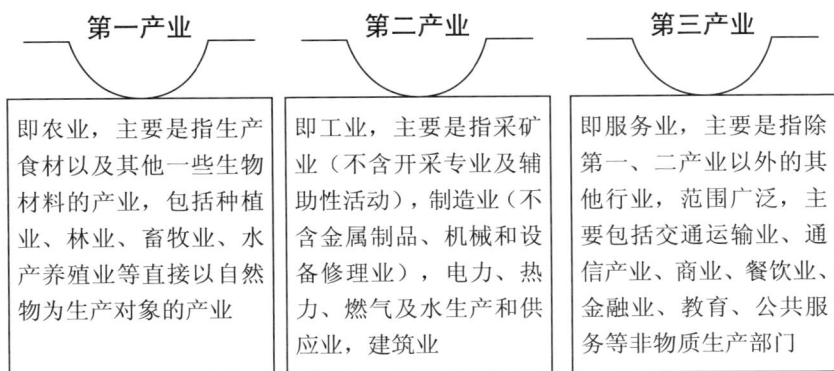

第一产业	第二产业	第三产业
即农业，主要是指生产食材以及其他一些生物材料的产业，包括种植业、林业、畜牧业、水产养殖业等直接以自然物为生产对象的产业	即工业，主要是指采矿业（不含开采专业及辅助性活动），制造业（不含金属制品、机械和设备修理业），电力、热力、燃气及水生产和供应业，建筑业	即服务业，主要是指除第一、二产业以外的其他行业，范围广泛，主要包括交通运输业、通信产业、商业、餐饮业、金融业、教育、公共服务等非物质生产部门

图4-3 我国的三大产业划分

股票行情软件有很多种类，有些软件的个人定制性很强，它们中对行业的划分类型不一定按照国家标准进行，因此可能与相关的规定中的分类有些许出入，具体我们可以通过炒股软件下方的"板块"标签中的"证监会行业板块"菜单进行查看，图4-4所示为通达信炒股软件中的证监会行业板块。

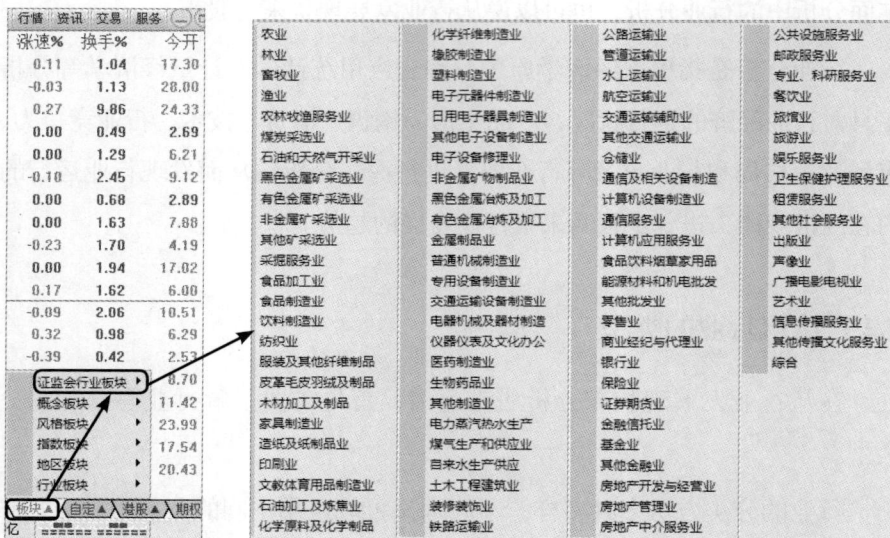

图4-4 通达信软件中的证监会行业分类

4.2.2 行业分析到底分析什么

行业分析是企业分析的基础，是对整个市场经济进行分析的细分，只有了解行业的状态，才能对该行业中的具体企业进行更加准确地分析。那么，行业分析到底分析什么呢？

我们可以从行业的市场结构、性质和生命周期等方面来进行分析。下面具体介绍。

1. 行业的市场结构分析

行业的市场结构简单来说就是行业的竞争或垄断程度。根据行业中企业数量多少、进入限制程度和产品差别，行业的市场结构大致可分为完全竞争、垄断竞争、寡头垄断和完全垄断 4 类，各类结构的具体介绍如表 4-4 所示。

表 4-4　行业的 4 种市场结构介绍

结构类型	具体介绍
完全竞争	完全竞争是指竞争不受任何干扰和阻碍的市场结构，这是一个理论上的假设，在现实经济中这类结构是很少见的，其一般具有以下特征：①生产者众多，各种生产资料可以完全流动；②没有一家企业能影响产品的价格，企业不是价格的制定者，而是接受者；③所有产品都是同质的、无差别的；④生产者可以自由进入、退出此市场；⑤生产信息对买卖双方都是完全畅通的；⑥企业的盈利基本上由市场对产品的需求所决定
垄断竞争	垄断竞争是只有一家厂商提供所有供给的市场结构，在垄断竞争型市场中，每家企业都在市场上具有一定的垄断力，而它们之间又存在激烈的竞争，此类市场除了具有完全竞争型市场的众多生产者外，还具有以下两大特征：①产品同种但不同质，即不同企业生产的相同产品之间存在着实际或想象上的差异，这也是垄断竞争与完全竞争的主要区别；②垄断竞争型市场中存在大量的企业，但没有一家企业能有效影响其他企业。造成的原因是产品的差别，而造成竞争的原因则是产品同种，即产品有可代替性
寡头垄断	寡头垄断是指一个市场只有少数几个厂商的市场结构，即少量生产者在某种产品的生产中占据了很大的市场份额，从而控制了这个行业。此类市场结构是由于前期投资成本很大，阻止了大量中小企业进入。同时，这类企业的产品需要在大规模生产时才有较好的收益，这也自然在竞争中淘汰了大量的中小企业，形成垄断
完全垄断	完全垄断指独家企业生产某种特质产品的情形，但在我国现有市场经济体制下，还没有真正的完全垄断型市场，每个行业都或多或少地引入了竞争，公用事业、采矿业等资本和技术高度密集型行业属于接近完全垄断型市场

对于这 4 种类型的市场结构，按价格高低和可能获得的利润大小排列，其排列顺序为完全垄断型、寡头垄断型、垄断竞争型和完全竞争型。

一般来说，对于进出比较容易的行业，其产品的价格和企业利润受市场供求关系的影响比较大。而对于垄断性的行业，企业对产品和产品的价格控制程度很大，投资这类行业，获利良好。

2. 行业的性质分析

行业性质即行业的特性。企业所属行业的性质对股价的影响可以从商品形态、生产形态和需求形态 3 方面进行分析，相关介绍如表 4-5 所示。

表 4-5　从不同方面分析行业性质

分析面	具体介绍
从商品形态	从商品形态的角度主要分析企业的产品是生产原料还是消费成品。生产原料用于满足其他企业生产需求，而消费成品是为了满足人们的生活需求。但商品无论处于哪种形态，都会受到经济环境的影响。 ①对于生产原料而言，其受经济环境影响较大。在经济环境较好的情况下，产量增长比消费成品要快，但在经济环境不好的情况下，产量增长的萎缩也较快。 ②对于消费成品而言，可分为奢侈品和必需品两大类，它们受经济环境的影响程度各不相同，相对而言，必需品的价格会受到政府的管制，受经济影响要小些，奢侈品则对经济环境较为敏感
从生产形态	生产形态是企业固有的一种属性，我国企业的生产形态主要有劳动密集型、资金密集型和技术密集型 3 种。 ①劳动密集型指生产主要依靠使用大量劳动力来完成，而对生产技术和设备的依赖程度很低的企业，如农业、林业、手工业、服务业以及纺织、服装、玩具、皮革和家具制造业等。 ②资金密集型指产品生产过中，单位产品成本中，资本成本较劳动成本所占的比重更大，每个劳动者都占有较高的固定成本和流动成本的企业，如冶金工业、石油化工、重型机械工业和电力工业等。 ③技术密集型指要用先进而又尖端的技术才能进行生产和维持发展的生产部门和服务部门，如计算机工业、原子能工业、飞机和航天工业、大规模和超大规模集成电子工业等

续表

分析面	具体介绍
从需求形态	需求形态的分析可从产品的销售对象和销售范围两个方面入手，分析产品需求对于企业股价的影响。 ①不同的销售对象对产品的性能和质量档次的要求不同，如果生产性能和质量档次都是顶好的产品，销售给普通消费者，势必会因为价格昂贵导致销量低，从而影响企业的盈利。 ②产品的销售范围不同，其受国外、国内和地方经济形势的影响不同。通常，国外销售的产品，其受国际经济形势、国家对外经济政策等因素影响较大，国内销售的产品受国内政治经济政策等因素影响较大

小贴士 *劳动密集型产业和资本密集型产业逐步向技术密集型产业转化*

随着社会生产力的发展和科学技术在生产中的广泛应用，劳动密集型产业和资本密集型产业也在逐步向技术密集型产业转化。不同类型的公司，其在产品的生产力和竞争力上有所不同，这将影响企业产品的销售和盈利水平，从而使投资收益受到影响。

3.行业的生命周期分析

行业的生命周期指行业从出现到完全退出社会经济活动经历的时间，主要包括4个发展阶段：幼稚期、成长期、成熟期、衰退期，如图4-5所示。

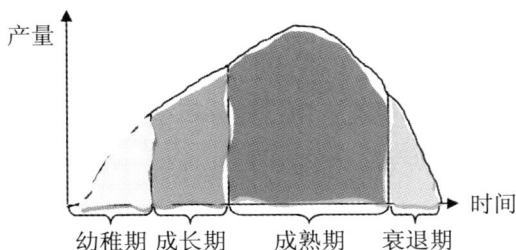

图4-5 行业的生命周期

在不同的生命周期内，行业的盈利能力各不相同，也使得相关公司的股票价格不断变化。具体介绍如表4-6所示。

表4-6　行业发展不同阶段的特征及其对股价的影响

行业阶段	行业特征及其对股价的影响
幼稚期	行业出现不久,只有少数企业投身于该行业,行业中竞争较小。新兴行业的产品研发成本较高,市场需求较小,技术变动较大,公司对行业的特点、客户特点以及行业竞争状况掌握不多。此时投资该行业公司的股票往往风险较高,容易出现亏损
成长期	技术提高、成本降低、市场需求扩大,更多的公司加入该行业,竞争者逐渐增多。技术量强大的公司,其产品逐渐被消费者认可,占领相应的市场,竞争力不强的公司被淘汰。此时段公司获利增多,投资收益较大,同时所面临的风险也很大,股价会有大起大落的情况
成熟期	技术日趋成熟,产品增长率下降,市场趋于饱和,新产品、新功能研发越来越困难,公司获利机会不断减少。在竞争中成长起来的公司在市场中都占有一定的比例,由于实力相当,各公司都会采取其他手段增加自己的竞争力。此周期很长,股票价格趋于稳定或稳步上涨
衰退期	由于市场增长率和产品需求不断降低或生产资源枯竭等原因,行业的生产规模受到阻碍,新的替代产品出现时,会导致利润下降,行业的发展面临严重危机,很多竞争者逐步退出该行业,使得该行业走向衰退时期。此时段相关公司的股票价格下跌,甚至会面临退市

4.3 从企业现状看股市

在基本面分析中,宏观因素和行业分析是股市的外在因素分析,对于某只股票好坏的判断还应对上市公司行业地位、销售状况、技术水平和财务状况进行分析。

只有全面地对企业进行分析,才能最大限度地降低投资风险。本节将具体介绍如何从公司经营层面和公司财务层面看股市。

4.3.1 从公司经营层面看股市

从公司经营层面看股市，主要分析公司产品是否具有竞争力、盈利能力如何以及成长性如何等，下面具体介绍。

1. 公司的产品是否具有竞争力

对于任何公司来说，产品是其生存发展的根本，只有具有竞争力的产品，公司发展才会更好，从而使其股票的投资价值越高。要判断公司的产品是否具有竞争力，首先可以从经济指标来直观地对其进行判断，分别是年销售额、年销售额增长率和年销售额稳定性。

年销售额　年销售额是公司销售额占全行业销售额度的比例，其大小是衡量一个公司在同行业中相对竞争地位高低的一项重要指标。一般来说，在同行业的激烈竞争中，公司的销售额越大，则盈利水平越高，在一定程度上也表明公司更有竞争力。

年销售额增长率　除了投资品牌很好的公司外，有一定规模且销售额增长速度快的公司，也具有一定的投资机会。公司销售额增长快，其股价也会不断提高，股息不断增加，达到投资者进行股票投资的预期收益。

年销售额稳定性　对于具有稳定年销售额的公司，其盈利状态也比较稳定，能使股东得到的股息和红利相对稳定，对于长期投资者有很大的好处。如果年销售额动荡太大，会给公司的经营管理带来很大的影响。

除了以上 3 个经济指标外，我们还可以从产品的成本优势、技术优势、质量优势、市场占有率和品牌战略这 5 个方面来判断公司是否具有竞争力。具体介绍如表 4-7 所示。

表 4-7　判断公司产品具有竞争力的 5 个方面

判断方面	具体描述
成本优势	成本优势是指公司的产品依靠低成本获得高于同行业其他公司的盈利能力，在某些行业中，成本优势是决定竞争优势的关键因素
技术优势	技术优势是指公司拥有的比同行业其他竞争对手更强的技术实力及研究与开发新产品的能力，主要体现在生产的技术水平和产品的技术含量上
质量优势	质量优势是指公司产品以高于其他公司同类产品的质量赢得市场，从而取得竞争优势，产品的质量始终是影响消费者购买倾向的一个重要因素
市场占有率	市场占有率是衡量公司产品竞争力的一个重要方面，可从公司产品销售市场的地域分布和同类产品在同一地域的占有情况来分析
品牌战略	品牌不仅是一种产品的标识，也是产品质量、性能和满足消费者效用可靠程度的综合体现，品牌竞争是产品竞争的深化和延伸

2. 公司的盈利能力如何

只有盈利的上市公司，其股票才具有投资的价值。对上市公司的盈利能力分析可以从公司公告的招股说明书、上市公告书、定期报告和临时公告中进行要点分析，从而综合判断公司的盈利能力，其主要表现在以下几个方面。

通过招股说明书分析公司盈利能力。通过招股说明书的销售利润率、资产收益率、股东权益收益率、主营业务利润率、经营风险、市场风险、行业风险、政策风险和股市风险等要点对企业的盈利能力做定性分析。

通过上市公告书分析公司盈利能力。上市公告书中会展示公司成立以来或者最近 3 年的经营业绩和财务状况以及下一年的盈利预测，投资者特别需要注意公告书中的盈利预测数据是否符合企业正常发展的速度。

通过定期公告分析公司盈利能力。定期报告中最重要的一部分即是财务数据，对财务数据的分析越具体、越深入，投资者对企业股价的变化趋势预测就越准确。

通过临时公告分析公司盈利能力。临时公告中会将企业的一些重大事件和收购信息进行公布，这些信息都将影响到公司股价的变化，特别是股份变动公告和配股说明书，其影响股价的程度非常大，投资者需要特别关注。

除了对公司目前的盈利能力进行分析外，我们还可以通过公司往年的盈利数据来预测公司未来的盈利能力，这对股民选股有很大的帮助。

如何对公司未来的盈利能力进行预测呢？可以通过以下几个方面来进行反映。

销售收入预测　对销售收入的预测包括销售收入的历史数据和发展趋势、公司产品的需求变化、市场占有率和销售网络以及主要产品的存货情况等方面。

生产成本预测　生产成本预测包括生产成本结构、主要原材料的价格走势和每年所需原材料的总量、成本变动和销售情况变动以及毛利率的变化情况等。

管理和销售费用预测　管理和销售费用预测包括销售费用和销售费用占销售收入的比例、管理费用的变化、新市场的拓展、每年的研究和开发费用占销售收入的比例等。

财务费用预测　财务费用预测包括新增的长期贷款和短期贷款等。

其他　包括主营业务利润占税前利润的百分比、非经常项目及其他利润占税前利润的比例以及到目前为止利润的完成情况等。

3. 公司的成长性如何

如果一家公司具有良好的成长潜力，那么其发行的股票也会具有不错的发展前景，是值得投资的。因此，对公司的成长性的分析也是非常重要的。

一般情况下，我们可以从以下几个方面来分析公司的成长性。

①公司规模的扩张是由供给推动还是由市场需求拉动所致，是依靠技术进步还是依靠其他生产要素等方面，以此找出公司发展的内在规律。

②比较公司历年的销售、利润和资产规模等数据，把握公司的发展趋势是加速发展、稳步发展还是停滞不前。

③将公司销售、利润和资产规模等数据及其增长率与行业平均水平及主要竞争对手的数据进行比较，了解其行业地位的变化。

④分析预测公司主要产品的市场前景，以及公司未来的市场份额，分析公司的投资项目，预计其销售和利润水平。

⑤分析公司的财务状况以及公司的投资和筹资能力。

4.3.2 从公司财务层面看股市

在从公司经营层面看股市中，我们或多或少地会提到了公司的盈利和财务状况等内容，由此可见，对于购买股票所属的上市公司的财务状况分析，是一件多么重要的事情。

1. 了解财务报表有哪些

对于一般的普通投资者来说，对公司进行财务分析就是对公司披露的几大财务报表的分析。因此，我们要做的第一件事就是了解常见的财务报表到底有哪些。

◆ 资产负债表——反映企业财务状况

由于资产负债表可以反映企业在某一时点的财务状况，因此有时也被称为财务状况表。由于其编制工作立足于某一个时间点（指各会计期末，如月末、季末或年末），数据不包含变动关系，因此是一张静态报表。

资产负债表主要有两种类型：一是报告式，二是账户式。我国企事业单位常用的是账户式，如图 4-6 所示。

资产负债表

会企01表

编制单位：　　　　　　　　　　年　月　日　　　　　　　　　　单位：元

资产	期末余额	年初余额	负债和所有者权益（或股东权益）	期末余额	年初余额
流动资产：			流动负债：		
货币资金			短期借款		
交易性金融资产			交易性金融负债		
衍生金融资产			衍生金融负债		
应收票据			应付票据		
应收账款			应付账款		
预付款项			预收款项		
其他应收款			合同负债		
存货			应付职工薪酬		
合同资产			应交税费		
持有待售资产			其他应付款		
一年内到期的非流动资产			持有待售负债		
其他流动资产			一年内到期的非流动负债		
流动资产合计			其他流动负债		
非流动资产：			流动负债合计		
债权投资			非流动负债：		
其他债权投资			长期借款		
长期应收款			应付债券		
长期股权投资			其中：优先股		
其他权益工具投资			永续债		
其他非流动金融资产			租赁负债		
投资性房地产			长期应付款		
固定资产			预计负债		
在建工程			递延收益		
生产性生物资产			递延所得税负债		
油气资产			其他非流动负债		
使用权资产			非流动负债合计		
无形资产			负债合计		
开发支出			所有者权益（或股东权益）：		
商誉			实收资本（或股本）		
长期待摊费用			其他权益工具		
递延所得税资产			其中：优先股		
其他非流动资产			永续债		
非流动资产合计			资本公积		
			减：库存股		
			其他综合收益		
			专项储备		
			盈余公积		
			未分配利润		
			所有者权益（或股东权益）合计		
资产总计			负债和所有者权益（或股东权益）总计		

图 4-6 资产负债表

由图 4-6 可知，账户式资产负债表的左侧列示的是资产类项目，主要用来核算公司各类资产的增减变动及结存情况；右侧上方列示的是负债类项目，主要用来反映负债增减变动；右侧下方列示的是所有者权益类项目，主要用来反映企业在某一特定日期股东（投资者）拥有的净资产的总额。

◆ 利润表——反映企业经营成果

利润表主要反映的是企业盈利能力，是企业在一定会计期间的经营成果。因为企业一定会计期间的经营成果可能盈利，也可能亏损，所以利润表也称为损益表。由于其编制工作立足于某一会计期间（如月度、季度或年度），数据包含变动关系，因此是一张动态报表。

利润表主要也有两种类型：一是单步式，二是多步式。我国企事业单位常用的是多步式。图 4-7 所示为单步式利润表（左）和多步式利润表（右）。

利润表

编制单位：　　　　年　月　日　　　　单位：元

项目	行次	本月数	本年累计数
一、收入			
主营业务收入			
其他业务收入			
投资收益			
营业外收入			
……			
收入合计			
二、费用			
主营业务成本			
其他业务成本			
税金及附加			
销售费用			
管理费用			
财务费用			
营业外支出			
所得税费用			
……			
费用合计			
三、净利润			

利润表

会企 02 表

编制单位：　　　　年　月　　　　单位：元

项目	本期金额	上期金额
一、营业收入		
减：营业成本		
税金及附加		
销售费用		
管理费用		
研发费用		
财务费用		
其中：利息费用		
利息收入		
加：其他收益		
投资收益（损失以“-”号填列）		
其中：对联营企业和合营企业的投资收益		
以摊余成本计量的金融资产终止确认收益（损失以“-”填列）		
净敞口套期收益（损失以“-”号填列）		
公允价值变动收益（损失以“-”号填列）		
信用减值损失（损失以“-”号填列）		
资产减值损失（损失以“-”号填列）		
资产处置收益（损失以“-”号填列）		
二、营业利润（亏损以“-”号填列）		
加：营业外收入		
减：营业外支出		
三、利润总额（亏损总额以“-”号填列）		
减：所得税费用		
四、净利润（净亏损以“-”号填列）		
（一）持续经营净利润（净亏损以“-”号填列）		
（二）终止经营净利润（净亏损以“-”号填列）		
五、其他综合收益的税后净额		
（一）不能重分类进损益的其他综合收益		
1. 重新计量设定受益计划变动额		
2. 权益法下不能转损益的其他综合收益		
3. 其他权益工具投资公允价值变动		
4. 企业自身信用风险公允价值变动		
……		
（二）将重分类进损益的其他综合收益		
1. 权益法下可转损益的其他综合收益		
2. 其他债权投资公允价值变动		
3. 金融资产重分类计入其他综合收益的金额		
4. 其他债权投资信用减值准备		
5. 现金流量套期储备		
6. 外币财务报表折算差额		
……		
六、综合收益总额		
七、每股收益：		
（一）基本每股收益		
（二）稀释每股收益		

图 4-7　利润表

单步式利润表的特点是所提供的信息都是最原始的数据，便于阅读者理解；多步式利润表的特点是便于使用者比较分析公司的经营情况和盈利能力，财会领域的专业人士一般采用此类利润表。

◆　现金流量表——反映企业现金流情况

现金流量表反映的是公司在一个固定期间内的现金及现金等价物的增

减变动情况，其编制工作立足于一个固定期间（如月度、季度或年度），数据包含变动关系，因此也是一张动态报表。

现金流量表主要反映出资产负债表中各个项目对公司现金流量的影响，并且从经营、投资和筹资 3 个方面的活动来归纳总结现金流的变化。现金流量表的样式比较统一，如图 4–8 所示。

现金流量表

会企 03 表

编制单位：　　　　年　　月　　　　单位：元

项目	本月金额	本年累计金额
一、经营活动产生的现金流量：		
销售商品、提供劳务收到的现金		
收到的税费返还		
收到其他与经营活动有关的现金		
经营活动现金流入小计		
购买商品、接受劳务支付的现金		
支付给职工以及为职工支付的现金		
支付的各项税费		
支付其他与经营活动有关的现金		
经营活动现金流出小计		
经营活动产生的现金流量净额		
二、投资活动产生的现金流量：		
收回投资收到的现金		
取得投资收益收到的现金		
处置固定资产、无形资产和其他长期资产收回的现金净额		
处置子公司及其他营业单位收到的现金净额		
收到其他与投资活动有关的现金		
投资活动现金流入小计		
购建固定资产、无形资产和其他长期资产支付的现金		
投资支付的现金		
取得子公司及其他营业单位支付的现金净额		
支付其他与投资活动有关的现金		
投资活动现金流出小计		
投资活动产生的现金流量净额		
三、筹资活动产生的现金流量：		
吸收投资收到的现金		
取得借款收到的现金		
收到其他与筹资活动有关的现金		
筹资活动现金流入小计		
偿还债务支付的现金		
分配股利、利润或偿付利息支付的现金		
支付其他与筹资活动有关的现金		
筹资活动现金流出小计		
筹资活动产生的现金流量净额		
四、汇率变动对现金及现金等价物的影响		
五、现金及现金等价物净增加额		
加：期初现金及现金等价物余额		
六、期末现金及现金等价物余额		

图 4–8 现金流量表

由图 4–8 可知，现金流量表主要包括六大项内容：经营活动产生的现金流量、投资活动产生的现金流量、筹资活动产生的现金流量、汇率变动对现金及现金等价物的影响、现金及现金等价物净增加额和期末现金及现金等价物余额。

一家健康的公司，应该是在创造利润的同时，还能创造现金收益。而通过现金流量表可以判断一家公司的经营状况是否健康，进而可对企业未来获取现金的能力做出预测，从而做出投资决策。

2.学会看财务报表

从前面对财务报表的介绍可知，财务报表是一个相对复杂且专业的内容，对于财务知识薄弱的投资者来说，分析这些数据会非常枯燥、烦琐，但我们只要抓住了其中的关键点，也能让财务报表的分析变得简单而实用。具体怎么做呢？可以从以下几个方面进行。

◆ 查看重要数据

财务报表中很多关键数据，但是普通投资者只需要掌握几个关键数据即可，如主营业务同比指标、净利润同比指标和市盈率等，其具体介绍如下。

主营业务同比指标 主营业务同比指标是衡量公司成长性的主要指标。同比增长超过 20%，说明公司成长良好，股票前景光明；同比减少超过 20%，表示公司成长状态较差，股票前景不被看好。

净利润同比指标 净利润同比指标与主营业务同比指标相似，可作为重点分析对象。

市盈率 在同行业、同类型的公司中对比，市盈率越低，股票的前景越好。

◆ 查看重大事件说明

通常公司发布的重大事件，投资者需要特别注意，应该认真分析其是否会对公司的利润产生影响，从而决定是否买卖股票。

◆ 查看股东分布情况

根据股东的性质不同，公司的股东可以是国有法人、境内非国有法人和个人大户等，如果个人大户比较多，股票的炒作气氛就比较浓。

◆　查看董事会高管的持股数量

如果董事会高管的持股数量比较多，公司的业绩一般都比较好，因为公司业绩的好坏直接影响其利益。

4.4　在炒股软件中进行基本面分析

炒股软件除了用来查看行情进行股票的技术分析外，还可以对基本面进行分析。

直接进入一只个股的 K 线走势界面，按【F10】键进入个股资料界面，在其中的"热点题材"界面中即可查看到与该股相关的当前的热点政策，如图 4-9 所示。

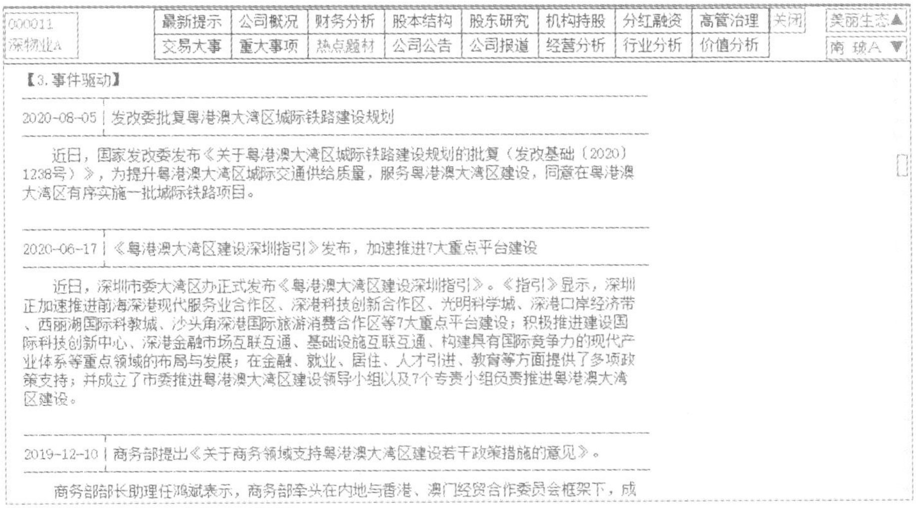

| 000011 深物业A | 最新提示 | 公司概况 | 财务分析 | 股本结构 | 股东研究 | 机构持股 | 分红融资 | 高管治理 | 关闭 | 美丽生态 ▲ |
| | 交易大事 | 重大事项 | 热点题材 | 公司公告 | 公司报道 | 经营分析 | 行业分析 | 价值分析 | | 南 玻A ▼ |

【3.事件驱动】

2020-08-05 | 发改委批复粤港澳大湾区城际铁路建设规划

近日，国家发改委发布《关于粤港澳大湾区城际铁路建设规划的批复（发改基础〔2020〕1238号）》，为提升粤港澳大湾区城际交通供给质量，服务粤港澳大湾区建设，同意在粤港澳大湾区有序实施一批城际铁路项目。

2020-06-17 |《粤港澳大湾区建设深圳指引》发布，加速推进7大重点平台建设

近日，深圳市委大湾区办正式发布《粤港澳大湾区建设深圳指引》。《指引》显示，深圳正加速推进前海深港现代服务业合作、深港科技创新合作区、光明科学城、深圳口岸经济带、西丽湖国际科教城、沙头角深港国际旅游消费合作区等7大重点平台建设；积极推进建设国际科技创新中心、深港金融市场互联互通、基础设施互联互通、构建具有国际竞争力的现代产业体系等重点领域的布局与发展；在金融、就业、居住、人才引进、教育等方面提供了多项政策支持；并成立了市委推进粤港澳大湾区建设领导小组以及7个专责小组负责推进粤港澳大湾区建设。

2019-12-10 | 商务部提出《关于商务领域支持粤港澳大湾区建设若干政策措施的意见》。

商务部部长助理任鸿斌表示，商务部牵头在内地与香港、澳门经贸合作委员会框架下，成

图 4-9　查看热点题材

在"财务分析"界面中，还可以查看各类指标以及基本财务报表的摘要数据，并且会将几年的数据对比展示出来，这样更有助于投资者对公司财务进行分析，如图 4-10 所示。

000011 深物业A	最新提示	公司概况	财务分析	股本结构	股东研究	机构持股	分红融资	高管治理	关闭	美丽生态 ▲
	交易大事	重大事项	热点题材	公司公告	公司报道	经营分析	行业分析	价值分析		南 玻A ▼

【2.偿债能力指标】

偿债能力指标	2020-09-30	2020-06-30	2020-03-31	2019-12-31
流动比率	2.05	2.42	2.08	1.82
速动比率	1.02	1.07	0.98	0.87
资产负债比率(%)	73.83	70.49	69.93	69.68
产权比率(%)	282.10	238.84	232.58	229.79
现金流比率%-短期债务	-8.56	-40.71	-12.75	18.07

偿债能力指标	2019-09-30	2019-06-30	2019-03-31	2018-12-31
流动比率	1.94	2.34	2.68	1.94
速动比率	1.10	1.24	1.68	1.46
资产负债比率(%)	67.63	62.47	58.70	42.59
产权比率(%)	2.17	1.75	1.50	0.74
现金流比率%-短期债务	11.03	-13.33	-2.25	46.33

【3.营运能力指标】

【7.资产负债表摘要】

资产负债指标(万元)	2020-09-30	2020-06-30	2020-03-31	2019-12-31
货币资金				
存货				
应收账款				
其他应收款				
流动资产合计				
长期股权投资				

【8.利润表摘要】

利润表指标(万元)	2020-09-30	2020-06-30	2020-03-31	2019-12-31
营业收入				
营业成本				
营业税金及附加				
销售费用				
财务费用				

【9.现金流量表摘要】

现金流量指标(万元)	2020-09-30	2020-06-30	2020-03-31	2019-12-31
经营活动现金流入	333083.14	157906.80	58879.31	526443.50
经营活动现金流出	378359.84	320225.01	119610.07	432464.55
经营活动现金流量净额	-45276.70	-162318.21	-60930.76	93978.96
投资活动现金流入	0.46	0.44	0.00	35.76
资本性支出	2839.68	1627.71	338.50	6216.78
投资活动现金流出	49420.44	48208.47	338.50	103169.80

图 4-10 查看公司的财务数据

除此之外，还可以查看该股票的公司概况、股东情况、重大事项、经营分析和行业分析等内容，对于不知道如何进行基本面分析的新股民，从个股资料界面获取相关基本面信息，是最直接、便捷的方式。

第 5 章

解读盘口，有效看盘的关键

对于每一位长期涉足股市的股民而言，学会如何看盘、掌握看盘的基本方法和各种看盘技巧是一门极其重要的必修课。只有正确地看盘，才可以提高股价运行趋势预测的准确性。

在盘面中，盘口又是非常关键的一个区域，它包含的数据非常多，信息量也大。作为新股民，对于盘口的一些基本信息和简单地看盘方法也必须掌握，本章就来具体介绍相关必知知识。

解读委托盘信息
解读量比指标信息
解读涨幅榜信息
解读内外盘信息
……

5.1 解读盘口信息

要学会盘口语言的应用，首先要了解盘口的组成及其各组成部分反映的盘面信息。在 K 线图窗口右侧即为盘口信息，如图 5-1 所示。

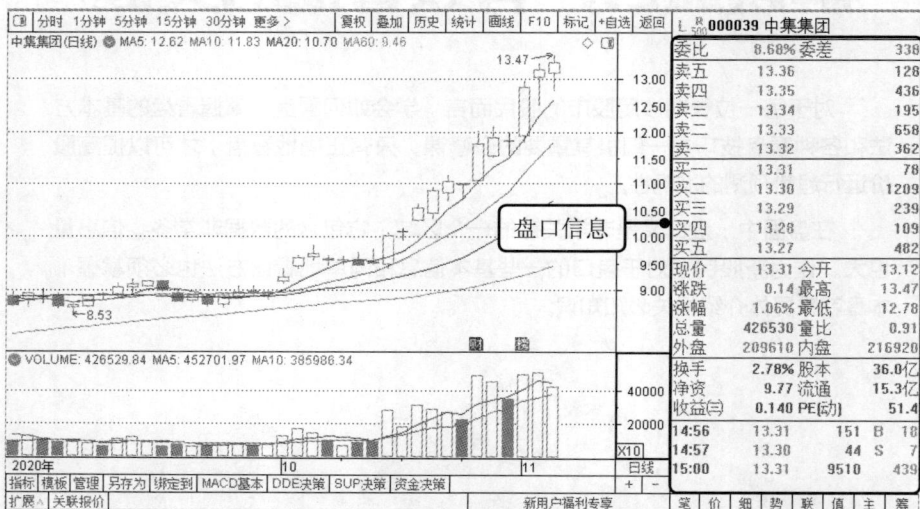

图 5-1 盘口信息

从盘口中，我们可以看到其中有委托盘、现价、今开、涨跌、涨幅、最高、最低、总量、量比、内外盘、换手、股本、净资、流通、收益和 PE 等信息，下面具体介绍盘口中的一些比较常用的组成及其具体反映的盘面信息。

5.1.1 解读委托盘信息

委托盘中包括两个基本组成部分，即卖盘和买盘，各盘的具体包含内容如下。

◆ 卖盘包括"卖一、卖二、卖三、卖四、卖五"5个委托卖出价格，其中卖一为当前的最低申卖价格，如图5-2所示。

◆ 买盘包括"买一、买二、买三、买四、买五"5个委托买入价格，其中买一为当前的最高申买价格，如图5-3所示。

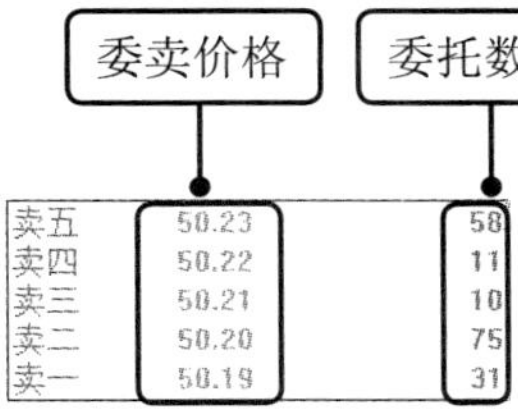

图 5-2 委卖盘口 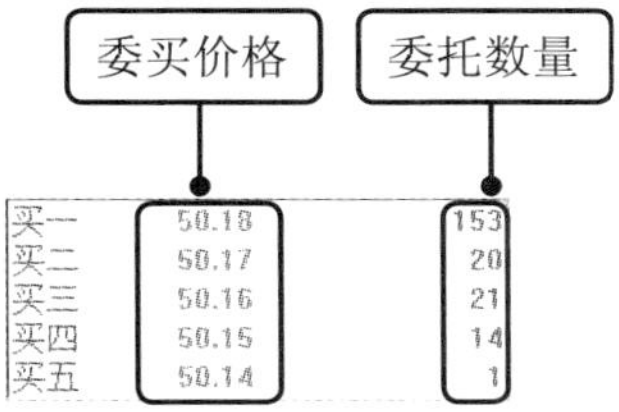　　　　　　图 5-3 委买盘口

在委卖盘口上方还有一个委比和委差参数，具体介绍如下。

◆ 委比

用于衡量某一时段买卖盘相对强度的指标，其取值范围 −100~100，具体的计算公式：委比 =（委买手数 − 委卖手数）/（委买手数 + 委卖手数）×100%。

当委比值为负时，说明卖盘比买盘大，如果委比值为 −100，表示只有卖盘而没有买盘，说明市场的抛盘非常大；当委比值为正时，说明买盘比卖盘大，如果委比值为 +100，表示只有买盘而没有卖盘，说明市场的买盘非常有力。

◆ 委差

委差是委买委卖的差值，其具体的计算公式：委差 = 委买手数 − 委卖手数。当委差为正，表明买盘踊跃，价格上升的可能性越大；反之，说明卖盘较多，股价下降的可能性越大。

在计算委比委差时，其中的委买手数和委卖手数分别对应委买盘口和委卖盘口的委托数量总和，即委买手数是指当前买盘中的 5 个委托数量的总数；委卖手数是指当前卖盘中的 5 个委托数量的总数。

如图 5-4 所示，委比为 8.11%，委差为 433，下面运用公式计算两个数据是如何得来的，其具体计算过程如下。

委比 =[（880+1374+249+134+249）－（488+181+863+819+102）]/[（880+1374+249+134+249）+（488+181+863+819+102）]×100%=8.11%

委差 =（880+1374+249+134+249）－（488+181+863+819+102）=433

L	000058 深赛格	
委比	8.11% 委差	433
卖五	7.25	488
卖四	7.24	181
卖三	7.23	863
卖二	7.22	819
卖一	7.21	102
买一	7.20	880
买二	7.19	1374
买三	7.18	249
买四	7.17	134
买五	7.16	249

图 5-4 委比委差数据

如果股票当日涨停或跌停，可直接从委比数据中反映出来。

个股当日涨停时，其涨停委比为 100%，委托盘全是买盘，图 5-5 所示为澳洋健康（002172）2020 年 11 月 9 日的涨停板委托盘。

个股当日跌停时，其跌停委比为 -100%，委托盘全是卖盘，图 5-6 所示为晶澳科技（002459）2020 年 11 月 9 日的跌停板委托盘。

002172 澳洋健康		
委比	100.00% 委差	11.6万
卖五		
卖四		
卖三		
卖二		
卖一		
买一	2.92	115087
买二	2.91	549
买三	2.90	337
买四	2.89	37
买五	2.88	409

图 5-5 涨停板委托盘

002459 晶澳科技		
委比	-100.00% 委差	-32万
卖五	32.87	3105
卖四	32.86	97
卖三	32.85	409
卖二	32.84	1609
卖一	32.83	319313
买一		
买二		
买三		
买四		
买五		

图 5-6 跌停板委托盘

委比委差的数值会随着成交的推进而逐渐变动，此时的委比委差只能看出此时的盘中买卖情况，不能根据一时的数值而盲目预测后市，要从长期的变动情况来分析判断。

- ◆ 如果某只个股的委比委差从开盘以来一直为正值，或连续多天为正，说明该只个股近期股价变现良好，有继续上涨的趋势。

- ◆ 如果某只个股的委比委差连续多天为负，说明该只个股近期处于下跌状态，并且将一直下跌。

- ◆ 如果某只个股的委比委差连日内变动较大，正负不明，那么该股近期处在横盘状态，后市不明。

5.1.2 解读量比指标信息

量比是指股市开市后平均每分钟的成交量与过去 5 个交易日平均每分钟成交量之比，图 5-7 所示为东莞控股（000828）2020 年 11 月 23 日的量比数据。

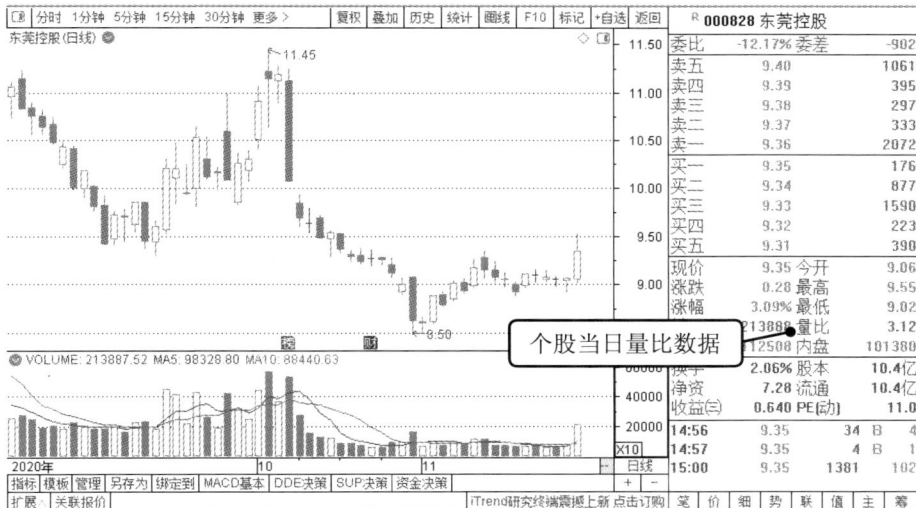

图 5-7 东莞控股 2020 年 11 月 23 日的量比数据

量比的计算公式：量比 =（现成交总手数 / 现累计开市时间）/ 过去 5 日平均每分钟成交量（注：开市时间为分）。

由量比的计算公式可知，量比与成交量之间有密切关系。通常而言，量比值大，表明当前的成交量能较高，市场流入的资金较多，市场活跃度高。量比值小，表明当前的成交量能有限，市场欠缺活跃度。

不同的量比值，其反映出来的市场意义不同，常用量比值的市场意义如表 5-1 所示。

表 5-1　量比数据及其对应的市场意义

量比值	市场意义
0.8 ～ 1.5	成交量处于正常水平
1.5 ～ 2.5	成交量处于温和放量状态。若此时股价处于稳步上升的态势，说明股价会保持上升的状态，可以持股待涨；若股价下跌，则说明下跌行情将延续下去，短期内不会有反弹，应及时卖出止损
2.5 ～ 5	成交量处于明显放量状态。若此时股价表现为跌破重要支撑，则股价下跌的可能性较大，应及时止损；若股价突破阻力位置，则后市上升概率颇高，应持股待涨
5 ～ 10	成交量处于剧烈放量状态。若是在个股长期处于低位横盘时出现剧烈放量，则股价大涨的概率极大；若股价处于高位出现剧烈放量，投资者应高度警惕，及早做好防御措施
10 倍以上	成交量处于极端放量状态，是股价反转的信号。如果股价处在连续上涨的高位，成交量放大，则是股价即将见顶的信号；当股价处在连续的下跌走势之中，成交量放大，股价跌势趋缓，则是股价即将见底的信号，投资者可以少量建仓

5.1.3　解读涨幅榜信息

在委托盘窗口下方的区域中，投资者可以直接获取当日当时股票的涨跌情况和涨跌幅度。

涨跌 在股票的交易时段，涨跌是当前股票价格与前一日收盘价的差，这个数值会一直变化，直到当日的收盘价产生，才正式确定当日的涨跌值，其计算公式：涨跌 = 今日收盘价 − 上一交易日收盘价。

涨幅 在股票的交易时段，涨幅是当前股票价格相对于上一日交易日收盘价的涨跌幅度，这个数值随着现价的变动会不断变动，直到当日的收盘价产生，才会最终确定当日的涨幅，其计算公式：涨幅 =（当日收盘价 − 上一日收盘价）/ 上一日收盘价 ×100%。

如果涨跌数据和涨幅数据为红色，则表示当前股价相对于上个交易日的收盘价上涨了。

南玻A（000012）2020年11月9日的股价相对于6日（由于11月7日和8日为周末，因此11月9日的上一个交易日就是11月6日）的股价上涨0.2元，涨幅为2.72%，如图5-8所示。

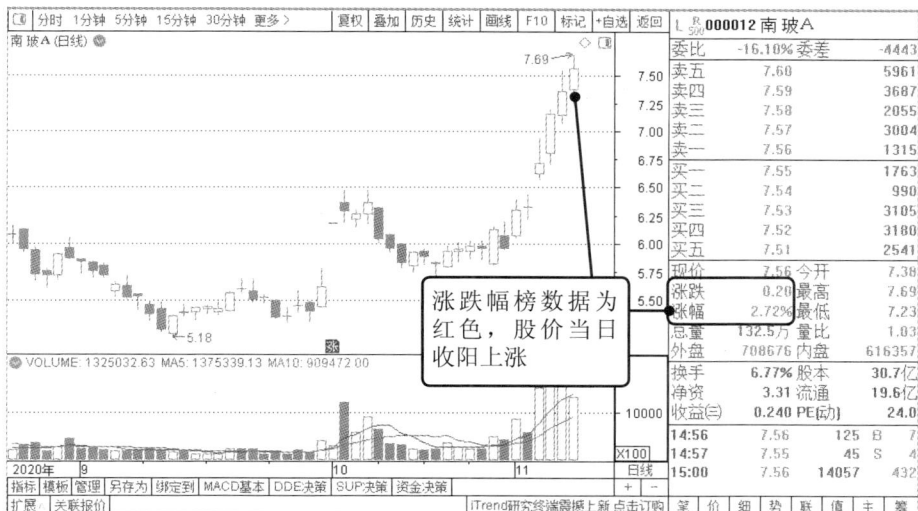

图 5-8 股价上涨的涨跌幅盘口

如果涨跌数据和涨幅数据为绿色，则表示当前股价相对于上个交易日的收盘价下跌了。

神州数码（000034）2020年11月9日的股价相对于6日的股价下跌0.66元，跌幅为2.24%，如图5-9所示。

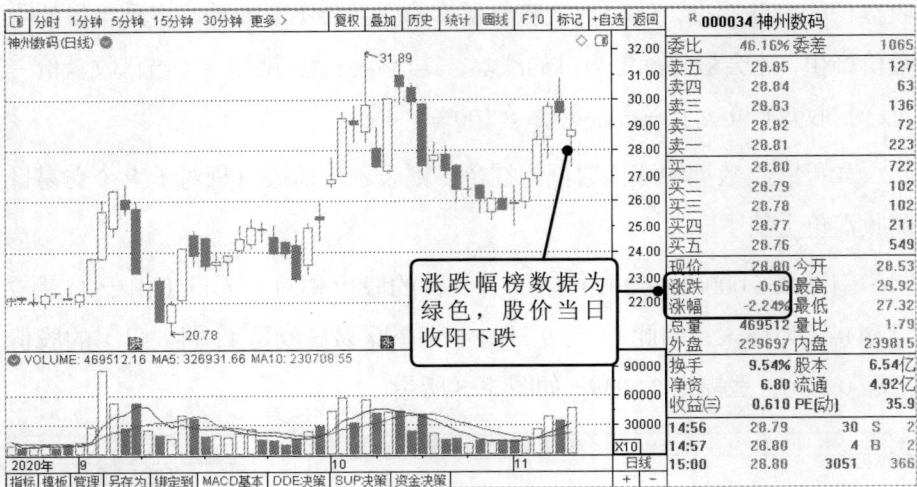

图 5-9 股价下跌的涨跌幅盘口

需要特别说明的是，当前股价的涨跌幅数据是相对于上个交易日的收盘价而言的。并且涨跌幅数据的颜色与当日K线的颜色也不一定是一致的，即盘口的涨跌幅数据为红色，K线可能为绿色。

如图5-10所示，广聚能源（000096）在2020年11月9日当天，股价相对于上个交易日的大阴线而言高开，最终以低于当日开盘价的价格收出阴线，股价相对于上个交易日出现小幅上涨，因此涨跌幅榜的数据显示的是红色。

当盘口的涨跌幅数据为绿色时，K线也可能是阳线，如图5-9所示，虽然股价相对于上个交易日而言出现下跌，但是当日的收盘价高于开盘价，形成阳线。

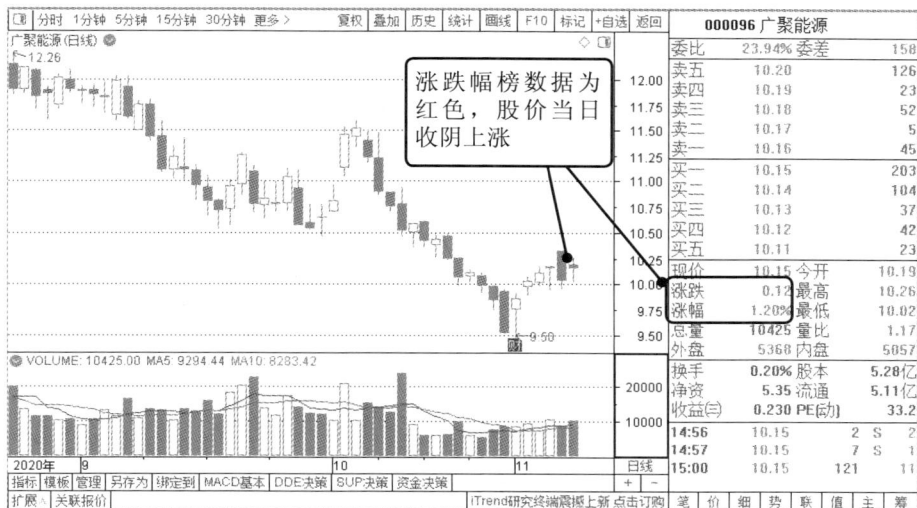

图 5-10 涨跌幅盘口数据与当日 K 线颜色不一定一致

5.1.4 解读内外盘信息

在盘口中，内盘是以买入价成交的交易数量，而外盘是以卖出价成交的交易数量。根据内盘和外盘的大小，投资者可以大体判断出当前买卖力量的强弱。

通常而言，当外盘数量大于内盘数量，则表现为买方力量较强；若内盘数量大于外盘数量，则说明卖方力量较强。

然而对于某些涨停盘而言，当日内盘远远大于外盘，其反映的是买方活跃，后市看涨。

如图 5-11 所示，小康股份（601127）2020 年 11 月 23 日早盘股价涨停，此时的外盘数据只有 3 204，而内盘数据为 33 305，远远大于外盘数据，但是此时整个股价出现短期大幅上涨行情，股价后市上涨的决心也非常坚决，此时就不能因为内盘大于外盘就判断走势欠佳。

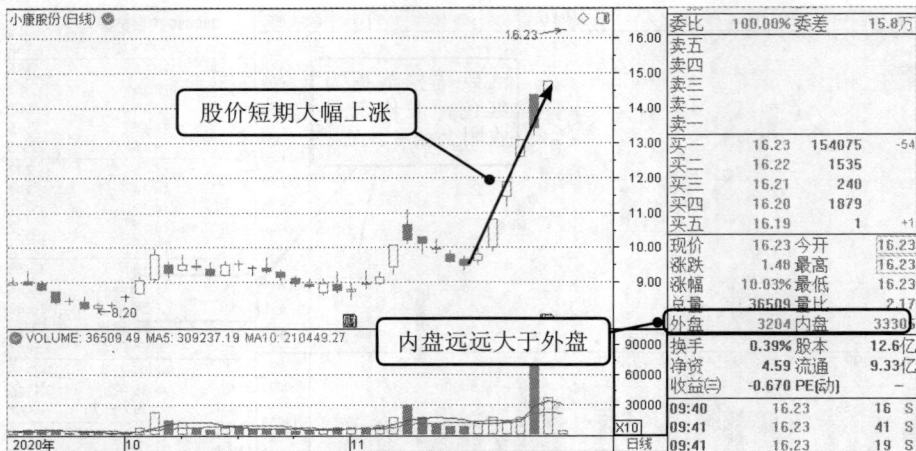

图 5-11 小康股份 2020 年 11 月 23 日早盘内外盘数据

对于某些跌停盘而言，当日外盘远远大于内盘，其反映的是卖方活跃，后市看跌。如图 5-12 所示，海利生物（603718）2020 年 11 月 23 日早盘股价跌停，此时的内盘数据为 2 751，而外盘数据却为 11 437，远远大于内盘数据，但是此时整个股价持续走低，股价后市下跌趋势比较强，此时就不能因为外盘大于内盘就判断股价走势强劲。

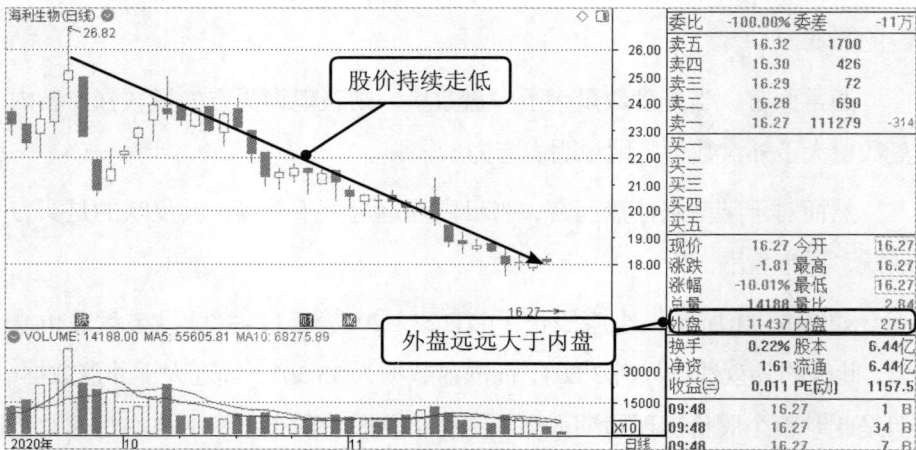

图 5-12 海利生物 2020 年 11 月 23 日早盘内外盘数据

综上所述，为了提高股价走势的研判准确性，必须结合股价所处的位置和成交量的大小来进行判断，不能仅仅靠一个指标就片面地得出研判结果。具体的研判方法如下。

股价位于底部区域 股价经历过长时间的下跌后在底部区域横盘良久，随后，成交量温和放大，内盘与外盘的差距逐渐拉大，说明此时市场上有资金开始留意该股，并慢慢建仓，这是股价开始启动的征兆。

股价位于上涨阶段 在股价的上涨阶段，此时的外盘与内盘的差距越大，说明该股上涨的后力越足，量价呈正比例关系，股价后市还会继续上涨。

股价位于顶部区域 股价经历过长时间的上涨后逐渐进入顶部区域，在筑顶的过程中，内外盘的差距逐渐缩小，内盘量激增，说明此时市场上的获利出逃者逐渐增加，股价即将反转下跌。

股价位于下跌阶段 在股价的下跌阶段，内盘远远大于外盘量，后市股价继续看跌。

5.1.5 解读换手率信息

换手率也称"周转率"，具体是指在一定时间内市场中股票转手买卖的频率，是反映股票流通性强弱的指标之一。

通常，股票的换手率越高，意味着该股的买卖越活跃，投资者对其购买的意愿越高，属于热门股；反之，股票的换手率越低，则表明该股少有人关注，属于冷门股。

在炒股分析软件中，通过涨幅数据下方的窗口可以直接读取当日当时的换手率数据，图5-13所示为浙江龙盛（600352）2020年11月23日当日的换手率数据。

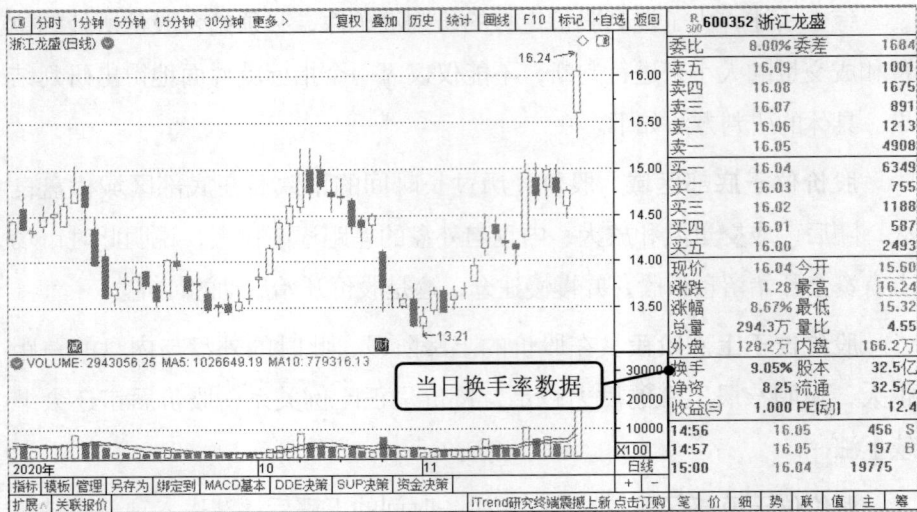

图 5-13 浙江龙盛（600352）2020 年 11 月 23 日当日的换手率数据

　　根据长期的经验总结，可将换手率分为不同的区间，各区间划分及其对应的市场意义如表 5-2 所示。

表 5-2　换手率数据的市场意义

换手率	市场意义
1% ～ 2%	市场成交低迷
2% ～ 3%	市场成交温和
3% ～ 7%	该股进入相对活跃状态
7% ～ 10%	标志强势股的出现，股价处于高度活跃当中
10% ～ 15%	大庄密切操作
＞ 15%	持续多日，该股有可能成为最大黑马

5.2 盘口语言的实战应用

前面我们对盘口语言有了基本的认识，下面精选几个常见盘口语言，从实战的角度来具体介绍这些盘口语言如何指导我们进行股市投资。

5.2.1 利用量比指标筛选股票

量比值可以反映股票和市场的冷热程度，那么我们可以通过量比值筛选出当前交投较为活跃、成交量能高的个股，进行相应操作获得利润。下面通过一个具体的实例讲解利用量比指标筛选个股的操作。

实例分析

利用量比排行榜选择可操作的股票

图 5-14 所示为 2020 年 11 月 23 日按量比的降序排序的行情报价界面。

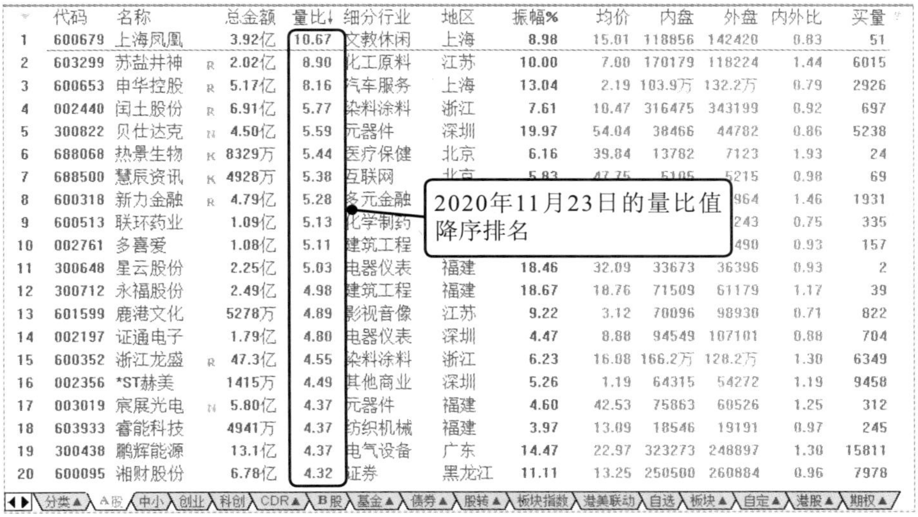

	代码	名称		总金额	量比↓	细分行业	地区	振幅%	均价	内盘	外盘	内外比	买量
1	600679	上海凤凰		3.92亿	10.67	文教休闲	上海	8.98	15.01	118856	142420	0.83	51
2	603299	苏盐井神	R	2.02亿	8.90	化工原料	江苏	10.00	7.00	170179	118224	1.44	6015
3	600653	申华控股		5.17亿	8.16	汽车服务	上海	13.04	2.19	103.9万	132.2万	0.79	2926
4	002440	闰土股份	R	6.91亿	5.77	染料涂料	浙江	7.61	10.47	316475	343199	0.92	697
5	300263	贝仕达克	N	4.50亿	5.59	元器件	深圳	19.97	54.04	38466	44782	0.86	5238
6	688068	热景生物	K	8329万	5.44	医疗保健	北京	6.16	39.84	13782	7123	1.93	24
7	688500	慧辰资讯	K	4928万	5.38	互联网		5.83	47.75	5105	5105	0.98	69
8	600318	新力金融		4.79亿	5.28	综元金融					964	1.46	1931
9	600513	联环药业		1.09亿	5.23	化学制药					243	0.75	335
10	002761	多喜爱		1.08亿	5.11	建筑工程					490	0.93	157
11	300648	星云股份		2.25亿	5.03	电器仪表	福建	18.46	32.09	33673	36396	0.93	2
12	300712	永福股份		2.49亿	4.98	建筑工程	福建	18.67	18.76	71509	61179	1.17	39
13	601599	鹿港文化		5278万	4.89	影视音像	江苏	9.22	3.12	76090	81089	0.71	822
14	002197	证通电子		1.79亿	4.47	电器仪表	深圳	4.47	8.88	94549	107101	0.88	704
15	600352	浙江龙盛	R	47.3亿	4.55	染料涂料	浙江	6.23	16.88	166.2万	128.2万	1.30	6349
16	002356	*ST赫美		1415万	4.49	其他商业	深圳	5.26	1.19	64315	54272	1.19	9458
17	003019	宸展光电	N	5.80亿	4.37	元器件	福建	4.60	42.53	75863	60526	1.25	312
18	603933	睿能科技		4941万	4.37	纺织机械	福建	3.40	13.09	15041	19109	0.97	245
19	300438	鹏辉能源		13.1亿	4.37	电气设备	广东	14.47	22.97	323273	248897	1.30	15811
20	600095	湘财股份		6.78亿	4.32	证券	黑龙江	11.11	13.25	250500	260884	0.96	7978

2020年11月23日的量比值降序排名

图 5-14 2020 年 11 月 23 日按量比的降序排序的行情报价界面

从图 5-14 中可以看到，在交易日中量比值最大的是上海凤凰（600679），达到了 10.67，下面对上海凤凰的 K 线图进行分析。

图 5-15 所示为上海凤凰 2020 年 6 月至 11 月的 K 线走势。

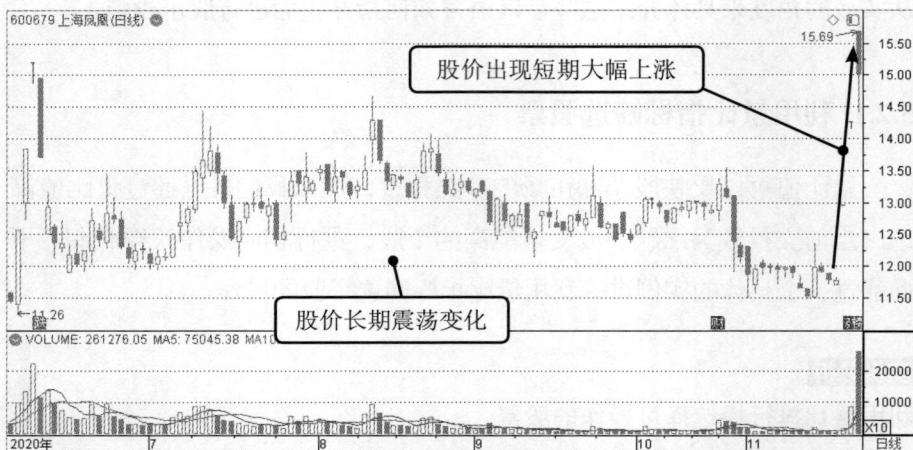

图 5-15 上海凤凰 2020 年 6 月至 11 月的 K 线走势

从图 5-15 中可以看到，该股经过长时间的横向震荡后，于 2020 年 11 月结束震荡，随后出现连续跳空高开的走势，分别收出一字涨停和 T 字涨停 K 线。在 2020 年 11 月 23 日当天，股价继续跳空高开后持续走低，当日收出带长下影线的阴线，并创出近期最高价 15.69 元。虽然此时成交量出现天量，量比值也非常大，但是短短 3 天时间，股价出现急速大幅上涨行情，整体涨幅超过 33%，这种大幅上涨后是继续上涨还是会调整是不好把握的。

我们可以结合其他技术指标来进行综合判断，例如运用 KDJ 指标分析上海凤凰是否值得选择，如图 5-16 所示。

从图 5-16 中可以看到，此时 KDJ 指标已经运行到 80 线附近，而且 J 值已经接近 100，完全进入超买区，后市可能至少有一波修正，对于保守型的投资者来说，不建议操作此类股票。而从次日股价跳空低开也可以看出，该股确实进行了调整。

图 5-16　上海凤凰 2020 年 8 月至 11 月的 K 线走势

下面选择量比排名第五位的贝仕达克（300822），图 5-17 所示为该股 2020 年 7 月至 11 月的 K 线走势。

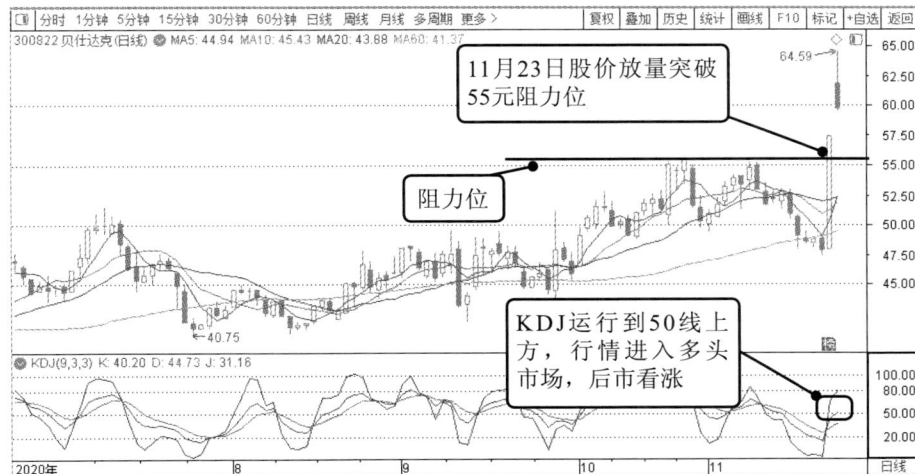

图 5-17　贝仕达克 2020 年 7 月至 11 月的 K 线走势

从图 5-17 中可以看到，该股处于长期上涨中，在股价上涨到 55 元的价位线后形成一个明显的阻力位，在 11 月 23 日，股价放量突破该阻力位，后市上涨的概率比较大。再结合 KDJ 指标，可以发现此时的 KDJ 指标运行在 50 线附近，且 J 线已经从 50 线下方上穿到 50 线上方，其他线也有继续上穿的趋势，市场此时显示为多头市场，行情有上涨的趋势，因此投资者可以选择介入该股，持股待涨。

从以上的案例分析可知，单独查看个股的量比值，得出的结论会有一些不全面的地方。因此，在实际应用中，应该将量比值与其他的指标综合起来应用，这样才会更有指导意义。

5.2.2 涨幅排行榜的应用

交易系统会在交易期间，每隔一段时间将盘中所有股票的涨跌幅度按照升序或降序进行排列，这就是涨跌幅排行榜。

◆ 涨幅排行榜的应用

涨幅排行榜即根据当日股市中个股上涨幅度进行的排名，交易软件中的涨幅排行榜如图 5-18 所示。

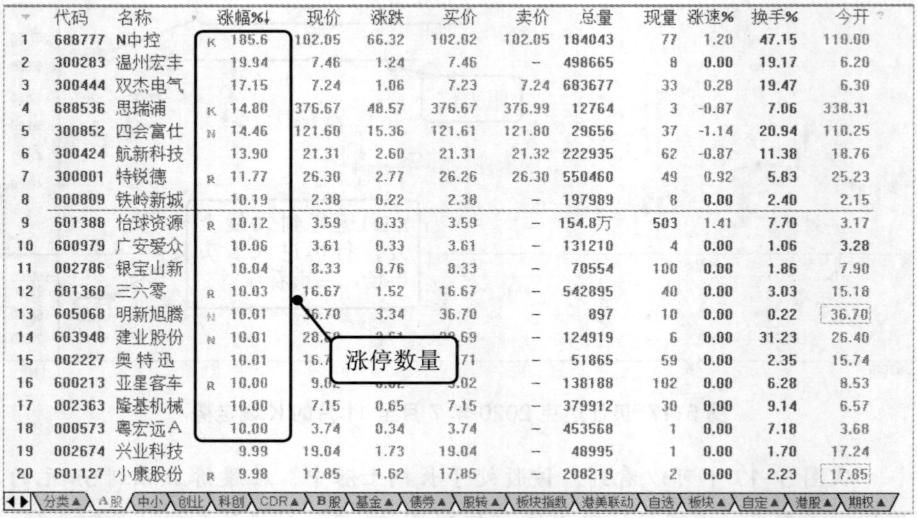

	代码	名称		涨幅%	现价	涨跌	买价	卖价	总量	现量	涨速%	换手%	今开
1	688777	N中控	K	185.6	102.05	66.32	102.02	102.05	184043	77	1.20	47.15	110.00
2	300283	温州宏丰		19.94	7.46	1.24	7.46	—	498665	8	0.00	19.17	6.20
3	300444	双杰电气		17.15	7.24	1.06	7.23	7.24	683677	33	0.28	19.47	6.03
4	688536	思瑞浦	K	14.80	376.67	48.57	376.67	376.99	12764	3	-0.87	7.06	338.31
5	300852	四会富仕	N	14.46	121.60	15.36	121.61	121.80	29656	37	-1.14	20.94	110.25
6	300424	航新科技		13.90	21.31	2.60	21.31	21.32	222935	62	-0.87	11.38	18.76
7	300001	特锐德	R	11.77	26.30	2.77	26.26	26.30	550460	49	0.92	5.83	25.23
8	000809	铁岭新城		10.19	2.38	0.22	2.38	—	197989	8	0.00	2.40	2.15
9	601388	怡球资源	R	10.12	3.59	0.33	3.59	—	154.8万	503	1.41	7.70	3.17
10	600979	广安爱众		10.06	3.61	0.33	3.61	—	131210	4	0.00	1.06	3.28
11	002786	银宝山新		10.04	8.33	0.76	8.33	—	70554	100	0.00	1.86	7.90
12	601360	三六零	R	10.03	16.67	1.52	16.67	—	542895	40	0.00	3.03	15.18
13	605068	明新旭腾	N	10.01	36.70	3.34	36.70	—	897	10	0.00	0.22	36.70
14	603948	建业股份	N	10.01	28.9	2.61	28.69	—	124919	6	0.00	31.23	26.40
15	002227	奥特迅		10.01	16.7		71	—	51865	59	0.00	2.35	15.74
16	600213	亚星客车	R	10.00	9.02		9.02	—	138188	102	0.00	6.28	8.53
17	002363	隆基机械		10.00	7.15	0.65	7.15	—	379912	30	0.00	9.14	6.57
18	000573	粤宏远A		10.00	3.74	0.34	3.74	—	453568	1	0.00	7.18	3.68
19	002674	兴业科技		9.99	19.04	1.73	19.04	—	48995	1	0.00	1.70	17.24
20	601127	小康股份	R	9.98	17.85	1.62	17.85	—	208219	2	0.00	2.23	17.85

涨停数量

图 5-18 涨幅排行榜

在涨幅排行榜中，当日有十几只股票涨停，并且还有一部分临近涨停的股票，并且多只股票在当日创下新高，说明当日市场较为活跃，股市整体表现良好。

若是某日股市中没有涨停股票，则说明当日股市整体表现不理想，建议投资者持币观望。

◆ 跌幅排行榜的应用

跌幅排行榜即根据当日股市中个股下跌幅度进行的排名，交易软件中的跌幅排行榜如图5-19所示。

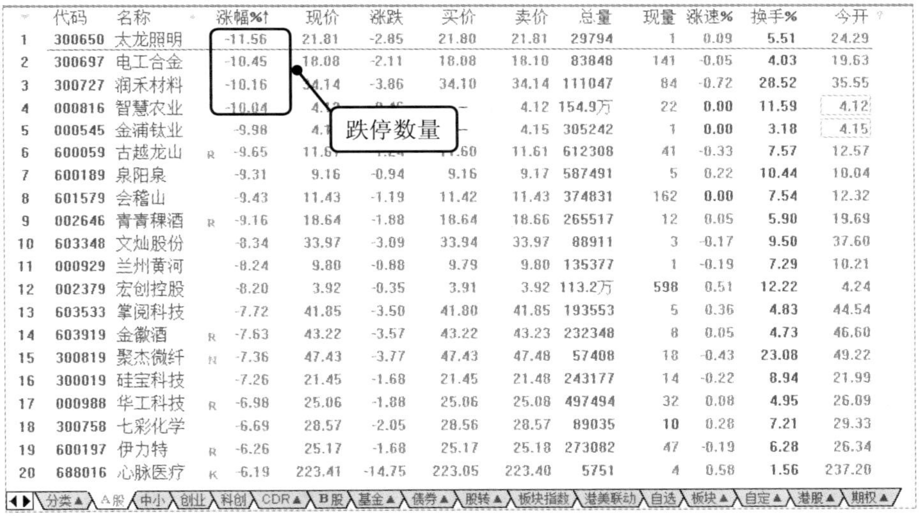

	代码	名称		涨幅%↑	现价	涨跌	买价	卖价	总量	现量	涨速%	换手%	今开
1	300650	太龙照明		-11.56	21.81	-2.85	21.80	21.81	29794	1	0.09	5.51	24.29
2	300697	电工合金		-10.45	18.08	-2.11	18.08	18.10	83848	141	-0.05	4.03	19.63
3	300727	润禾材料		-10.16	34.14	-3.86	34.10	34.14	111047	84	-0.72	28.52	35.55
4	000816	智慧农业		-10.04		0.46		4.12	154.9万	22	0.00	11.59	4.12
5	000545	金浦钛业		-9.98				4.15	305242	1	0.00	3.18	4.15
6	600059	古越龙山	R	-9.65	11.5			11.61	612308	41	-0.33	7.57	12.57
7	600189	泉阳泉		-9.31	9.16	-0.94	9.16	9.17	587491	5	0.22	10.44	10.04
8	601579	会稽山		-9.43	11.43	-1.19	11.42	11.43	374881	162	0.00	7.54	12.32
9	002646	青青稞酒	R	-9.16	18.64	-1.88	18.64	18.66	265517	12	0.05	5.90	19.69
10	603348	文灿股份		-8.34	33.97	-3.09	33.94	33.97	88911	3	-0.17	9.50	37.60
11	000929	兰州黄河		-8.24	9.80	-0.88	9.79	9.80	135377	1	-0.19	7.29	10.21
12	002379	宏创控股		-8.20	3.92	-0.35	3.91	3.92	113.2万	598	0.51	12.22	4.24
13	603533	掌阅科技		-7.72	41.85	-3.50	41.80	41.85	193553	5	0.36	4.83	44.54
14	603919	金徽酒	R	-7.63	43.22	-3.57	43.22	43.23	232243	8	0.05	4.73	46.60
15	300819	聚杰微纤	N	-7.36	47.43	-3.77	47.43	47.48	57408	18	-0.43	23.08	49.22
16	300019	硅宝科技		-7.26	21.45	-1.68	21.45	21.48	243177	14	-0.22	8.94	21.99
17	000988	华工科技	R	-6.98	25.06	-1.88	25.06	25.08	497494	32	0.08	4.95	26.09
18	300758	七彩化学		-6.69	28.57	-2.05	28.56	28.57	89035	10	0.28	7.21	29.33
19	600197	伊力特		-6.26	25.17	-1.68	25.17	25.18	273082	47	-0.19	6.28	26.34
20	688016	心脉医疗	K	-6.19	223.41	-14.75	223.05	223.40	5751	4	0.58	1.56	237.20

跌停数量

图 5-19 跌幅排行榜

由图5-19中可知，当日只有寥寥几只股票跌停，说明市场表现一般弱势。投资者可以继续观察市场动态和大盘指数。

如果当日没有或只有1只股票跌停，跌幅排名靠前的个股跌幅为7%以下，则说明市场表现强势，交投氛围浓厚，股票有强劲的市场动力，全线飘红。此时投资者应立即进行短线操作，着重关注底部突破的个股。

5.2.3 利用换手率观察行情冷暖

由于换手率是反映股票流通性强弱的指标之一，因此在实战操作中可作为看图时长期固定运用的指标。但是想要单凭换手率来判断主力是洗盘还是出货，也会导致亏损惨重。更多的时候是要多指标共同分析，尤其要注意股价当前所处的位置以及成交量的变化。

1. 日换手率小于 3% 的应用

日换手率小于 3% 时表示市场交投冷清，一种情况是在低位横盘，该股尚没有主力动作，处于散户行情，建议投资者继续观望；另一种情况是主力已高度控盘的表现，因此不仅换手率低，并且往往伴随着成交量的大幅萎缩，预示该股后市肯定有一波不错的拉升行情，是散户积极跟进的时机。

实例分析

海利生物（603718）低换手率，主力高度控盘分析

图 5-20 所示为海利生物 2019 年 12 月至 2020 年 6 月的 K 线走势。

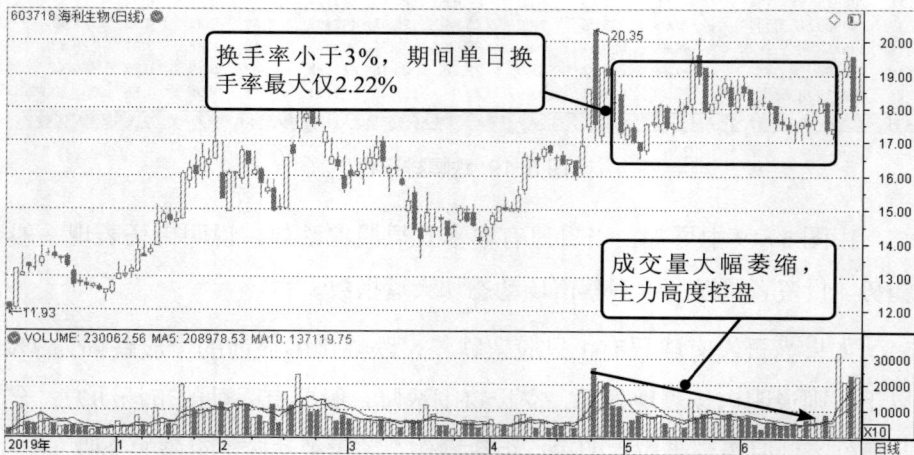

图 5-20 海利生物 2019 年 12 月至 2020 年 6 月的 K 线走势

从图 5-20 中可以看到，该股在这段时间经历了一波震荡上涨行情，股价在 4 月底运行到一个相对高位创出 20.35 元的高价后进入了一个横向波动的调整阶段。

从 4 月 29 日开始，到 6 月 19 日为止，期间该股的日换手率最大值仅为 2.22%，市场交投冷清，并且伴随调整的进行，成交量出现大幅萎缩，此时可以判断是主力高度控盘所致，后市股价继续看涨，投资者可积极逢低吸纳介入，持股待涨。

图 5-21 所示为海利生物 2020 年 4 月至 8 月的 K 线走势。

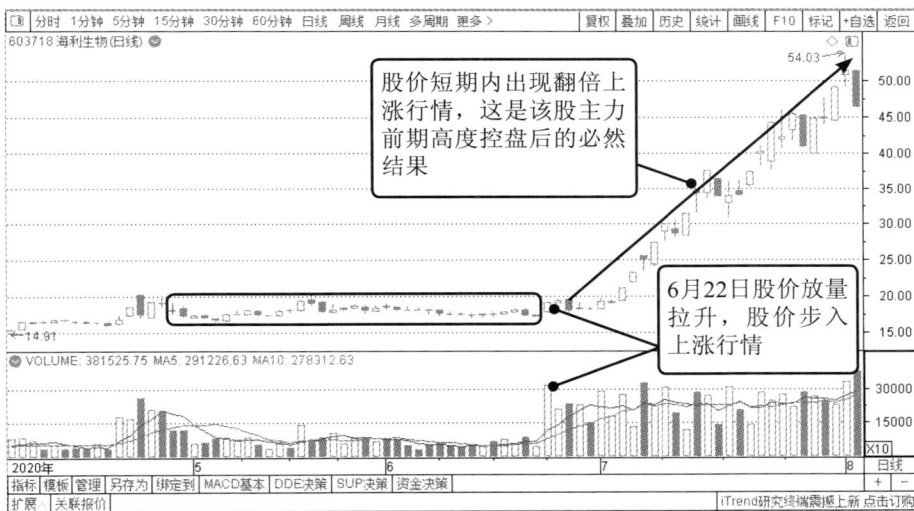

图 5-21 海利生物 2020 年 4 月至 8 月的 K 线走势

从图 5-21 中可以看到，该股在 6 月 22 日放量阳线报收拉升股价后，股价随后脱离了横向调整走势步入放量拉升的行情，并且在短短一个月左右的时间，股价从 20 元附近最高上涨到 54.03 元，涨幅超过 170%，这种短期翻倍上涨行情是主力前期高度控盘后的必然结果。

如果投资者在股价横向整理阶段判断出主力的动作，积极买进，持股一段时间后卖出，将获得非常不错的收益。

2.日换手率在3% ～ 7%的应用

日换手率在3% ～ 7%表示市场交投活跃，意味着此处该股有主力在积极活动。如果在低位，股价突破底部区域，则后市继续上涨的可能性较大；如果此种情况发生在高位区域，投资者就要注意控制风险，谨防主力借机出货。

实例分析

新乳业（002946）高位日换手率在3% ～ 7%的分析

图5-22所示为新乳业2020年2月至8月的K线走势。

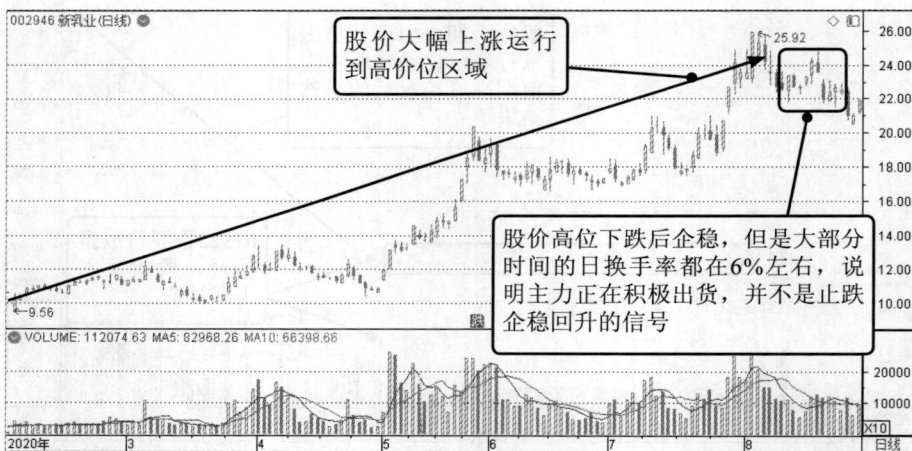

图5-22 新乳业2020年2月至8月的K线走势

从图5-22中可以看到，该股在2020年2月开始上涨，从最低的9.56元上涨到最高的25.92元，涨幅达到170%以上。股价在创出25.96元的最高价后出现了快速回落的走势，连续收出3根阴线拉低股价。第四日，股价继续阴线报收，但是出现了明显的止跌走势，随后股价出现震荡走势，且在图5-22中标注的部分交易日中换手率范围大部分都在3% ～ 7%区间，高位出现高换手率表明主力在出货。

图5-23所示为新乳业2020年6月至10月的K线走势。

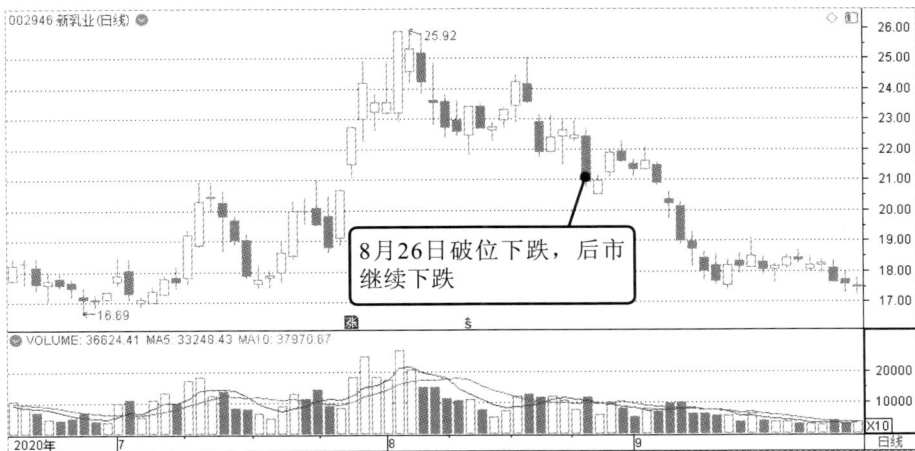

8月26日破位下跌，后市继续下跌

图 5-23 新乳业 2020 年 6 月至 10 月的 K 线走势

从图 5-23 中可以看到，该股在 8 月 26 日收出一根破位大阴线，随后股价继续下跌，步入下跌行情。因此，前面股价高位下跌后企稳，大部分时间的日换手率都在 6% 左右，这说明主力正在积极出货，而不是止跌企稳回升的信号，投资者在此时要果断抛售，否则将损失惨重。

3. 日换手率大于 7% 的应用

日换手率大于 7% 时，表示筹码在急剧换手，属于高换手率。个股的换手率高，意味着股票流通性好，投资者进出市场比较容易。但是换手率高的股票，也是短线操作者喜好的对象，因为它的投机性较强，股价起伏较大，风险也相对较大。不同位置的高换手率，其操作指导意义是不一样的，具体如下。

◆ 股价尚处于底部区域时，若某日出现高换手率，并且成交量放大，则说明有资金介入该股，投资者可伺机而动，在合适的价位介入，后市利润将十分丰厚。

◆ 当股价处在相对高位时，若成交量放大，换手率比以往有放大现象，多是主力准备出货，这是股价即将大跌的信号，投资者在此时不可追涨介入，持有股票的应立即平仓出局。

实例分析

茂硕电源（002660）低位高换手率分析

图 5-24 所示为茂硕电源 2018 年 8 月至 2019 年 1 月的 K 线走势。

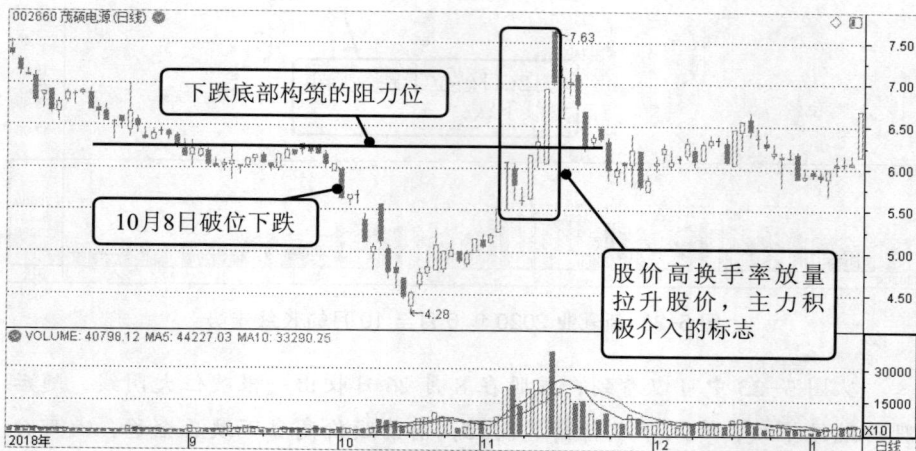

图 5-24 茂硕电源 2018 年 8 月至 2019 年 1 月的 K 线走势

从图 5-24 中可以看到，该股大幅下跌后在 2018 年 9 月跌势减缓，进入横盘整理阶段，但是 10 月 8 日的破位下跌大阴线打破了平衡，股价继续快速下跌，最终在 10 月中旬创出 4.28 元的最低价后企稳回升。

在 11 月 6 日，该股放量收出 T 形 K 线，当日换手率达到 10.19%，随后，该股多日出现放量拉升股价的走势，换手率出现多日 10% 以上的情况，并且在 11 月 14 日换手率达到 17.93%，是近期最高，股价创出 7.63 元的阶段性新高，有效突破前期下跌过程中构筑的阻力位，说明此时有主力在积极动作，后市行情向好，投资者可积极做多。

图 5-25 所示为茂硕电源 2018 年 10 月至 2020 年 5 月的 K 线走势。

从图 5-25 中可以看到，该股在 2018 年 11 月中旬突破下跌阻力位后出现了一波整理，整个整理阶段成交量急剧缩小，是主力清洗浮筹的表现，也是投资者介入的大好时机。随后该股在前期上涨修正的 5 元价位线附近获得支撑止跌，并开启了一波震荡上涨行情。

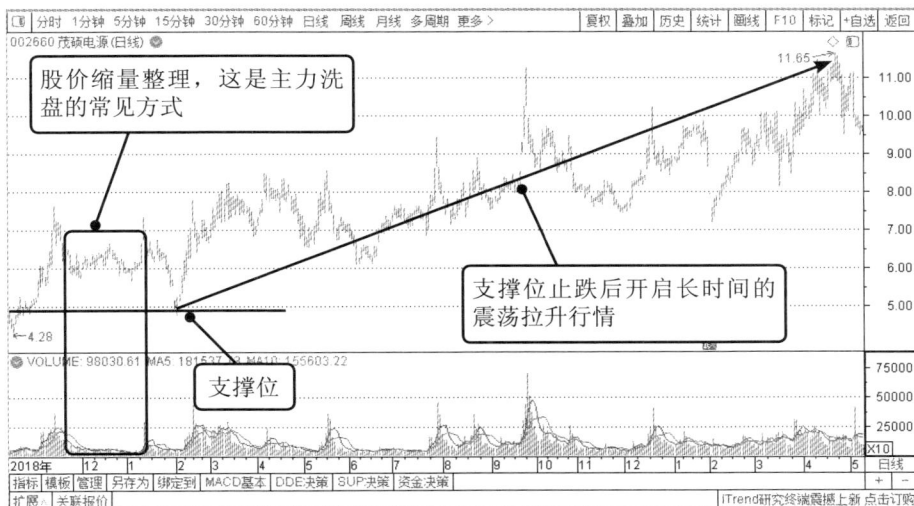

图 5-25 茂硕电源 2018 年 10 月至 2020 年 5 月的 K 线走势

实例分析

众信旅游（002707）高位高换手率分析

图 5-26 所示为众信旅游 2020 年 4 月至 7 月的 K 线走势。

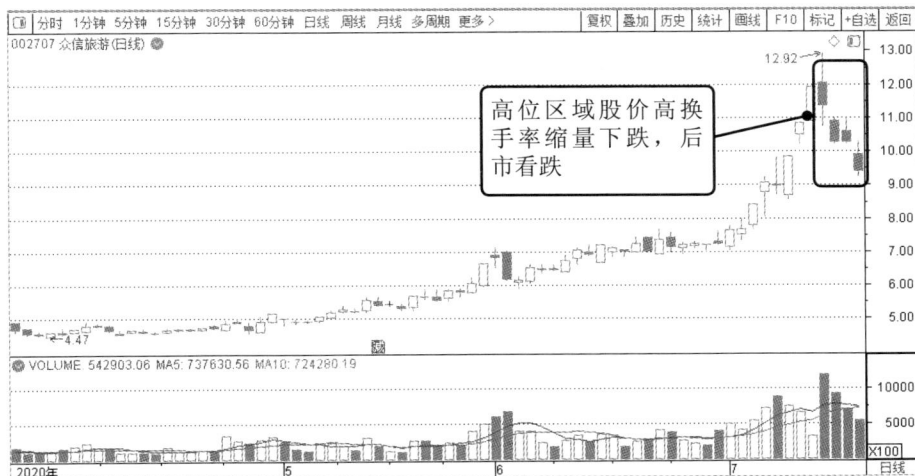

图 5-26 众信旅游 2020 年 4 月至 7 月的 K 线走势

从图 5-26 中可以看到，该股从 4.47 元开始上涨，在创出 12.92 元的最高价时，股价已经出现了近 190% 的涨幅。在大幅上涨的高价位区，股价连续出现 4 根阴线拉低股价，且这 4 个交易日的换手率分别为 22.36%、17.45%、13.14% 和 10.22%，连续的高换手率在高价位区，且成交量出现明显的缩量下跌走势，表明主力的高位出货意图，后市看跌。

图 5-27 所示为众信旅游 2020 年 5 月至 11 月的 K 线走势。

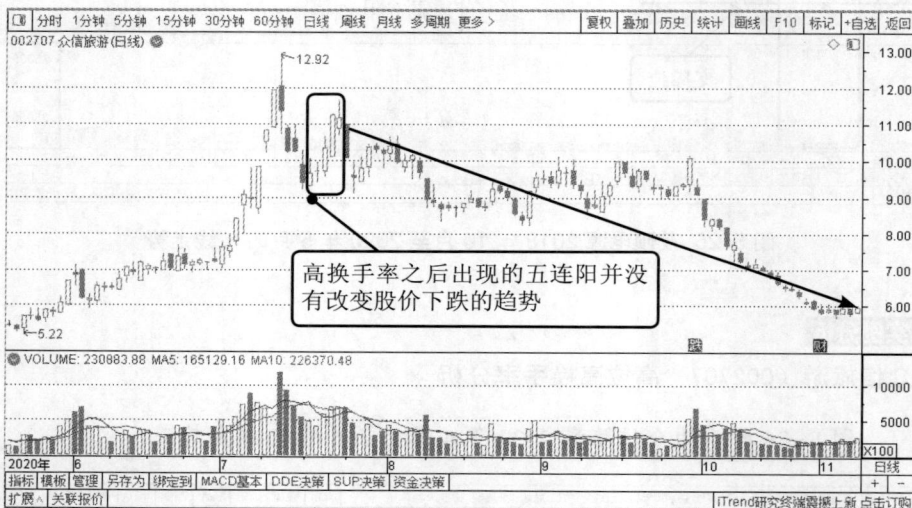

图 5-27 众信旅游 2020 年 5 月至 11 月的 K 线走势

从图 5-27 中可以看到，该股在连续高换手率拉低股价后，虽然出现五连阳拉升股价的走势，但是最终由于主力出货坚决，行情终究没有摆脱下跌的命运。

第6章

分时盘面，识破股价涨跌玄机

　　分时图是股价运行和成交量最直接的表现方式，主力行为也可以通过分时图表现出来。所以投资者应该将其视为重点，认真解读分时图盘面隐藏的信息，破解股价涨跌玄机。

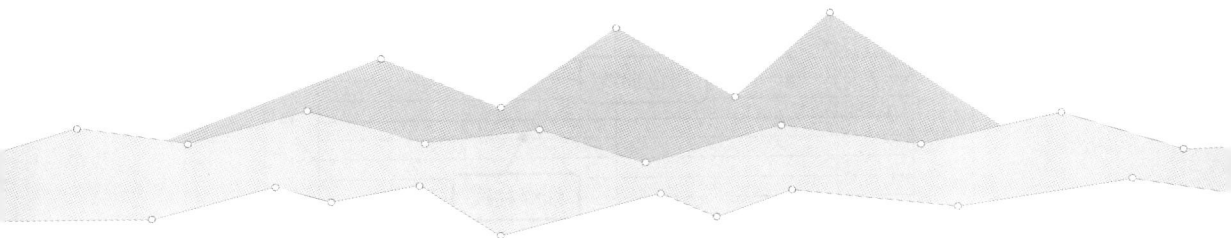

大盘指数即时分时图
个股即时分时图
低开低走操作策略
低开高走操作策略
......

6.1 认识大盘和个股分时盘面

分时图是股票当天的即时走势图，可以反映个股或大盘当天任意时刻的多空力量对比情况，是投资者炒股分析中的重要行情研判工具。但是，大盘分时图与个股分时图存在较大区别，投资者需要仔细区分，才能更好地运用。

6.1.1 大盘指数即时分时图

大盘指数即时分时图是指沪市的"上证综合指数"和深市的"深证成分股指数"的分时图，图 6-1 所示为 2020 年 11 月 9 日上证指数分时图。

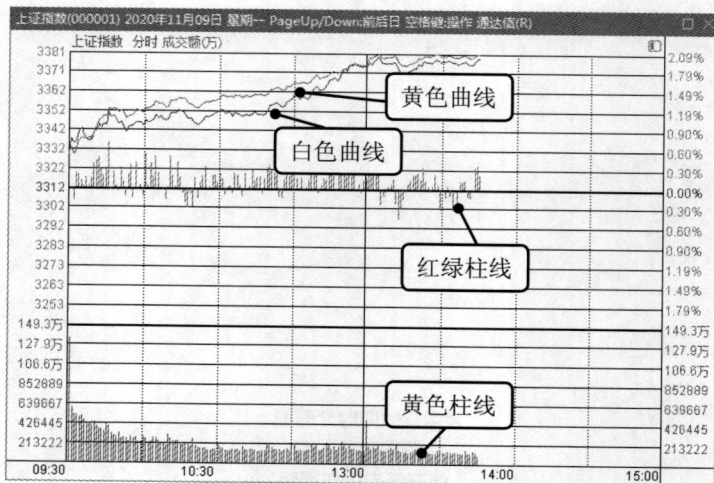

图 6-1 2020 年 11 月 9 日上证指数分时图

从图 6-1 中可以看到，大盘分时图包括黄色曲线、白色曲线、红绿柱线和黄色柱线，它们分别代表的含义如表6-1所示。

表6-1　大盘分时图中各指标的意义

指标	意义
黄色曲线	黄色曲线表示大盘不含加权的指标，即不考虑股票盘子的大小，而将所有股票对指数的影响看作相同而计算出来的大盘指数
白色曲线	白色曲线代表大盘加权指数，即证交所每日公布媒体常说的大盘实际指数
红绿柱线	在黄白曲线附近出现的红绿柱线，反映的是大盘即时所有股票的买盘与卖盘在数量上的比率。红柱线的增长减短说明上涨买盘力量的强弱；绿柱线的增长减短说明下跌卖盘力量的强弱
黄色柱线	黄色柱线出现在分时图的下方，表示每分钟的成交量

需要注意的是，大盘分时途中的黄白曲线位置不断变化，具有重要的指示意义。当大盘指数上涨时，黄色曲线位于白色曲线上方，表示流通盘较小的股票涨幅较大；反之，黄色曲线在白色曲线下方，则说明盘小的股票涨幅落后大盘股。当大盘指数下跌时，黄色曲线在白色曲线上方，表示流通盘较小的股票跌幅小于盘大的股票；反之，盘小的股票跌幅大于盘大的股票。

6.1.2　个股即时分时图

个股即时分时图与大盘指数即时分时图类似，但也有所区别。个股分时图也包括黄色曲线、白色曲线和黄色柱线，但却没有红绿色柱线，且它们各自的含义也不同，具体如下。

◆　白色曲线表示该股票即时实时成交的价格。

◆　黄色曲线表示该股票即时成交的平均价格，即当天成交总额除以成交总股数。

◆ 黄色柱线在分时图下方，表示每一分钟的成交量。

图6-2所示为深桑达A 2020年11月9日的分时图。

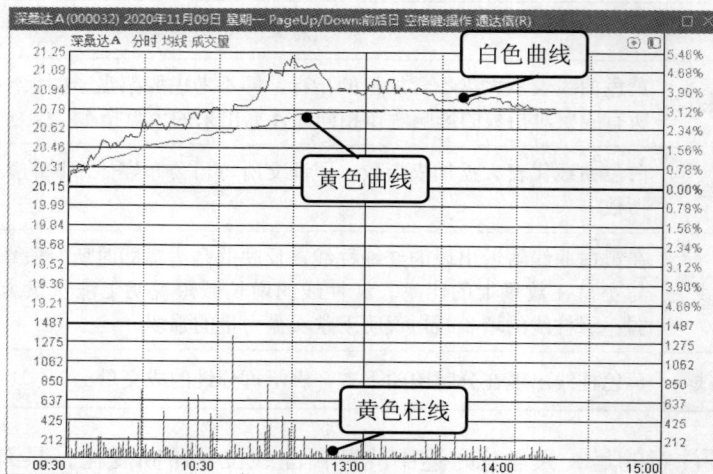

图6-2 深桑达A 2020年11月9日的分时图

6.2 剖析各种分时盘面

个股不同的分时走势具有不同的指导意义，投资者需要剖析各种分时盘面的特点，研判后市的股市行情，再有针对性地确定相关的操作策略，从而让自己最大可能地获取高收益。

6.2.1 低开低走操作策略

低开低走指股价低于前一日收盘价开盘，盘中多头没有出现明显有效的反攻，即使有所反弹，也很快受到空头的打压，继续下行。当天的股价基本全天在均价线下方运行。

对于这类分时走势，明显主力、散户以及大资金全部看空，所以投资者此时应该短线离场，避免被深套。

实例分析

金融街（000402）低开低走的分时操作

图 6-3 所示为金融街 2018 年 12 月至 2019 年 4 月的 K 线走势。

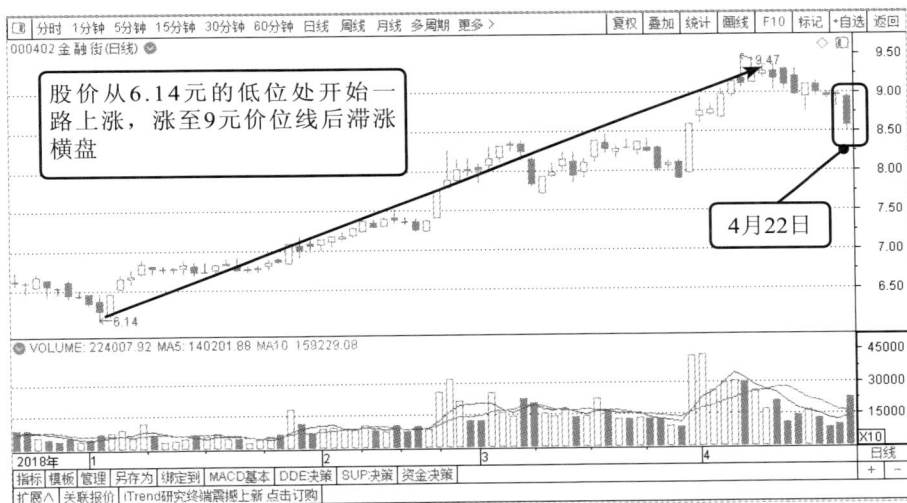

图 6-3 金融街 2018 年 12 月至 2019 年 4 月的 K 线走势

从图 6-3 中可以看到，该股在 2019 年 1 月初开始表现上涨，股价从 6.14 元向上缓慢攀升，走势相对稳定。当股价上涨至 9 元价位线后滞涨，并在该价位线上横盘波动运行。

后市股价横盘调整后继续上涨，还是见顶下跌呢？4 月 22 日出现的一根低开低走的大阴线，打碎了投资者的幻想。

图 6-4 所示为金融街 4 月 22 日的分时走势。

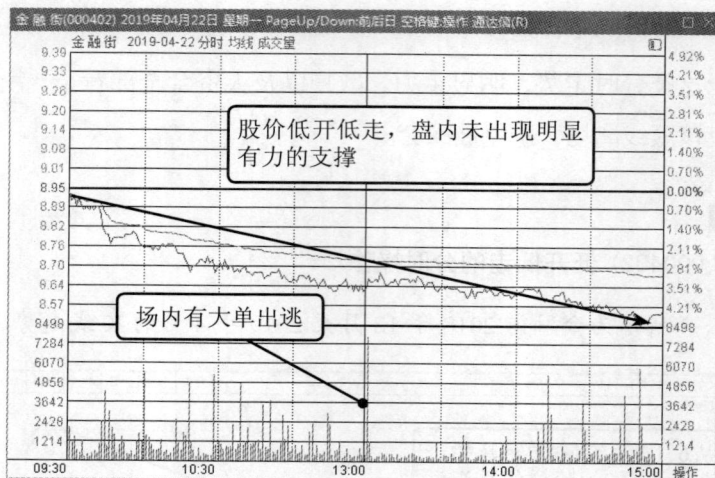

图 6-4 金融街 4 月 22 日分时走势

从图 6-4 中可以看到，当日股价以 8.94 元的价格低开，随后一路下滑，盘中没有出现明显有力的支撑，全天股价基本运行在均价线下方。仔细观察可以发现，盘中偶有大单出逃，说明场内有主力资金出逃，后市看跌，投资者应尽快离场。

图 6-5 所示为金融街 2019 年 3 月至 6 月的 K 线走势。

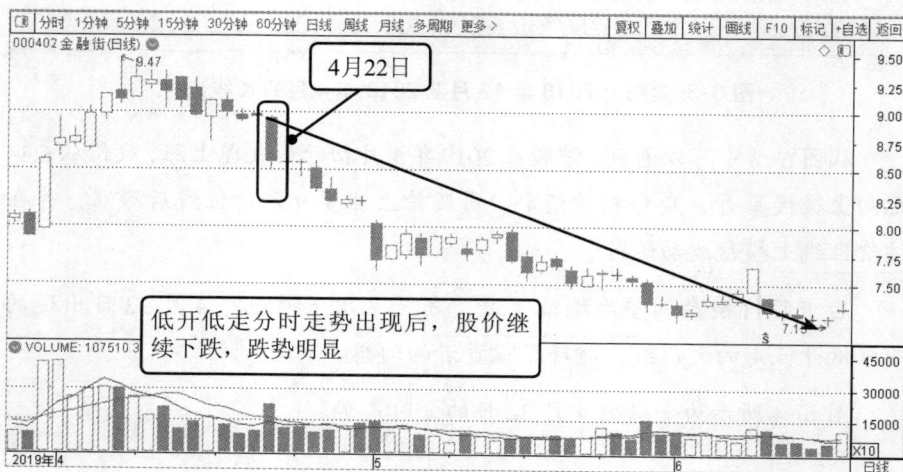

图 6-5 金融街 2019 年 3 月至 6 月的 K 线走势

从图 6-5 中可以看到，低开低走分时走势出现后，股价继续下跌，跌势明显。股价最低跌至 7.15 元，如果投资者没有在 9 元附近出逃，将面对跌幅 20% 左右的损失。

6.2.2 低开高走操作策略

低开高走与低开低走不同，它是指股价低于前一日收盘价开盘，但开盘后，场内多方发起攻击，股价向上拉升，不仅收复了昨日的失地，还出现了一定程度的涨幅，是多头强势的象征。

这类走势说明，场内多头实力强劲，后市继续上涨的可能性较大，股民可以积极买进。

实例分析

华联控股（000036）低开高走的分时操作

图 6-6 所示为华联控股 2019 年 8 月至 2020 年 4 月的 K 线走势。

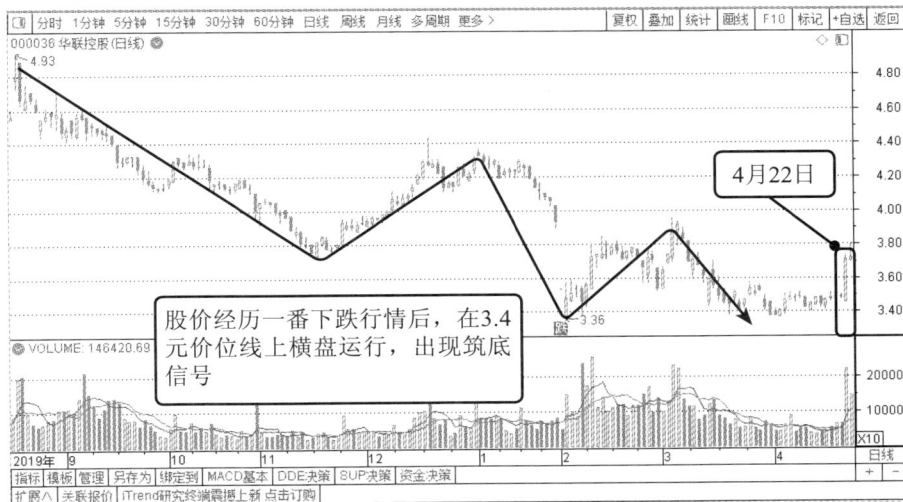

图 6-6 华联控股 2019 年 8 月至 2020 年 4 月的 K 线走势

从图 6-6 中可以看到，华联控股处于下跌行情中，股价跌至 3.8 元后短暂止跌反弹，随后继续转入下跌行情。2020 年 2 月初股价创出 3.36 元的新低后再次止跌小幅反弹回升，但持续时间不长，很快便再次下跌。此次下跌并没有跌破前期 3.36 元的低价，股价在 3.4 元价位线上横盘波动，K 线收出多根阴阳交错的小 K 线，股价出现筑底信号。

4 月 22 日 K 线收出一根低开高走的大阳线，再次确定了该信号，图 6-7 所示为华联控股 4 月 22 日分时走势。

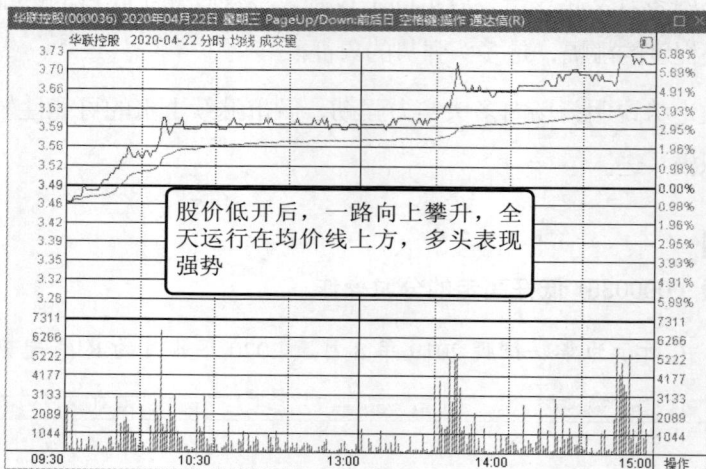

图 6-7 华联控股 4 月 22 日分时走势

从图 6-7 中可以看到，虽然当日该股以 3.46 元的价格低开，但开盘后股价便开始向上拉升，全天股价运行在均线价上方，且盘内大量买盘聚集，多头表现强势。由此说明，场内有主力资金入场，后市看涨。投资者此时可以积极买进，等待后市拉升。

图 6-8 所示为华联控股 2020 年 3 月至 7 月的 K 线走势。

从图 6-8 中可以看到，4 月 22 日低开高走分时图出现后，股价彻底摆脱 3.4 元低位区域，开始向上逐步攀升，涨势稳定。两个月左右的时间，股价最高涨至 6.26 元，如果投资者在低开高走分时走势出现后的 3.7 元附近买进，可以获得 69.2% 的涨幅收益。

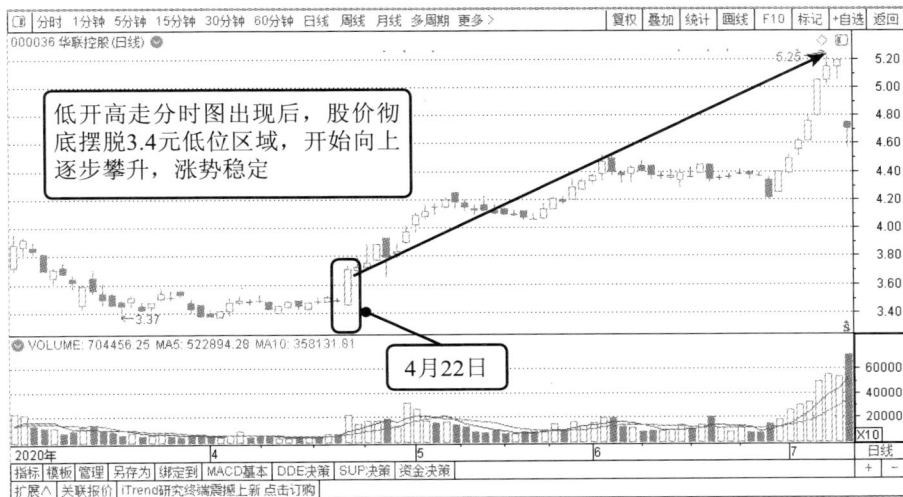

图 6-8 华联控股 2020 年 3 月至 7 月的 K 线走势

6.2.3 高开低走操作策略

高开低走指当日股价高于前一日收盘价开盘，但开盘后却遭到空头的打击，致使股价下跌，一路下滑，全天股价基本运行在均价线的下方，场内做空情绪强烈。

面对高开低走的分时走势，投资者要明确出现的原因，针对不同的原因有不同的操作策略。一种是在股价上涨后的高位区域，出现高开低走的分时走势，股价见顶信号强烈，可以判断庄家出逃，投资者要趁机抛售持股。

另一种是股价小幅上涨后的低位区域，如果当天无成交量或成交量较小，整体走势还在持续上涨的话，说明此时的高开低走为庄家洗盘的手段，后市继续上涨的可能性较大，投资者可以在庄家洗盘结束后再买进。

实例分析

中兴通讯（000063）高开低走分时操作

图 6-9 所示为中兴通讯 2019 年 1 月至 2020 年 3 月的 K 线走势。

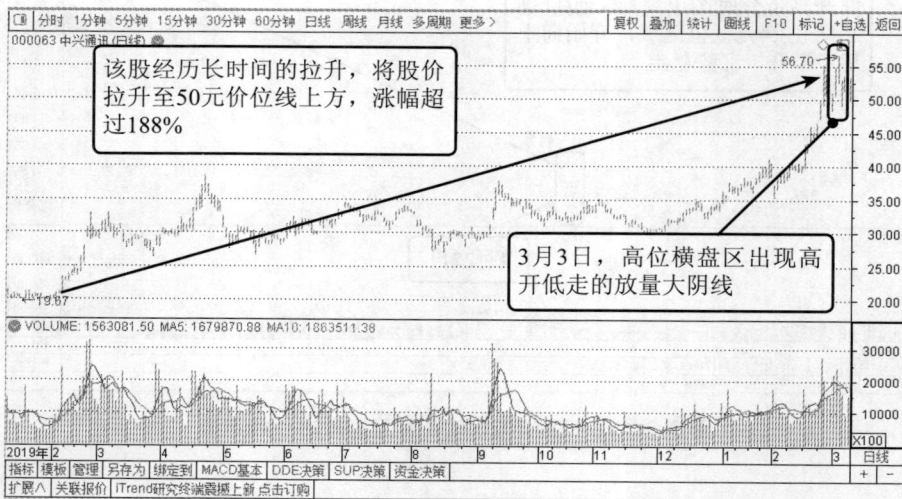

图 6-9　中兴通讯 2019 年 1 月至 2020 年 3 月的 K 线走势

从图 6-9 中可以看到，中兴通讯处于上涨行情中，股价从 19.67 元上涨，股价拉升至 50 元的高位处后滞涨横盘，并创下 56.7 元的新高，此时的涨幅已经超过 188%，为了锁定前期收益投资者必须谨慎操作。

我们仔细观察横盘走势的 K 线图发现，3 月 3 日该股创下的 56.7 元新高却高开低走收出一根放量大阴线，比较古怪。进一步查看当日的分时走势，图 6-10 所示为中兴通讯 2020 年 3 月 3 日的分时走势。

从图 6-10 中可以看到，当日股价以 56.7 元的最高价开盘，开盘后股价便快速下跌，下方出现大量密集成交量。早盘结束后，股价向上拉升，但很快便再次被打压向下滑行，跌势明显。当天股价基本运行在均价线下方，说明场内庄家出逃，做空意图明显，为了锁定前期收益，投资者应立即抛售股价出逃。

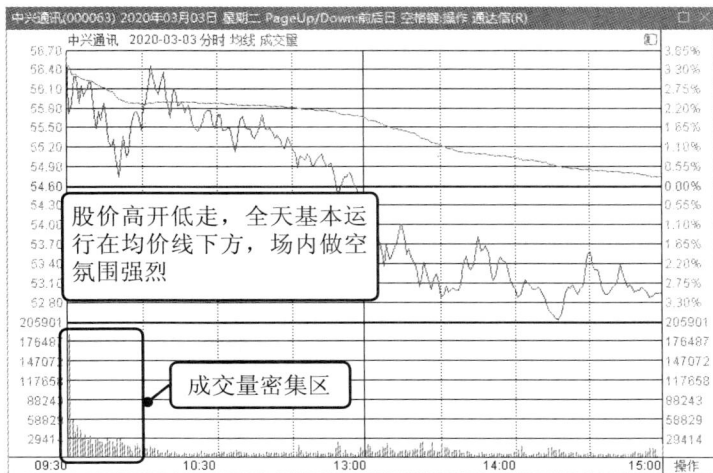

图 6-10 中兴通讯 2020 年 3 月 3 日分时走势

图 6-11 所示为中兴通讯 2020 年 3 月至 9 月的 K 线走势。

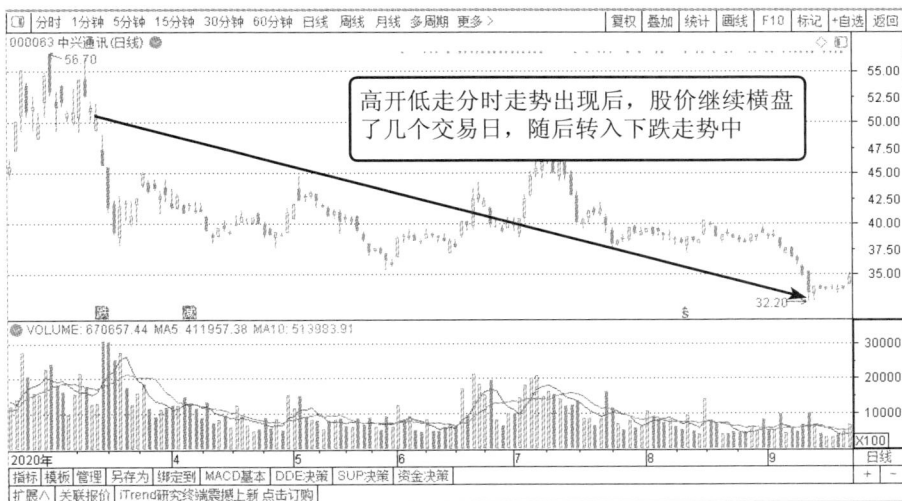

图 6-11 中兴通讯 2020 年 3 月至 9 月的 K 线走势

从图 6-11 中可以看到，高开低走分时走势出现后，股价继续横盘了几个交易日，3 月 16 日股价低开低走跌破 50 元价位线，转入下跌走势中。

随后股价震荡下跌，9 月中旬股价最低跌至 32.2 元，跌幅达到 43.2%。如果投资者在高开低走分时走势出现后的 50 元附近卖出，就可以避免这一损失。

6.2.4 高开高走操作策略

高开高走指当日股价高于前一日收盘价开盘，随后继续向上攀升，走势良好。高开高走是一种比较典型的上攻型盘口，说明场内多方势力明显占据优势，后市继续走高的可能性较大，投资者应该继续持股。

但是需要警惕，如果股价已经处于大幅上涨后的高位区域，还出现高开高走的分时走势，容易出现过重的获利回吐压力。

实例分析

普洛药业（000739）高开高走分时操作

图 6-12 所示为普洛药业 2019 年 8 月至 2020 年 6 月的 K 线走势。

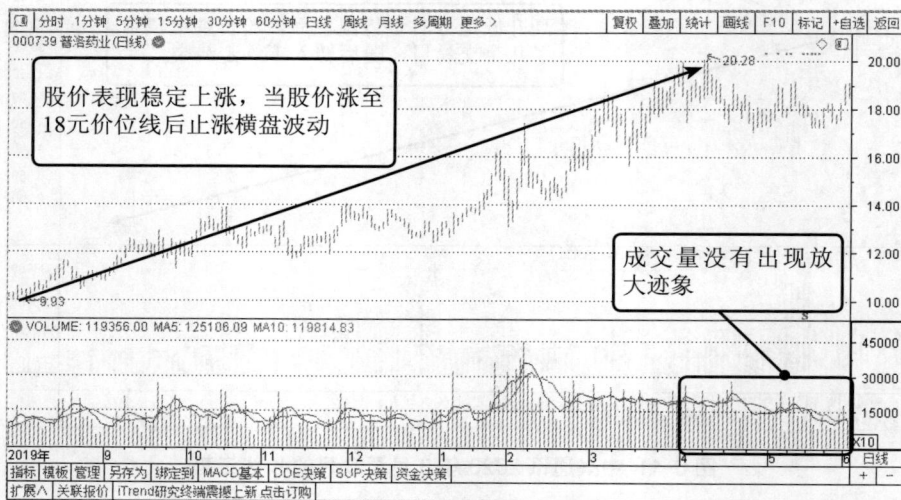

图 6-12 普洛药业 2019 年 8 月至 2020 年 6 月的 K 线走势

从图 6-12 中可以看到，普洛药业长期处于上涨行情中，股价稳定向上攀升。2020 年 4 月，当股价上涨至 18 元价位线上后止涨，随后在该价位线上开始了长达两个月的横盘波动。

仔细观察下方成交量可以发现，股价横盘过程中成交量并没有出现明显的放大迹象，说明场内的主力资金并没有出逃。我们再进一步查看横盘时该股的分时走势，图 6-13 所示为普洛药业 6 月 1 日的分时走势图。

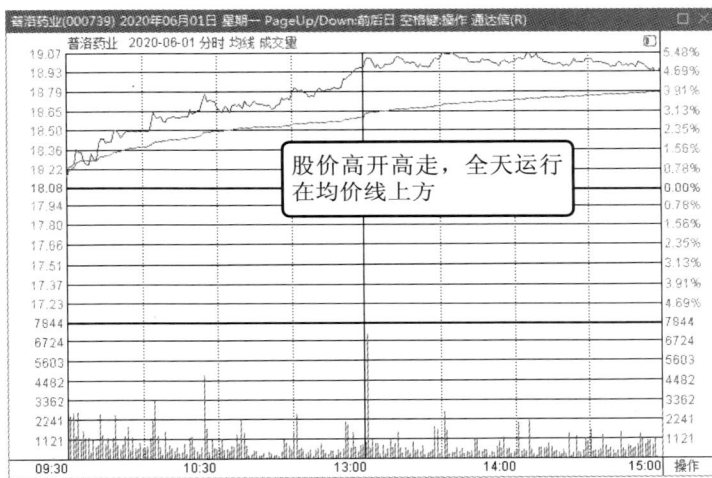

图 6-13　普洛药业 2020 年 6 月 1 日的分时走势

从图 6-13 中可以看到，当日股价高开之后，大量密集的成交量涌入拉升股价继续上涨。当日的分时走势呈现出高开高走的特点，且全天股价运行在均价线上方，说明场内的做多气氛浓烈，后市看涨。高开高走分时走势的出现，说明横盘调整即将结束，后市将迎来一波拉升走势，投资者此时可以积极买进，持股待涨。

图 6-14 所示为普洛药业 2020 年 3 月至 9 月的 K 线走势。

从图 6-14 中可以看到，高开高走的分时走势出现后，该股结束横盘波动，继续之前的上涨走势。如果股民在高开高走分时走势出现时的 19 元附近买进，当股价最高上涨至 29.1 元时，可获得 53.2% 的涨幅收益。

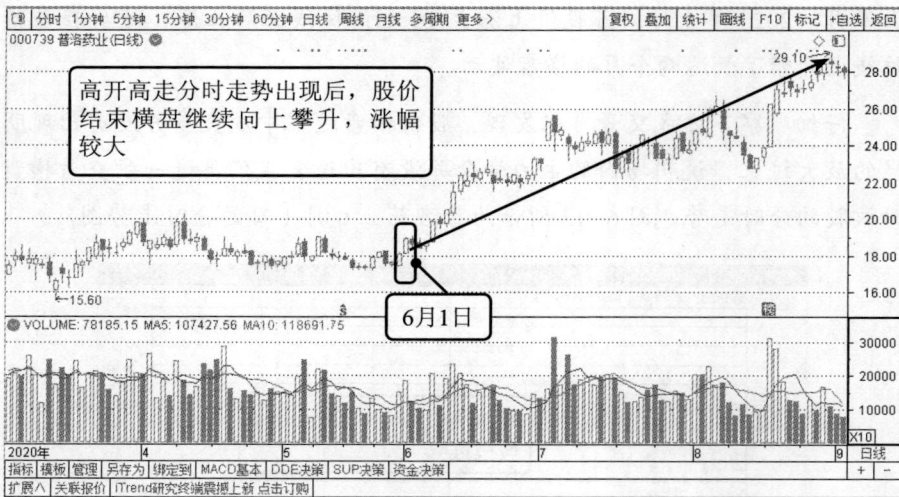

图 6-14 普洛药业 2020 年 3 月至 9 月的 K 线走势

6.2.5 早盘拉升操作策略

早盘拉升是指股票开盘之后股价便急速上涨的情况。首先，我们要知道为什么会出现早盘拉升？因为股市前一日收盘之后长时间没有交易发生，第二日开盘之后大量股民涌入，产生大量交投，盘面活跃。在这样的背景下，主力更容易操盘，主力拉升有人抬，主力出货也有人接。

而早盘快速拉升更有利于主力出货。首先时间上比较充足，在 T+1 的制度下，当天追进在高点的不能卖出，但是主力可以利用时间差逐步出货。其次是出货的空间较大，早盘快速拉升之后，空间出来了，主力便可以在较高位置出货。

因此，面对早盘拉升的走势时，股民最好的做法是保持冷静，不要盲目追涨，待行情明朗之后再做判断。

实例分析

高鸿股份（000851）早盘拉升观望

图6-15所示为高鸿股份2020年2月至7月的K线走势。

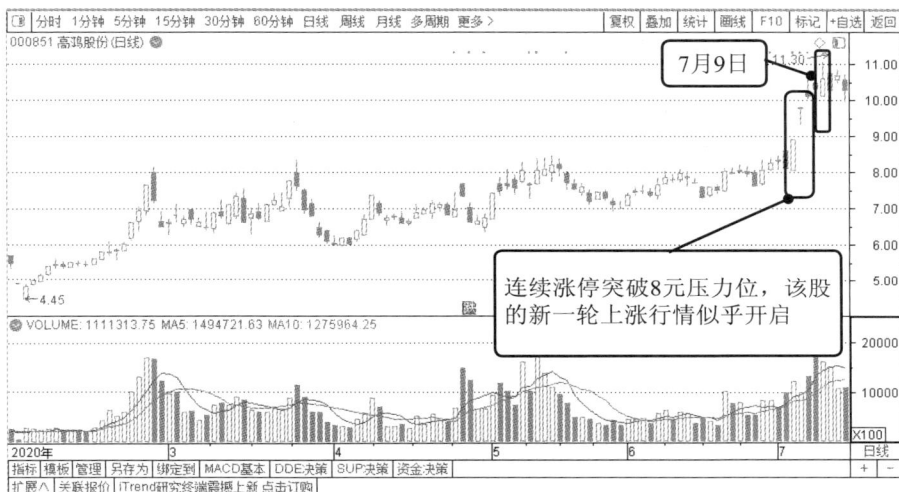

图6-15 高鸿股份2020年2月至7月的K线走势

从图6-15中可以看到，高鸿股份从2020年2月开始上涨，股价从4.45元上涨至8元附近后止涨，并在7元价位线上下波动横盘，持续了4个月左右的时间。

7月3日和7月6日，K线连续涨停使股价向上突破8元压力位，将股价拉升至10元价位线附近，该股似乎结束了横盘转入继续上涨的走势中。随后股价在10元价位线上横盘，像是为再次拉升做准备，但事实真的是这样吗？

我们查看横盘时7月9日的分时走势，进行进一步分析。图6-16所示为高鸿股份2020年7月9日的分时走势图。

从图6-16中可以看到，当日开盘之后，下方成交量出现大单密集成交，致使股价向上直线攀升，涨幅达到6.89%。但随后便慢慢回落至均价线下方，虽然很快被拉回至均价线上，但股价维持在均价线附近上下波动。当天最终以 2.95% 的涨幅收盘。出现这样的信号，投资者要警惕，主力利用早盘拉升出货的可能性较大，后市可能下跌。

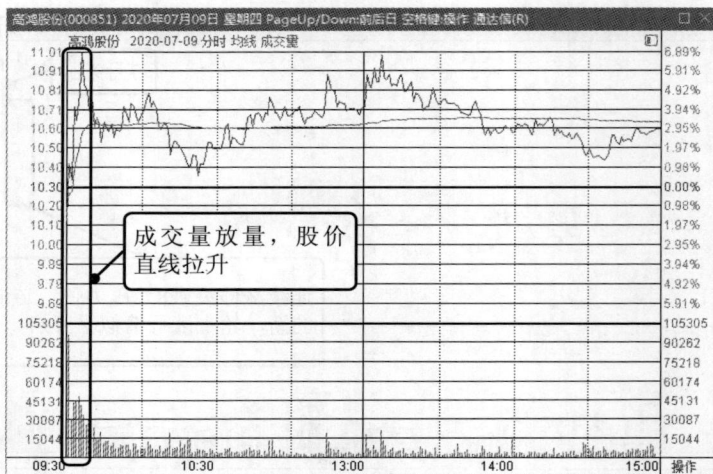

图 6-16 高鸿股份 2020 年 7 月 9 日的分时走势

图 6-17 所示为高鸿股份 2020 年 7 月至 11 月的 K 线走势。

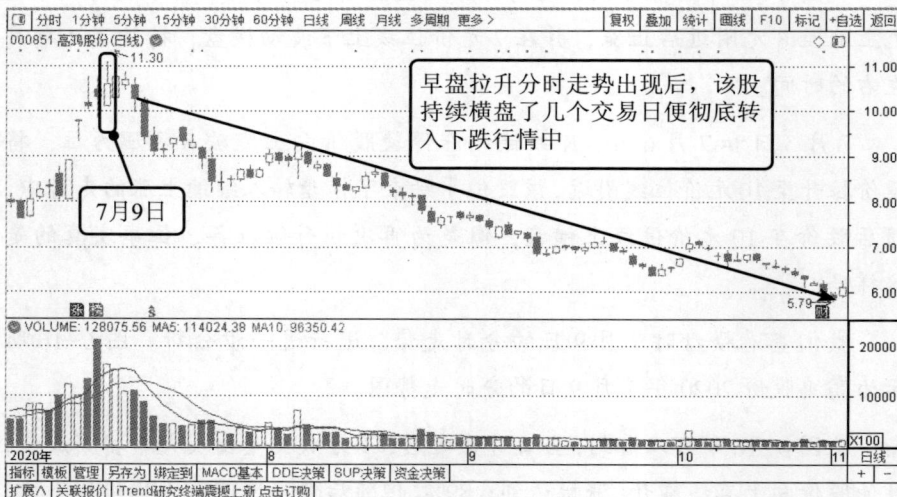

图 6-17 高鸿股份 2020 年 7 月至 11 月的 K 线走势

从图 6-17 中可以看到，早盘拉升分时走势出现后，该股持续横盘了几个交易日便彻底转入下跌行情中，最低跌至 5.79 元。如果股民发现早盘拉升走势便贸然追涨，在 10 元附近买进，可能面临 42.1% 的跌幅损失。

6.2.6 尾盘拉升操作策略

尾盘拉升指当日股价在尾盘时突然向上拉升的走势。首先，我们要分析尾盘拉升出现的原因，通常有 3 种情况：一是主力想要制造漂亮的 K 线图，试图通过尾盘拉升的方式让原本已经走坏的形态修复好，显示做多的信心；二是主力吸筹，有可能个股出现重大利好消息时，主力会利用尾盘拉升的方式吸收筹码；三是主力拉高掩护出货，主力尾盘拉升股价散户急忙追进的时候，主力趁机出货。

面对尾盘的这些情况，股民需要根据"尾盘拉升"出现的位置来具体判断该股是否还具备继续上涨的潜力。如果在上涨后的高位区域出现"尾盘拉升"，股民需要警惕，股价可能已经见顶。如果在低位区域出现"尾盘拉升"，此时是一个值得介入的买进信号。

实例分析

钱江摩托（000913）尾盘拉升跟进分析

图 6-18 所示为钱江摩托 2017 年 11 月至 2020 年 6 月的 K 线走势。

从图 6-18 中可以看到，钱江摩托 2017 年 11 月开始下跌，股价从 20.43 元跌至 7.5 元后止跌，随后该股长期在 10 元价位线上下波动横行。

2020 年 4 月至 5 月，股价在 10 元价位线上横盘运行，K 线连续收出阴阳交替的小 K 线，有筑底的迹象。此时，股民可以对该股仔细留心。

6 月 18 日和 19 日，K 线连续收出两根高开高走的大阳线，一举向上突破前期 12 元压力位，似乎涨势即将启动。

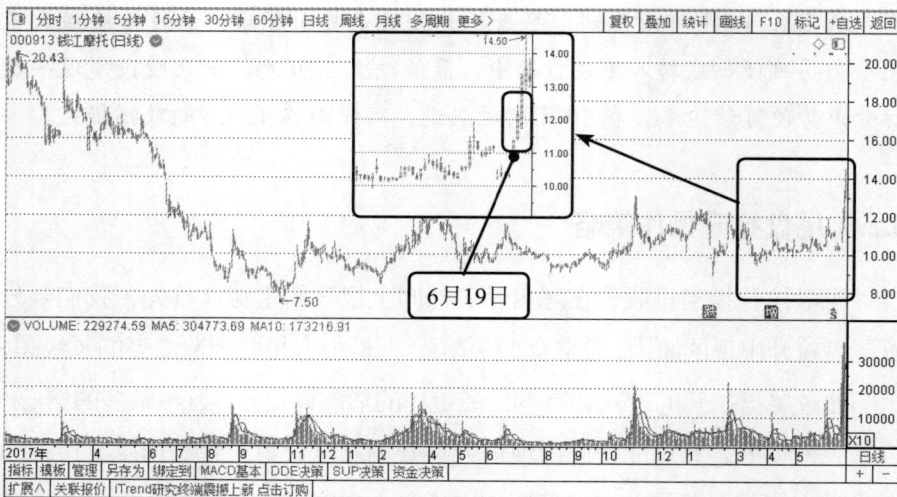

图 6-18 钱江摩托 2017 年 11 月至 2020 年 6 月的 K 线走势

我们进一步查看 6 月 19 日的分时走势，如图 6-19 所示。

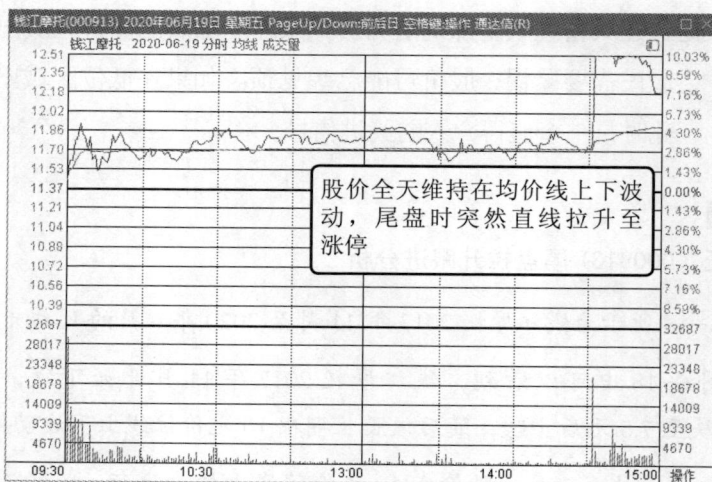

图 6-19 钱江摩托 6 月 19 日分时走势

从图 6-19 中可以看到，当天股价几乎全天都维持在均价线上下波动，比较稳定，没有出现明显的上涨和下跌。尾盘时，突然大单砸盘，拉升股价至涨停，随后涨停板被打开，成交量继续放大。由此说明，场内有主力资金入场，后市看涨，买入信号强烈，投资者可以在此位置积极买进。

图 6-20 所示为钱江摩托 2020 年 5 月至 11 月的 K 线走势。

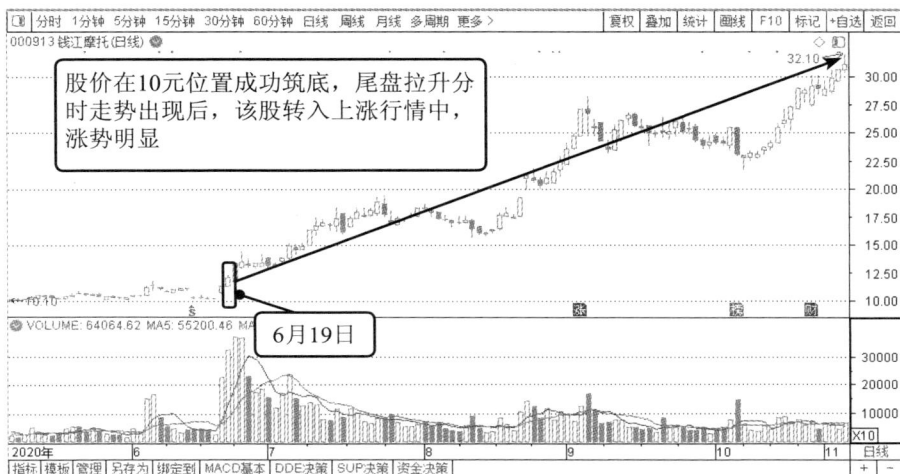

图 6-20 钱江摩托 2020 年 5 月至 11 月的 K 线走势

从图 6-20 中可以看到，果然股价在 10 元位置成功筑底，尾盘拉升分时走势出现后，该股转入上涨行情中，涨势明显。如果股民在尾盘拉升出现时的 12 元附近买进，当股价最高上涨至 32.1 元时，可获得 167.5% 的涨幅收益。

小贴士 分时走势分析关键

需要注意的是，不论是何种分时走势下的操作策略指导，都需要投资者结合实际的 K 线图，根据所在的位置进行具体分析，切不可盲目生搬硬套。

6.3 不同时段的看盘要点

我们知道股市交易的时间段分为早盘、中盘和尾盘，不同的交易时间段内，市场中的投资者心态和交投活跃程度会有所不同。因此，股民有必要掌握不同时间段内的看盘重点，据此制定不同的操作策略，以应对风云变幻的股市。

6.3.1 早盘的看盘要点

早盘指 9:30 ~ 10:15 这一时间段。早盘看盘主要看 3 个部分：集合竞价、开盘形态和开盘 30 分钟，下面依次进行介绍。

1. 看集合竞价

集合竞价指在每日开盘前，即 9:15 ~ 9:25 这 10 分钟内，投资者按照自己能接受的心理价格自由进行买卖申报一次性集中撮合的竞价方式。集合竞价遵循"价格优先、时间优先"的原则进行最终的撮合。

根据规定，在集合竞价时间的前 5 分钟 9:15 ~ 9:20，投资者可以挂单，可以申报买入和申报撤单。所以主力很容易在这 5 分钟期间做假动作，虚假申报拉高股价，然后在申报撤单欺骗散户，所以投资者不能操作。

在 9:20 ~ 9:25 这一时间段，挂单只接受申报买入，不接受申报撤单。此阶段是投资者观察主力在集合竞价阶段动向的最佳时机，也是投资竞价打单的主要时间段。

2. 看开盘的形态

开盘的形态指当日股价高开、平开和低开的 3 种情况。但在不同的行情下，不同的开盘形态具有不同的市场意义，具体内容如下。

◆ 大盘正处于上升趋势的中间部分，如果此时出现高开，说明场内人气旺盛，交投活跃，后市看涨。但是如果高开过多，使得前一交易日买入者获利丰厚，则很容易出现获利盘回吐的现象，导致股价短时间内下跌；如果出现平开，说明场内多空处于平衡稳定的状态；如果低开，说明场内做空情绪强烈，但如果低开过多，则短时间内可能会出现多方趁机吸筹低价抢盘。

◆ 大盘处于底部区域，如果此时出现高开且幅度较大，说明多空双方力量发生转换，后市看涨；如果此时出现大幅低开，可能是空头的最后一击，股价即将触底。

◆ 大盘处于上升途中或下降途中出现高开或低开，通常趋势将继续保持原有的走势。

3. 看开盘 30 分钟

每个交易日开盘的 30 分钟通常是多空双方激战的关键阶段，分析这一阶段的股价走势对后市股价运行趋势研判具有重要意义。开盘 30 分钟可以划分为 3 个时间段，具体内容如下。

◆ 9:30 ~ 9:40，在这一阶段中，多空博弈激烈，投资者观察为好。

◆ 9:41 ~ 9:50，在这一阶段中，走势相对平稳，多空双方休整，获利盘投资者应该重点观察均线支撑和量能大小变化。

◆ 9:51 ~ 10:00，在这一阶段中，走势开始明朗，投资者可以继续关注均线支撑和量能情况，确定操作的买卖点。

6.3.2 中盘的看盘要点

中盘是指 10:00 ~ 11:30 和 13:00 ~ 14:30，总计 3 个小时。在分析时可以将其分为 3 个时间段进行分析，具体内容如下。

◆ 10:00 ~ 10:30，这一阶段通常是对前一日和早盘波动中心乖离偏大的修正，即股价会出现向当日均价线回拉的情况。如果没有出现修正走势，则说明当日走势处于超强或超弱状态，股价的涨跌也能判断。另外，此时也是早盘横盘的黑马股启动的时候，如果一旦发现黑马迹象即可买进追涨。

◆ 10:31 ~ 14:00，这一阶段是多空博弈决胜的阶段，此时可以根据盘面的波动变化判断盘中后市的走势变化，例如一波比一波高，或是一波比一波低。

◆ 14:01 ~ 14:30，这一段阶段中个股的股价最容易出现当日的最高价或最低价。因此，此时往往是当日买卖的最佳时间段，股民可以在此位置逢低买进，逢高卖出。

6.3.3 尾盘的看盘要点

尾盘指收市前的半小时盘面的表现，即 14:30 ~ 15:00 这一阶段。尾盘是多空双方一天博弈的结局，也是后市股价走向的重要研判信息。

正常情况下，尾盘时股价出现小幅拉升或小幅回落的情况，属于修正尾盘，实际意义不大。我们要分析的是个股并不在上升阶段，成交量也比较平常，但在尾盘时突然出现一笔或多笔大单成交，导致股价大幅上涨或下跌的情况。这类现象意味着可能庄家正在做收盘价，投资者应根据实际情况具体分析，比较常见的有以下几种情况。

◆ 当天股价走势一般，甚至出现小幅下跌，但在尾盘时股价突然向上攀升，且成交量配合良好。出现这类迹象，通常是由于大盘上升趋势较好，导致股价被动性跟涨。

◆ 当天股价走势正常，尾盘时突然出现大幅异常上涨，甚至是涨停，可能有突发利好消息，但也有可能是庄家的诱多行为。

◆ 当天股价走势一直处于比较强的状态，但在尾盘的最后几分钟却出现了大跌趋势，投资者要警惕小心。通常情况下，如果一天时间里股价走势一般，甚至是上涨，但尾盘最后几分钟出现下跌，可能是因为受到大盘的拖累。

在实际操作中，为了防止陷入庄家利用尾盘所做的圈套，投资者需要借助成交量分析，看下方是否有成交量配合。

第 **7** 章

掌握K线，找准股票买卖时机

投资者在查看个股详情时，首先会看到个股的K线走势图。投资股票的过程中，K线分析是最基础的技术，通过K线的不同形态，可以有效地预测股价的未来走势，把握买卖的时机。

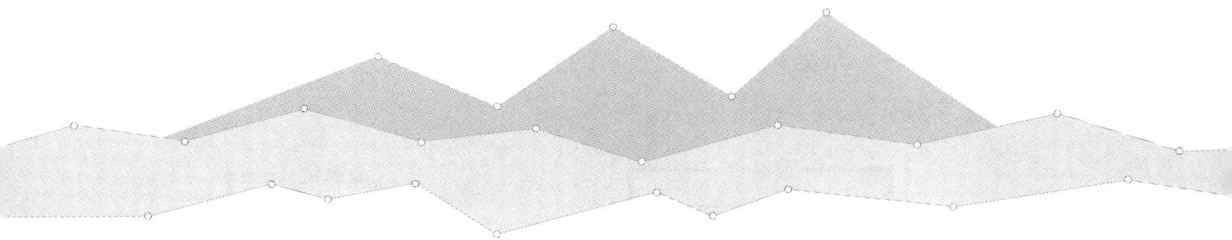

认识K线
曙光初现VS乌云盖顶
头肩底和头肩顶
楔形整理形态
······

7.1 K 线基础理论概述

投资者在进行股价分析时，最先接触到的分析工具就是 K 线，因为它能表示股价在相应时期内的开盘价、收盘价、最高价和最低价，是股市中经常使用的一种图形。对于短线投资者来说，K 线是预测股价变化趋势最方便的一种技术分析工具。

7.1.1 认识 K 线

K 线最早源于日本的米市，当时用来记录米市行情的变动情况，后来被引入股市，用于描述个股当日的开盘价、收盘价、最高价和最低价。

K 线由实体和上下影线组成，而实体分为阳线实体和阴线实体，表示股价从开盘至收盘的价位变化，上下影线分别代表交易日中个股的最高价和最低价。其中，根据开盘价和收盘价的大小关系，可以将 K 线分为阳线、阴线和十字线，如图 7-1 所示。

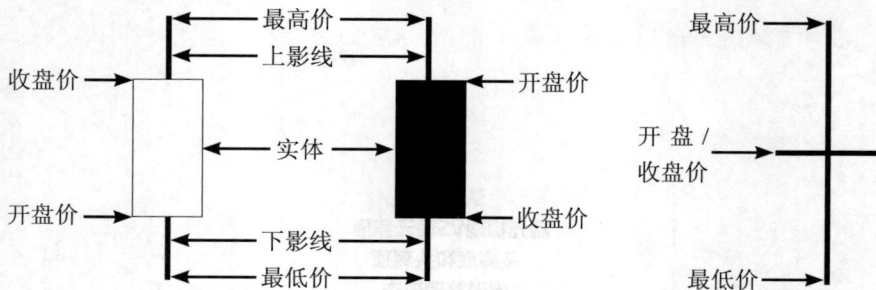

图 7-1 K 线的阳线（左）、阴线（中）和十字线（右）

在一般的行情软件中，各类型K线的具体形成规则如表7-1所示。

表7-1　K线的形成规则

类型	形成规则
阳线	收盘价高于开盘价，则说明在此时间周期内，股价呈现上涨状态，此种K线称为阳线，阳线的实体常为红色的实心或空心
阴线	开盘价高于收盘价，则说明在此时间周期内，股价呈现下跌状态，此种K线称为阴线，阴线实体常为绿色或黑色的实心
十字线	在某个时间段内开盘价等于收盘价，此种K线称为十字线，形态成"一"字，但上下影线较短

7.1.2　K线的分类

对于股票投资者而言，K线分析是必须要掌握的技术分析方法，K线在记录股票价格变动时具有不同的长短与形态。根据不同的需求，K线可以进行不同的分类。

1. 按计算周期分类

根据K线的计算周期，可以将其分为日K线、周K线、月K线、季K线和年K线。

- ◆ **日K线**　又称阴阳烛，以一个交易日中开盘价、收盘价、最高价及最低价绘制的K线，是投资者在分析中最常用到的K线图，为投资决策提供重要参考。根据时间段对日K线进行划分，可分为1分钟线、5分钟线、15分钟线、30分钟线和60分钟线。

- ◆ **周K线**　以周一的开盘价，周五的收盘价，全周最高价和全周最低价来绘制的K线。

- ◆ **月K线**　以一个月的第一个交易日的开盘价，最后一个交易日的收盘价以及全月最高价与全月最低价来绘制的K线，常用于研判中期行情。

◆ **季 K 线** 以一个季度为单位，其第一个交易日的开盘价，最后一个交易日的收盘价以及全季度最高价与全季度最低价来绘制的 K 线。

◆ **年 K 线** 以一年为单位，其第一个交易日的开盘价，最后一个交易日的收盘价及中间的最高、最低价来绘制的 K 线。

2. 按 K 线形态分类

根据 K 线的形态，可以将其分为阴线和阳线。而从 K 线的构成要素分类，又可将其分为不同的形态。

◆ **按实体的长短分类** 如果是阳线实体，则分为大阳线、中阳线、小阳线和小阳星；如果是阴线实体，则分为大阴线、中阴线、小阴线和小阴星。其中，有一种比较特殊的形态，即十字星，也就是 K 线没有实体，"实体"表现为一根实线。

◆ **按影线的长短分类** 如果存在明显实体，则分为长上影线阳线、长上影线阴线、长下影线阳线和长下影线阴线；如果为十字星，其上影线较长，无明显下影线，则称为"墓碑线"，而下影线较长，无明显上影线，则称为"T 字线"，无明显上下影线，则被称为"一字线"。

7.1.3 常见单根 K 线的基本含义

在股市中，K 线图是根据实时行情数据绘制而成的，所以不同情况下会出现不同形态，代表着不同的意义。因此，投资者在进行股票分析时，需要熟悉单根 K 线的含义，从而在整体上对股价走势进行把握。

1. 小阳星和小阴星

小阳星是指阳线实体极短，收盘价略高于开盘价（非常接近），全天股价波动很小，而且上下影线很短的 K 线，如图 7-2 所示。该形态表明行情处于混乱不明的阶段，投资者需要根据前期的 K 线组合形态以及当前所处的价位区域进行综合判断。

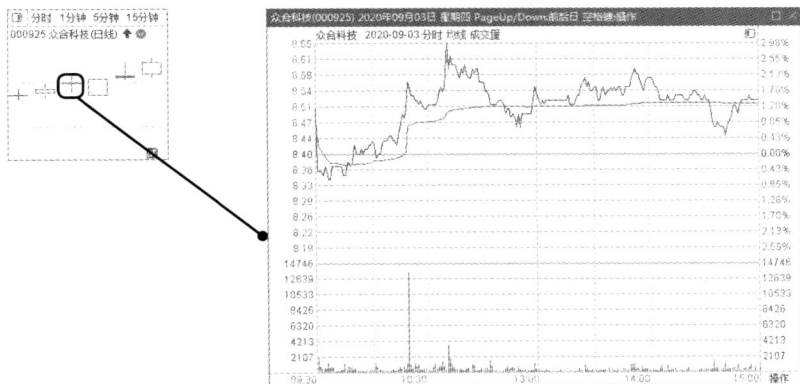

图 7-2 小阳星 K 线形态

与小阳星类似，小阴星是指阴线实体极短，全日股价波动很小，且上下影线很短，收盘价略低于开盘价，如图 7-3 所示。该形态表明当前行情疲软，股价走势不明朗。

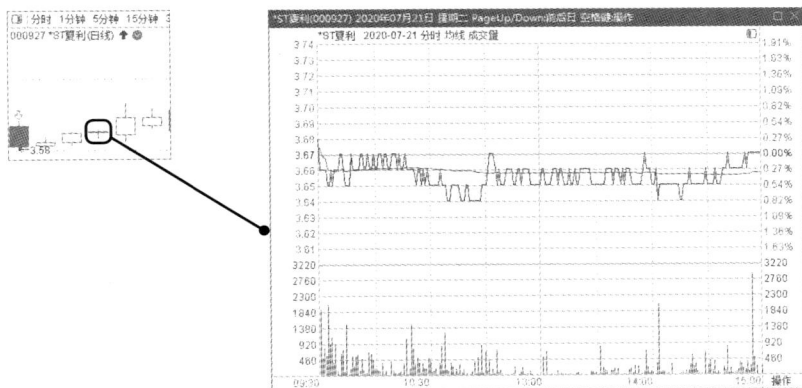

图 7-3 小阴星 K 线形态

2. 小阳线和小阴线

小阳线的实体比小阳星稍长，上下影线也更明显，全天股价波动范围不大，收盘价高于开盘价，在 K 线图中出现的概率比较频繁，如图 7-4 所示。该形态表明多方稍占上风，但上攻乏力，后市行情发展不明朗。

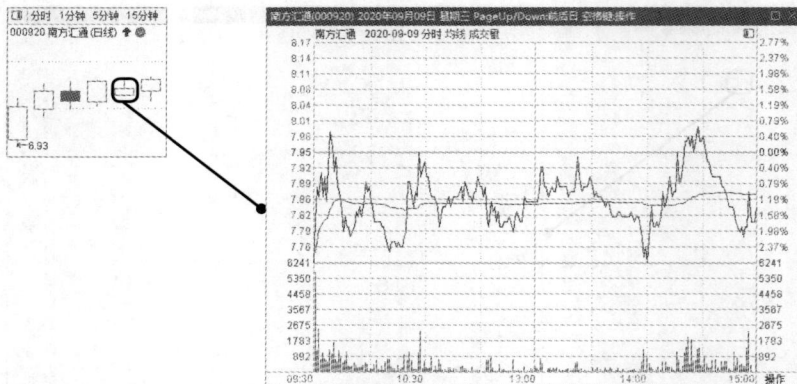

图 7-4 小阳线 K 线形态

小阴线是带有上下影线，阴线实体较短的 K 线，收盘价低于开盘价，全体股价波动范围较小，如图 7-5 所示。该形态在盘中出现的概率较大，表示多空双方的小型对抗，空方呈较弱的打压态势，行情发展趋势不明。

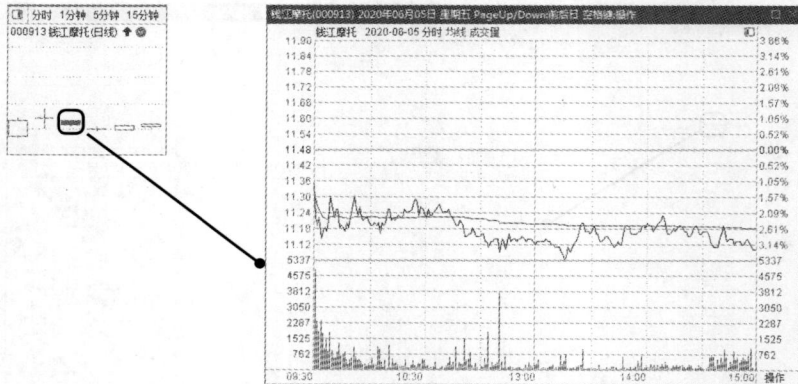

图 7-5 小阴线 K 线形态

3. 大阳线和大阴线

开盘后股价微微下跌，但很快回调并一路上涨，最后以高价收盘而形成大阳线 K 线。大阳线的实体很长，影线较短或没有，当天涨幅通常在 6%～10%，如图 7-6 所示。该形态出现时，表示买盘力量强大，后市多为看涨。如果在低价区或长期盘整后出现大阳线，通常可以大胆买进；如果在高价区突然出现大阳线，则需要谨慎操作，避免被套。

图 7-6 大阳线 K 线形态

大阴线是指开盘后股价微微上涨，但很快向下并一路下跌，最后以低价收盘而形成的 K 线。与大阳线一样，大阴线的实体很长，上下影线很短或没有，大阴线的出现对股票具有很大的打击，当天的跌幅通常在6%～10%，如图 7-7 所示。

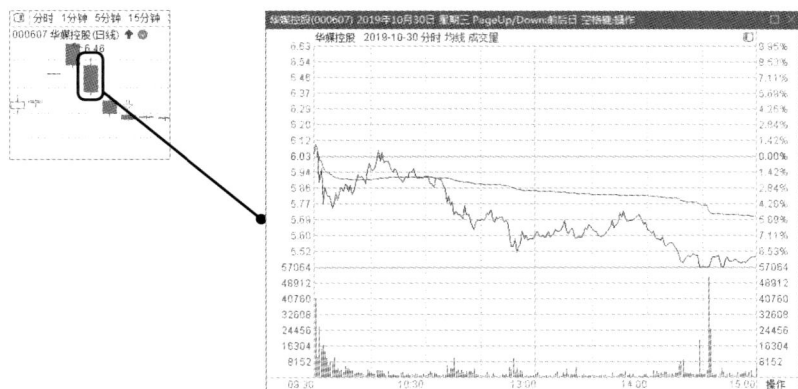

图 7-7 大阴线 K 线形态

该形态出现时，表示卖盘力量强大，股价可能会下跌。如果在高价区和长期盘整后出现大阴线，多为股价反转之兆，投资者最好抛出持有股票，落袋为安；如果低价区出现大阴线，则卖盘压力较小，投资者可以持股观望。

4.十字星和一字形

买卖双方的实力相当，当日股价在上涨与下跌中来回运行，最终以当日的开盘价报收，从而形成十字星 K 线形态，如图 7-8 所示。十字星是一种特殊的 K 线形态，没有实体，只有上下影线，开盘价与收盘价相同。

一字形是所有 K 线形态中最为特殊的一种形态，实体只有一根直线，没有上下影线，股价当日开盘价、收盘价、最高价与最低价都相同而形成的，显示股价的极端走势，如图 7-9 所示。

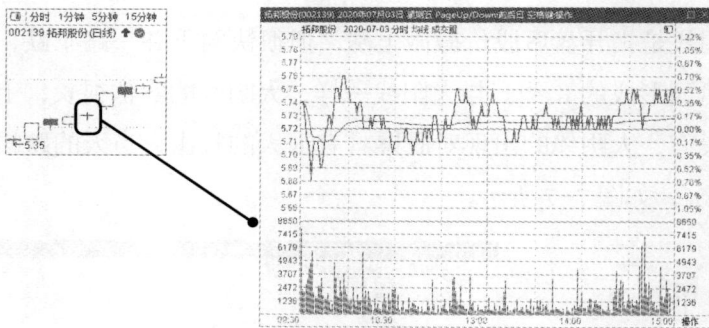

图 7-8 十字星 K 线形态

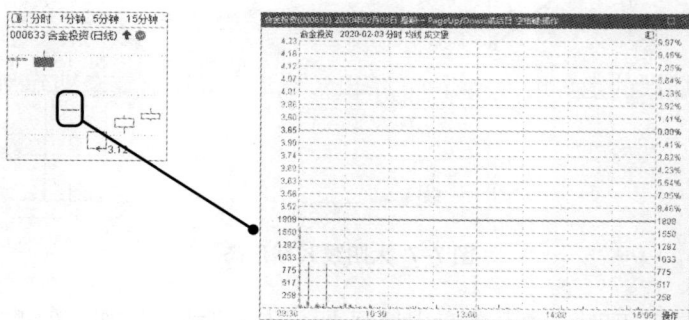

图 7-9 一字形 K 线形态

小贴士 *其他单根 K 线形态*

除了常见的 K 线形态外，还有一些比较实用的 K 线形态，具体介绍如下。

◆ **中阳线** 中阳线的实体比小阳线长，股价的当天涨幅通常在 3%～6%，出现该形态可以表明盘中多方稍占优势。

◆ **光头光脚阳线** 光头光脚阳线为阳线实体，上下影线极短或没有，当日的最低价为开盘价，表明具有很强烈的上涨趋势。

◆ **中阴线** 中阴线的实体比小阴线长，当天的股价波动很大，股价的跌幅通常在 3%～6%，出现该形态可以表明盘中空方稍占优势。

◆ **光头光脚阴线** 光头光脚阴线为阴线实体，上下影线极短或没有，当日的最高价为开盘价，表明具有很强烈的下跌趋势。

◆ **T 字线** T 字线的实体表现为一根直线，没有上影线，形成过程中股价先下跌，到一定幅度后开始回升，最后以开盘价收盘。

◆ **墓碑线** 墓碑线的开盘价与收盘价相同，没有下影线，形成过程中股价先上涨，到一定幅度后开始出现下跌，最终以开盘价收盘。

7.2 揭示 K 线组合的买卖时机

在对股票的走势进行分析时，单根 K 线形态并不能完全准确判断行情，投资者可以将多根 K 线形态组合后进行分析。K 线组合通常由两根以上的 K 线组成，在不同区域出现的组合对股价的走势有着不同的预示意义，投资者可以大概分析出股票的买卖时机。

7.2.1 早晨之星 VS 黄昏之星

早晨之星，又称为黎明之星、希望之星，由 3 根 K 线组合而成，第一根为下跌趋势中出现实体较长的阴线，第二根为小阳线或小阴线，第三根为当天收盘价大于第一根阴线收盘价的阳线，如图 7-10 所示。该 K 线组合是一种行情见底转势的形态，预示着行情下跌将要结束，股价即将启动上涨，属于买入信号。

实例分析

泛海控股（000046）早晨之星走势分析

图 7-10 所示为泛海控股 2020 年 4 月至 7 月的 K 线走势。

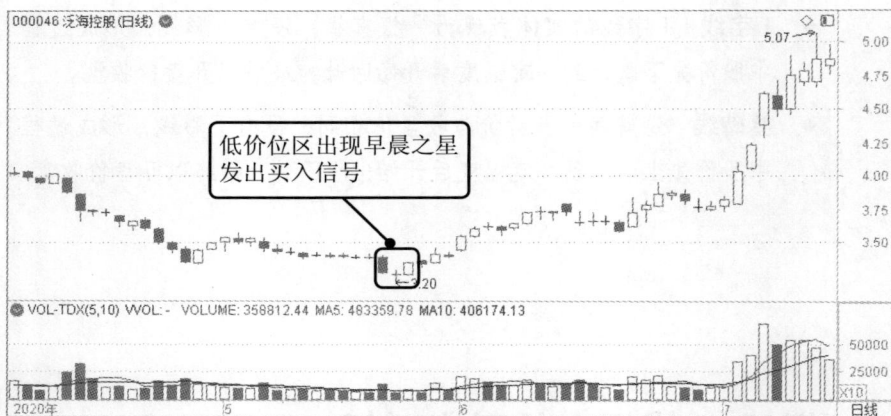

图 7-10 泛海控股 2020 年 4 月至 7 月的 K 线走势

从图 7-10 中可以看到，泛海控股的股价在前期经历过一段较长时间的下跌过程，下跌期间不间断地出现反弹现象，但是幅度较小，均被实体较长的阴线打落，进入横盘整理阶段。

在 5 月下旬，该股下跌运行到股价低价位区，以一根阴线报收，并在第二日创出 3.2 元的底部，第三日股价以阳线报收，形成典型的早晨之星组合形态，说明回调见底，股价止跌，并释放出买入信号。此时，投资者可以逢低吸纳，买入该股。随后该股走出一波上涨行情，股价最高上涨到 5.07 元，涨幅超过 58%。

黄昏之星由 3 根 K 线组合而成，在股价上涨到高价位区域后出现第一根大阳线或中阳线，次日股价波动形成一根小阳线或小阴线，第三日股价突然下跌拉出一根大阴线。黄昏之星出现在股价高位区域，表明股价即将或已经见顶，后市行情下跌程度较大，投资者需要提前防范。

实例分析

中金岭南（000060）黄昏之星走势分析

图 7-11 所示为中金岭南 2020 年 5 月至 9 月的 K 线走势。

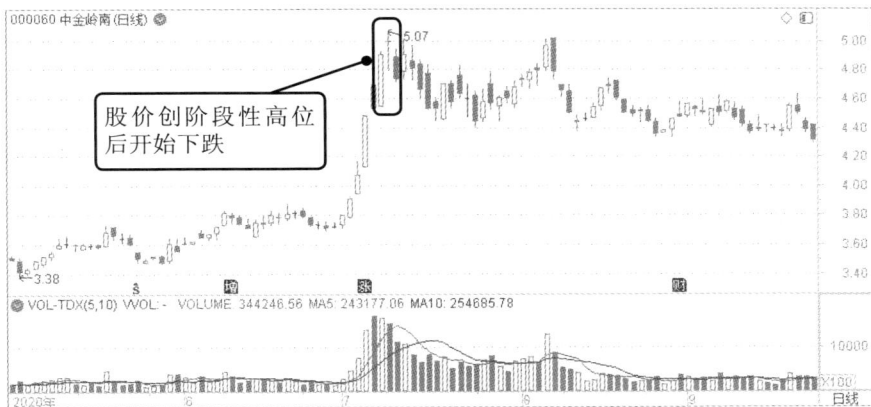

图 7-11　中金岭南 2020 年 5 月至 9 月的 K 线走势

从图 7-11 中可以看到，该股经历了一波大幅震荡上涨行情，股价从阶段性 3.38 元的低位上涨到阶段性 5.07 元的高位，股价涨幅为 50%。

该股在 2020 年 7 月 8 日高开高走，收出一根大阳线，次日走出了十字星形态，股价创出阶段性新高。不过，在第三日则低开低走，收出一根大阴线，形成典型的高位黄昏之星组合形态。特别是 7 月 10 日的大阴线，更发出股价见顶的强烈卖出信号。此时，投资者必须果断卖出股票，从后期的走势来看，整体呈下跌走势。

7.2.2 曙光初现 VS 乌云盖顶

曙光初现是下降行情中见底回升的信号，由两根 K 线组合而成，第一根 K 线为下跌趋势中出现的中阴线或大阴线，第二根 K 线为低开高走见底反弹的中阳线或大阳线，且该阳线收盘价高于第一根阴线实体 1/2 以上的位置，为第二根阳线将第一根阴线包围的形态。

该形态通常出现在股价的下跌过程中，意味着股价下跌趋势将停止，可以当作股价反弹的买进信号。另外，第二根阳线实体越长或高于第一根阴线实体越多，股价止跌回升的可能性就越大。

实例分析

全科股份（000656）曙光初现走势分析

图 7-12 所示为全科股份 2019 年 9 月至 2020 年 1 月的 K 线走势。

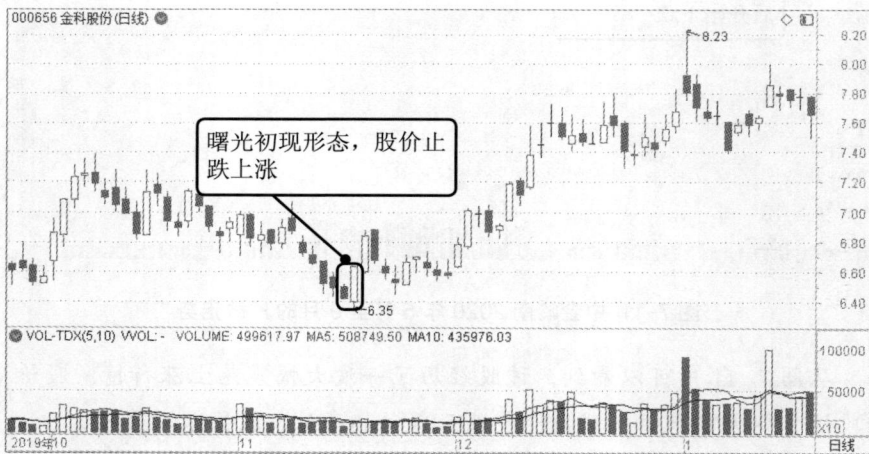

图 7-12 全科股份 2019 年 9 月至 2020 年 1 月的 K 线走势

从图 7-12 中可以看到，股价在大幅下跌后于 2019 年 11 月 15 日运行到阶段性的低位，收出一根中阴线。次日股价低开高走，创出新低 6.35 元的同时收出大阳线，形成非常明显的曙光初现组合形态。此时，投资者可以在合适的时机适量买入该股，从股价后期的走势来看，该股走出了一波可观的上升行情，最高涨到了 8.23 元。

乌云盖顶又称乌云线，由两根 K 线组合而成，在行情运行到高位时出现第一根中阳线或大阳线，次日收出第二根高开低走的阴线，且阴线的收盘价低于第一根阳线实体的 1/2 以下。

该形态是上升行情中常见的见顶回落信号，股价在高位上冲阻力线失败后，表明后市失去上涨动能，将转向下跌，投资者最好果断出局。

实例分析

中迪投资（000609）乌云盖顶走势分析

图 7-13 所示为中迪投资 2020 年 4 月至 7 月的 K 线走势。

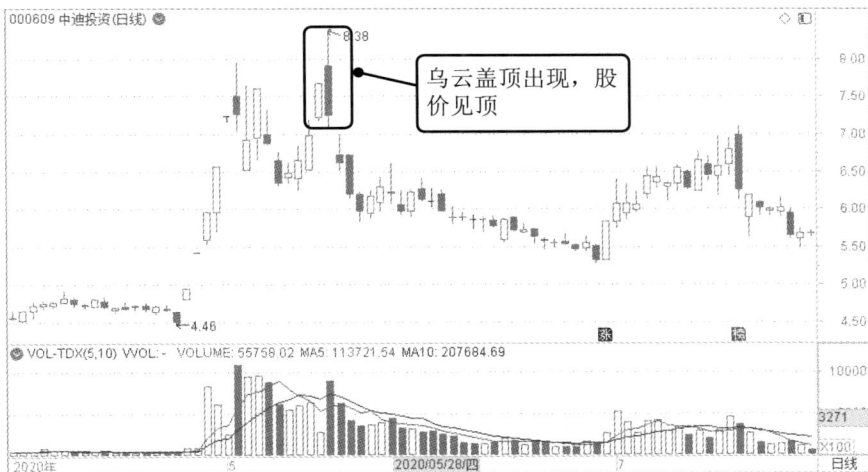

图 7-13 中迪投资 2020 年 4 月至 7 月的 K 线走势

从图 7-13 中可以看到，该股在前期经历了一波上涨行情，并于 2020年 5 月初运行到阶段性高位后进行了回调整理。在 5 月 18 日，该股以 4.96%的涨幅放量拉高股价收出中阳线，次日股价继续以涨停价收出一根大阳线，将股价拉高到 7.68 元的高位，但当日的成交量明显降低了许多，股价高位上涨却无量，严重缺乏上涨动力，表明股价可能见顶，投资者需要提高警惕。

在 5 月 20 日，该股继续大幅跳空高开，放量将股价拉升至 8.83 元，创造出阶段性新高，但随后股价开始下跌，当日收出一根大阴线，说明主力在悄悄出货。同时，该阴线实体向下插入上个交易日大阳线的 1/2 位置以下，形成标准的乌云盖顶形态，投资者应立即出局。从后期的走势来看，如果投资者在此时没有出局，将损失惨重。

7.2.3 红三兵 VS 黑三鸦

红三兵由 3 条或 3 条以上连续上涨的阳线组合而成，与阳线实体的大小和是否有上下影线均无关系，这些阳线都是高开高走，每天的收盘价是当天的最高价或接近最高价。

出现该形态并伴随着成交量的逐渐放大，可以说明卖方已无力继续打压股价，股价即将回暖上涨，投资者可以密切关注并适当建仓买入。

实例分析

模塑科技（000700）红三兵形态分析

图 7-14 所示为模塑科技 2019 年 11 月至 2020 年 5 月的 K 线走势。

从图 7-14 中可以看到，模塑科技的股价在前期经历了很长一段时间的底部横盘调整。在底部运行期间，股价不断上下震荡，走势不明。

在 2020 年 1 月上旬，股价突破整理形态，并在 1 月中旬连续出现多根阳线，而 1 月 17 日、20 日和 21 日的阳线形成了明显的上涨红三兵组合形态。此时即可说明股价下跌见底，卖方已无力继续打压，面对这样的买入机会，投资者可以择机适量买入，持股待涨。

图 7-14　模塑科技 2019 年 11 月至 2020 年 5 月的 K 线走势

黑三鸦是指出现在上涨行情中连续的 3 根阴线，3 根阴线均为低开低走，且最低价一根比一根低。在股价高位出现黑三鸦，是上涨行情中的见顶回落信号，预示着行情即将反转向下，后市股价反转下跌的可能性极大。因此，投资者在上涨行情中见到黑三鸦的出现，应及时卖出手中持有的股票。

实例分析

焦作万方（000612）黑三鸦形态分析

图 7-15 所示为焦作万方 2020 年 4 月至 10 月的 K 线走势。

从图 7-15 中可以看到，焦作万方的股票在前期经历了一波大幅上涨行情，股价从最低的 3.37 元上涨到 10.65 元的高位，涨幅超过 216%。

在 6 月 16 日当天，该股是以带长上影线的阴线报收，在股价上涨高位出现这种 K 线，投资者应警惕行情逆转。

随后 3 个交易日，该股都是跳空低开，阴线报收将股价拉低，且整个重心向下移动，形成典型的高位黑三鸦组合形态。此时，说明股票行情发生逆转，投资者需要提高警惕，及时卖出股票，锁定利润。从后市的走势可以看出，股价逐步下跌，进入了下跌行情。

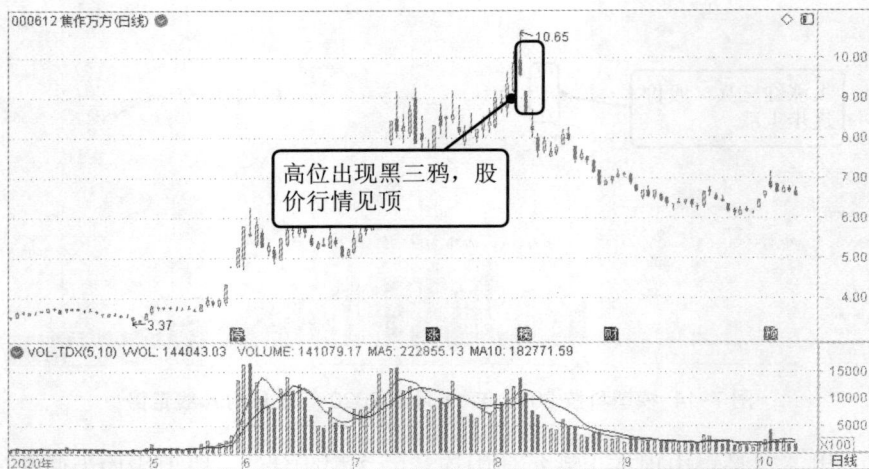

图 7-15 焦作万方 2020 年 4 月至 10 月的 K 线走势

7.3 经典的反转形态及其市场意义

反转形态是指股价改变原有的运行趋势所形成的运动轨迹，形成的前提是市场原先确有趋势出现，而经过横向运动后改变了原有的方向。因此，对反转形态进行分析，有助于投资者在趋势末端尽早地逃顶或抄底，使利润最大化。

7.3.1 头肩底和头肩顶

头肩底是一种典型的趋势反转形态，是在行情下跌尾声中出现的看涨形态，该形态以左肩、底、右肩及颈线形成，即股价均是三次下跌，三次回升，两者的区别也很明显。

从形态上看，头肩底股价下跌的第一次和第三次价位基本相同，第二次下跌的程度最深，而股价也探出底部。头肩底形态在向上突破后，其攻势比双底更强，但该形态的形成时间较长，只有突破颈线才能确定。

实例分析

京东方 A（000725）头肩底反转形态分析

图 7-16 所示为京东方 A 2020 年 3 月至 9 月的 K 线走势。

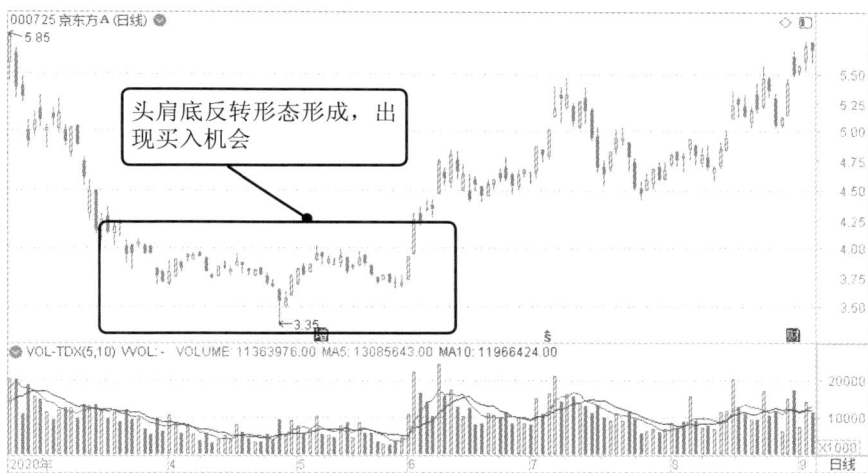

图 7-16　京东方 A 2020 年 3 月至 9 月的 K 线走势

从图 7-16 中可以看出，京东方 A 的股价在前期经过一段时间的下跌后，于 2020 年 4 月下旬开始止跌企稳，并最终形成头肩底反转形态，由此构筑股价中期底部。

在头肩底反转形态确定后，于 2020 年 5 月下旬成交量放大股价拉高，并突破颈线的位置则出现了明显的买入机会。对于中长线的投资者而言，可以在此时抓住机会，适量建仓。

头肩顶是一种常见的倒转形态之一，为上涨行情接近尾声时的看跌形态，图形以左肩、头部、右肩及颈线构成，即股价均是三次上涨，三次下跌，肩部和头部的区别也很明显。

从形态上看，头肩顶股价上涨的第一次和第三次价位基本相同，第二次上涨的价位最高，而股价也探出顶部。当股价第三次上冲前顶失败回落，且颈线被有效跌破后，头肩顶就正式宣告成立。该形态是比较明显的见顶信号，股价下跌已成定局，投资者应及时抛出所有筹码。

实例分析
山东海化（000822）头肩顶反转形态分析

图 7-17 所示为山东海化 2017 年 6 月至 2018 年 1 月的 K 线走势。

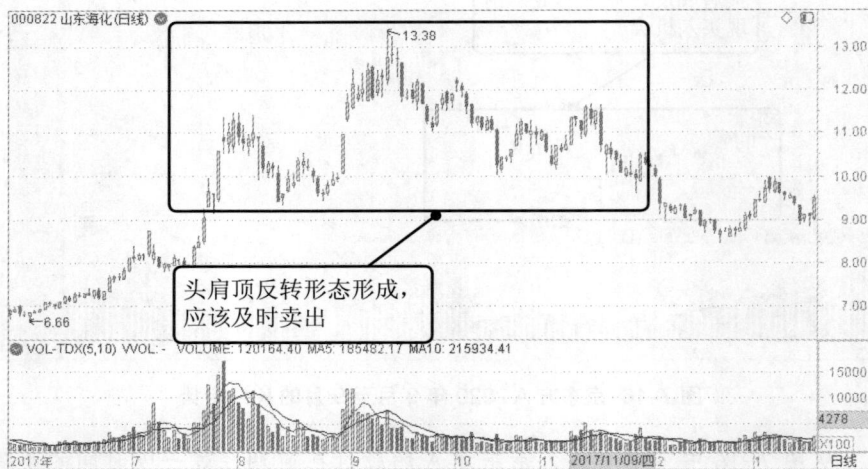

图 7-17 山东海化 2017 年 6 月至 2018 年 1 月的 K 线走势

从图 7-17 中可以看到，山东海化的股价在大幅上涨后，于 2017 年 9 月进入股价的高价位区。随后股价出现波动，3 次上涨分别达到 11.48 元、13.38 元和 11.65 元的高点，经历了 3 次上涨和 3 次下跌行情，从而在高价位区形成头肩顶形态。

在 2017 年 11 月中旬形成的右肩，成交量明显减少，说明头肩顶组合形态有效，预示着行情已经见顶，多空双方控局力度转换，此时投资者需要果断抛出筹码。

7.3.2 V形底和V形顶

V形底是一种强烈的行情反转信号，通常出现在下跌行情的底部，当股价在经过大幅度下跌之后，没有缓冲期，立马强势回升，从而形成"V"字形，后市看涨。通常情况下，该形态的见底K线有长下影线K线、十字星和锤子线等，显示股价反转的强烈愿望。

同时，V形底在反转时成交量会特别大，反转后的上涨持续时间较长。不过，V形底具有很强的突发性，投资者不太好把握，应当在V形走势形成后再介入，此时股价已经进入上涨过程中，虽然获利少，但风险也较低。

实例分析

高鸿股份（000851）V形底反转形态分析

图7-18所示为高鸿股份2019年9月至2020年3月的K线走势。

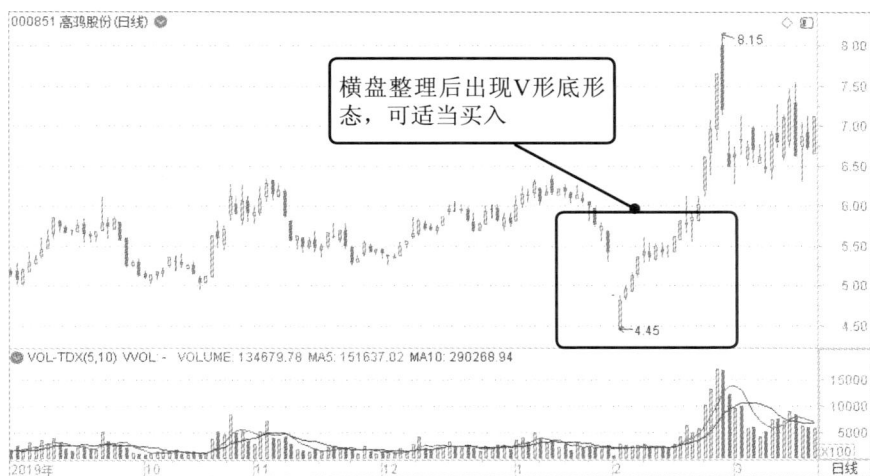

图7-18 高鸿股份2019年9月至2020年3月的K线走势

由于高鸿股份的股价在前期经历过一波较大幅度的下跌，所以从图7-18中可以看到，在2019年9月至2020年1月进行了较长时间的整理。

在 2020 年 1 月下旬，股价突然加速下跌，但在 2 月 4 日出现一根探底大阳线后，股价便一路上扬，形成 V 形反转。对于激进的投资者而言，可以在此时逢低吸纳买入。

V 形顶是指股价经过连续急速上涨于某个价位见顶后，突然扭转了整个趋势，伴随大成交量形成十分突出的转势点，随后股价快速下跌，出现近乎垂直的急挫，从高点快速下跌到底点附近，成交量逐渐减少，整个移动轨迹类似倒立的字母"V"。

V 形顶的反转极其迅速，常常让投资者措手不及，探顶 K 线通常都有着一条长长的上影线，探出顶部。

实例分析

厦门港务（000905）V 形顶反转形态分析

图 7-19 所示为厦门港务 2020 年 4 月至 10 月的 K 线走势。

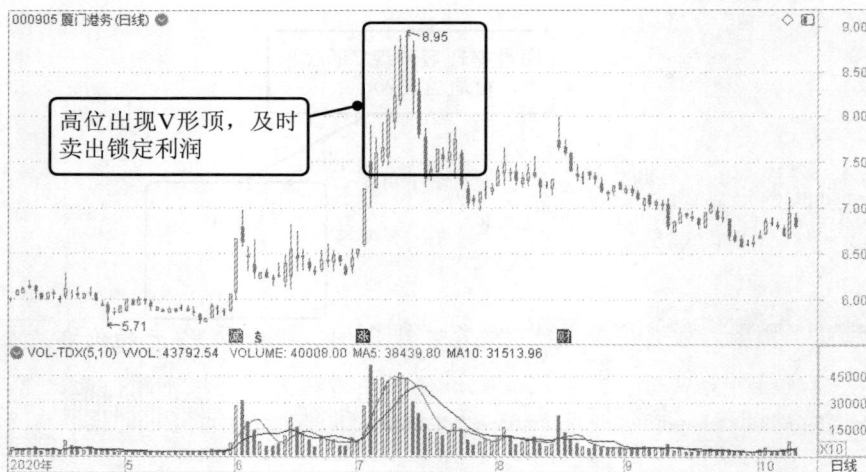

图 7-19 厦门港务 2020 年 4 月至 10 月的 K 线走势

从图 7-19 中可以看到，厦门港务的股价在前期经过很长一段时间的上涨过程，股价在 2020 年 6 月经过一次回调后，开始冲击新高，并逐步进入高价位区。随后股价收出多根大阳线，行情走势也直线上升，并于 7 月 13 日以 8.95 元的价格见顶。

见顶的后一个交易日，股价立马收出一根大阴线，跌幅达到 6.97%，后一交易日继续收出大阴线，跌幅为 5.8%，接下来股价持续走低，从而形成见顶后立马反转下跌的标准 V 形顶，后市跌势不可阻挡。

7.3.3 双重底和双重顶

双重底又称 W 底，是指股价经过大幅下跌后，又在某个价位触底后回升，一定价位后再次转向下跌，触及底部，而后股价再次回升，从而形成类似字母"W"的形态。

该形态是常见的股价见底形态，出现双重底形态后，股价放量突破颈线且回抽不破时，理论上会出现上涨行情。如果回抽到颈线附近止跌并反转上涨，则可确定双重底已经形成，股价会向上继续突破，投资者此时买入股票则比较安全。

实例分析

华菱钢铁（000932）双重底反转形态分析

图 7-20 所示为华菱钢铁 2020 年 3 月至 9 月的 K 线走势。

从图 7-20 中可以看出，华菱钢铁的股价在前期经过一段时间的横盘整理后，2020 年 6 月进入低位区。在 6 月 12 日，股价以 3.7 元的价格见底，见底后股价开始回升，然后在 4 元价位线左右的价位再次下跌，此次下跌的价位为 3.74 元，而后股价再次回升。

在突破前期回升点 4 元的价位线时，成交量明显放大，表明此次突破有效，底部形成双重底形态，突破颈线后，股价多次收出大阳线，直线上升。此时，投资者可以逢低吸纳追涨。

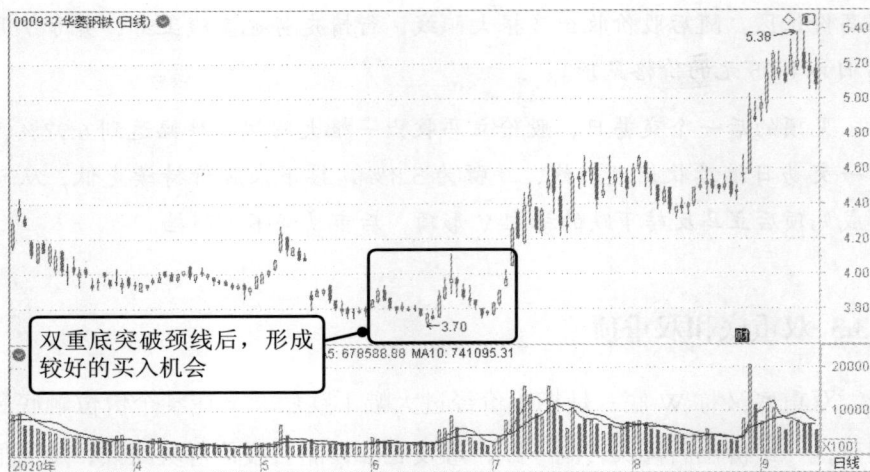

图 7-20 华菱钢铁 2020 年 3 月至 9 月的 K 线走势

双重顶又称 M 顶，是一个常见的顶部反转形态。股价在经过长时间的上涨后，在高位进入横盘过程，该过程中股价两次上涨触顶，然后开始下跌。

双顶的两个高点基本相同，两个最高点的连线称为压力线，第二个高点通常比第一个高点低。在 K 线图中出现双重顶形态后，伴随着股价放量跌破颈线时，投资者就需要及时卖出股票，从而锁定利润。

实例分析

浦发银行（600000）双重顶反转形态分析

图 7-21 所示为浦发银行 2019 年 9 月至 2020 年 3 月的 K 线走势。

从图 7-21 中可以看出，浦发银行估计该股上涨到 2019 年 10 月初后创出第一个高点（13.33 元），随后股价短暂出现回调，并再次上涨创出第二个高点（13.19 元），之后股价开始回落。

股价两次向上探出高位，价位非常接近，形成常见的双重顶形态，后市股价连续出现跳空下跌。此时，投资者为了规避股票下跌带来的风险，应及时卖出股票。

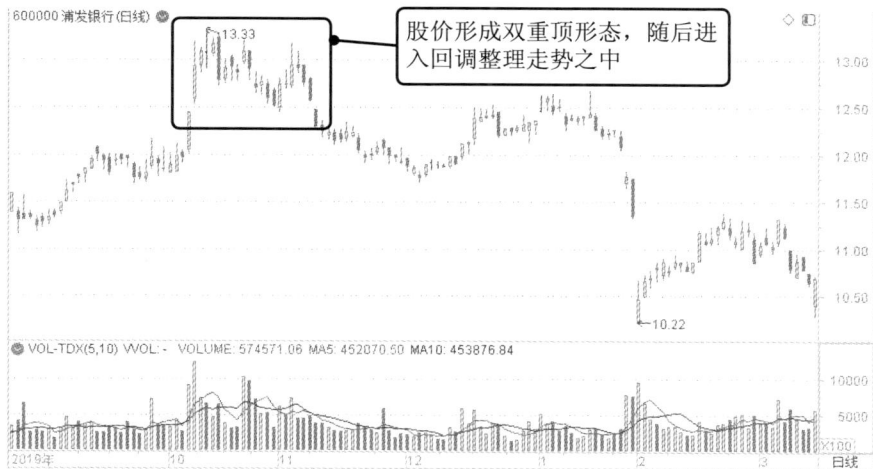

图 7-21 浦发银行 2019 年 9 月至 2020 年 3 月的 K 线走势

7.4 典型的持续整理形态及其市场意义

整理形态是指股价在回调或反弹时经常出现的形态，投资者通过对股价整理形态的分析，可以预测股价的走势情况。其中，常见的整理形态有三角形整理形态、矩形整理形态、楔形整理形态和旗形整理形态。

7.4.1 三角形整理形态

三角形整理形态是一个重要的整理形态，在实战中具有很高的操作价值。如果股价在运行过程中遇到整理走势，使股价上下震荡的幅度逐渐缩小，将震荡区域的高点和低点进行连线，呈两条相交的直线，整个区域形状如同三角形，股价突破三角形形态和进入三角形形态的走势是一致的。

　　根据形状的不同，可以将三角形整理分为上升三角形整理、下降三角形整理和对称三角形整理。其中，上升三角形出现在上涨初期或上涨途中，下降三角形出现在下跌行情中，而对称三角形在上涨行情和下跌行情中均可出现。下面以上升三角形整理为例，对三角形整理形态进行介绍。

实例分析

云铝股份（000807）上升三角形整理形态

　　图 7-22 所示为云铝股份 2020 年 3 月至 7 月的 K 线走势。

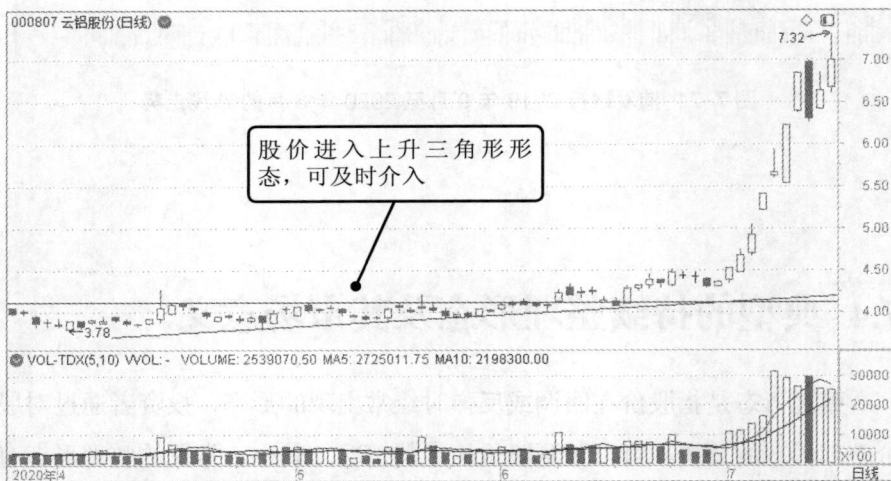

图 7-22　云铝股份 2020 年 3 月至 7 月的 K 线走势

　　从图 7-22 中可以看出，云铝股份的股价在前期经历了一段时间的下跌行情，股价从 4 月开始进入震荡走势。在震荡走势的前期，上涨与下跌的幅度较大，随着时间的推移，股价的振幅逐渐减小。

　　同时，股价上升的高点比较接近，将这些高点进行连接可以形成一条水平线，下跌低点的连线表现为向右上方倾斜，股价震荡的区域形态为上升三角形形态。6 月 8 日，股价跳空高开并收出中阳线，直接突破了上升三角形形态。此时，投资者买入该股票，后市股价延续前期的走势继续上升，将获得非常可观的收益。

7.4.2 楔形整理形态

楔形整理形态与三角形形态类似，是指股价在两条收敛的直线之间变动，不过这两条边界线为同时向上走高或向下走低。根据自身的倾斜方向，可以将楔形整理形态分为上升楔形整理形态和下降楔形整理形态两种。其中，上升楔形整理形态出现在下降行情中，向右上方倾斜；下降楔形整理形态出现在上涨行情中，向右下方倾斜。

股价突破楔形形态后，延续前期的走势。下面就以下降楔形整理形态为例，对楔形整理形态进行介绍。

实例分析

金健米业（600127）下降楔形整理形态

图 7-23 所示为金健米业 2020 年 3 月至 8 月的 K 线走势。

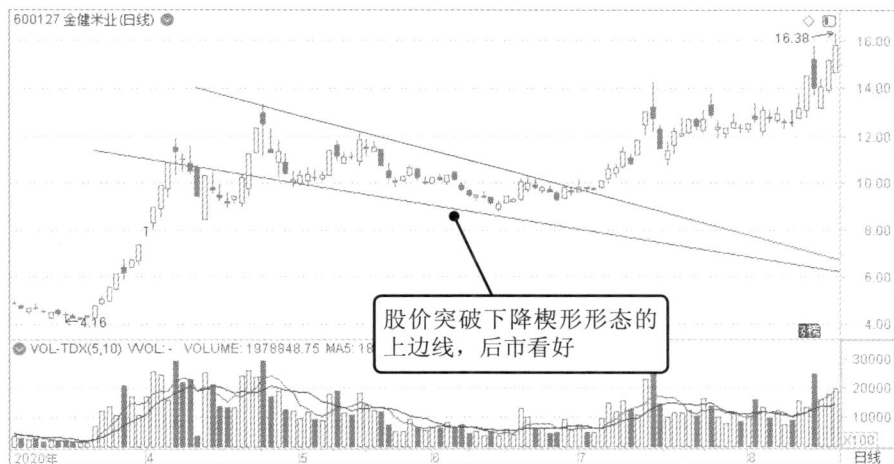

图 7-23 金健米业 2020 年 3 月至 8 月的 K 线走势

从图 7-23 中可以看到，金健米业的股价在前期经过一段时间的上涨后，于 2020 年 4 月底至 6 月底形成下降楔形整理形态，在 2020 年 7 月 1 日放量突破上边线。之后出现一个回抽动作，在 7 月 2 日回抽接近下降楔形的上边线时止跌回升。因此，此处是一个很好的买点，投资者可以适当建仓，之后股价持续上升。

7.4.3 旗形整理形态

旗形整理形态就像一面挂在旗杆顶上的旗帜，通常在急速而又大幅市场波动中出现。简而言之，旗形整理形态是指股价进入盘旋整理阶段，虽然多空双方争战激烈，却仍有一方占据上风，使行情逐步上升或下移，将其整理区域内的高点和低点连线，可得到两条互相平行的直线，但旗帜线不是水平方向，而是存在倾斜角度。

旗形整理形态可分为上升旗形整理形态和下降旗形形态，上升旗形出现在上涨行情中，旗形的形状朝右下方倾斜；下降旗形出现在下跌行情中，旗形的朝向为向右上方倾斜。下面就以上升旗形整理形态为例，对旗形整理形态进行介绍。

实例分析

重庆啤酒（600132）上升旗形整理形态

图 7-24 所示为重庆啤酒 2020 年 4 月至 10 月的 K 线走势。

从图 7-24 中可以看到，重庆啤酒的股价在前期经历了较长时间的上涨行情后，于 2020 年 7 月初进入震荡区域，使用画线工具将震荡的高点和低点连线，可以得到两条平行的向右下方倾斜的直线。由此可见，整个震荡区域呈现出典型的上升旗形整理形态。

2020 年 8 月 17 日，股价上涨突破上升旗形整理形态的上边线。此时，投资者可以择机买入该股，随后该股再次回到上涨行情中，投资者将获得非常不错的收益。

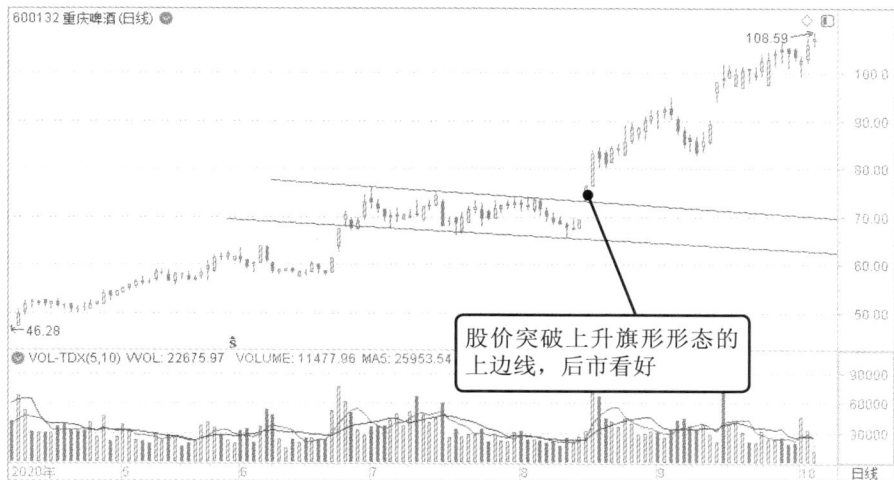

图 7-24 重庆啤酒 2020 年 4 月至 10 月的 K 线走势

7.4.4 矩形整理形态

矩形整理形态是指股价经过大幅度的波动后，出现横盘震荡走势，其高点和低点相差不大，分别以直线连接起来，可以得到两条互相平行的水平线，并且整个震荡区域呈现出矩形的形态。

根据出现的不同行情，可以将矩形整理形态分为上升矩形整理形态和下降矩形整理形态。股价在进入矩形整理形态和突破矩形整理形态后，股价的走势一致，上涨的则继续上涨，下跌的则继续下跌。下面就以下降矩形整理形态为例，对矩形整理形态进行介绍。

实例分析

乐凯胶片（600135）下降矩形整理形态

图 7-25 所示为乐凯胶片 2019 年 4 月至 10 月的 K 线走势。

从图 7-25 中可以看到，乐凯胶片的股价在前期经历一波上涨行情后，于 2019 年 4 月 15 日以 10.8 元的价格见顶。在股价短期筑顶后，即刻反转下跌，在股价连续多日收出阴线后，于 4 月 29 日进入震荡行情。使用画线工具将股价震荡的高点和低点分别用直线连接可以得出两条水平线，该震荡区域的 K 线图则表现为矩形整理形态。

8 月 6 日，股价下跌收出大阴线，直接跌破矩形整理形态，说明后市继续看跌，此时投资者应考虑抛售股票。同时，在 8 月 6 日的大阴线跌破下降矩形整理形态的下边线后，又连续出现 3 根阴线，为明显的黑三鸦卖出组合形态，投资者应在回调时坚定地卖出股票。

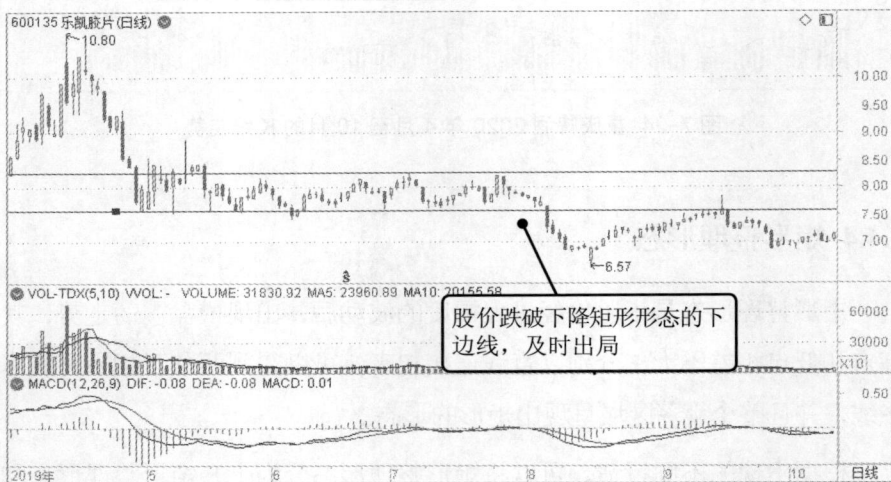

图 7-25 乐凯胶片 2019 年 4 月至 10 月的 K 线走势

第**8**章

读懂量价，预测股价运行方向

在股票市场中，成交量的作用不言而喻，它能够直接反映市场的活跃程度。而股价与成交量是紧密结合在一起的，成交量是股价变动的基础与最直接的体现，所以投资者分析量价关系在实际的炒股操作中是必不可少的过程。

成交量是什么
成交量天量
量增价升
量平价升
……

8.1 成交量基础知识准备

在股票市场中，成交量是判断股价走势的重要依据。成交量是指交易过程中股票被投资者买入、卖出的数量，通过它可以看出股市的冷热程度。因此，投资者想要在股票市场中获利，就得掌握成交量的相关基础知识。

8.1.1 成交量是什么

在股市中，成交量是供需情况的直接表现，是指一个单位时间内成交的数量，可以反映个股和整个市场总体的交易数量。其中，成交量放大，股市表现活跃，股价变动较大；成交量缩小，股市表现低迷，股价变动小。在 K 线图与分时图中，通常使用柱状线来表示成交量，如图 8-1 所示。

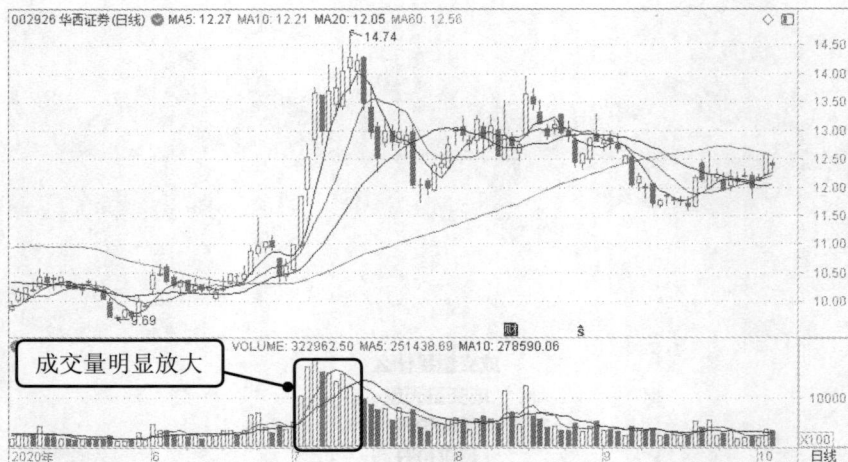

图 8-1 华西证券 K 线图中的成交量示意

从广义上来说，成交量包括成交股数、成交金额与换手率3方面的内容；从狭义上来说，成交量仅仅是指成交股数。股票只要在股市中交易，都会产生成交量，所以成交量对分析主力行为提供了重要依据，投资者应密切关注大盘或个股的成交量变化。

8.1.2 成交股数的含义

成交股数（VOL）是指在某一特定交易日内，上市交易的某只个股或大盘的成交股数，通常以"股"为基本单位，不过行情分析软件中往往以"手"为计算单位，二者之间的关系如下。

100 股 =1 手

在股市中，成交股数是比较常用的指标，日常提到的成交量实质上就是成交股数，该指标比较适用于个股成交量的纵向比较，即分析个股在交易中的放量或缩量情况。

成交股数虽然能够帮助投资者分析股票，但它存在一个很大的缺点，就是容易忽略各股票流通量大小的差别，很难精确表示成交量的活跃度。

某只股票在某个交易日中成交了 1 000 万股，对于一个流通盘为 1 亿股的股票来说，1 000 万 ÷10 000 万 =10% 的换手率明显较高；如果是对于一个流通盘为 10 亿股的股票来说，1 000 万 ÷100 000 万 =1% 的换手率就显得当日市场过于低迷。

由此可见，利用成交股数不便于对不同的股票进行横向分析，也不利于掌握主力的进场与出场情况。如果只对个股进行研究，成交股数还是比较有用的指标。

图 8-2 所示为神州数码（000034）2020 年 9 月 3 日的交易情况，其中总量显示为 867 712，即成交股数是 867 712 手（也就是 867 712×100 =86 771 200 股）。

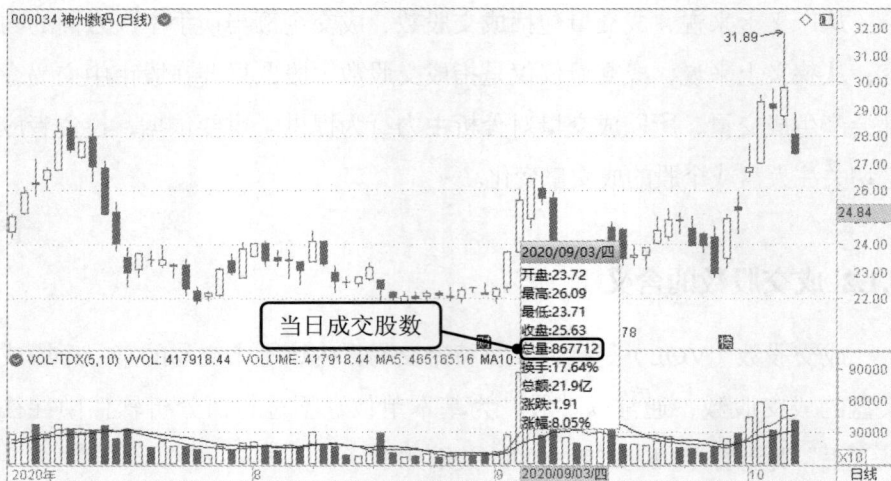

图 8-2 神州数码 2020 年 9 月 3 日成交股数示意

8.1.3 成交金额的内容

成交金额（AMO）是指在某一特定交易日内，上市交易的某只股票或大盘的成交金额，通常所说的"两市大盘多少亿"的成交量就是指成交金额，其基本单位是"元"，而在行情分析软件上通常以"万元"为统计单位。

在股市中，成交金额显示主力资金的流向以及投入市场的资金总量，可以直接反映出即时参与市场交易的资金量情况。在分析大盘时，常常会使用该指标，因为成交金额可以使大盘成交量的研判具有纵向可比性。

在股价变动幅度很大时，由于个股成交股数或换手率很难反映出主力资金的进出情况，而通过成交金额则可以比较明显地反映出来。由此可见，成交股数不利于同时对多只股票进行分析，但成交金额则可以弥补这个缺陷。

图 8-3 所示为华联控股（000036）2020 年 8 月 6 日的交易情况，其中总额显示"1.86 亿"，即当日成交金额为 1.86 亿元。

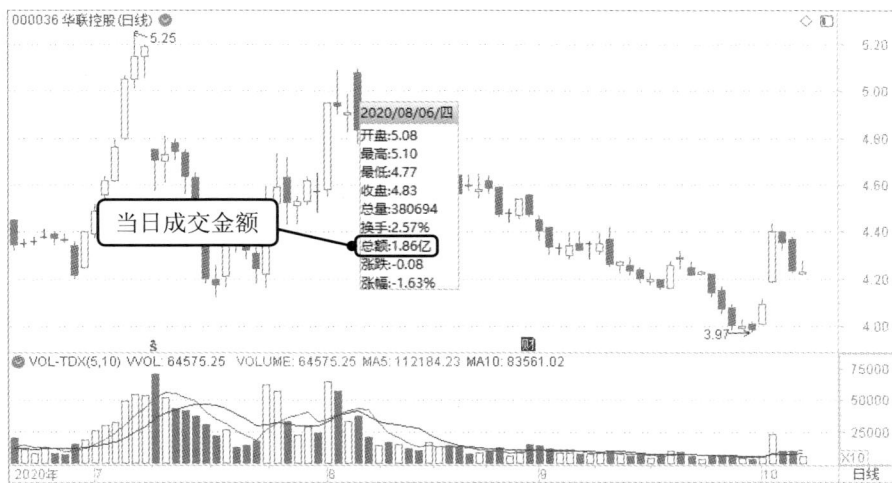

图 8-3 华联控股 2020 年 8 月 6 日交易金额示意

8.1.4 什么是换手率

换手率（TUN），也称周转率，是指在一定时间内市场中股票转手买卖的频率，是反映股票流通性强弱的指标之一，投资者可将其作为看图时长期固定使用的指标。

在众多的技术分析工具中，换手率指标是反映市场买卖活跃程度最重要的技术指标之一。投资者通过该指标可以对个股进行横向比较，从而比较客观地找到放量与缩量的比值，并准确掌握个股的活跃程度，估算出主力进货或拉升阶段的控筹量。

通常情况下，股票的换手率越高，则该只股票的买卖越活跃，投资者买入该只股票的意愿越高，属于热门股；反之，股票的换手率越低，则表明该只股票缺少关注，属于冷门股。

在行情分析软件中，可以通过涨幅数据下方的窗口查看即时换手率数据，图 8-4 所示为上港集团（600018）2020 年 10 月 16 日的换手率数据。

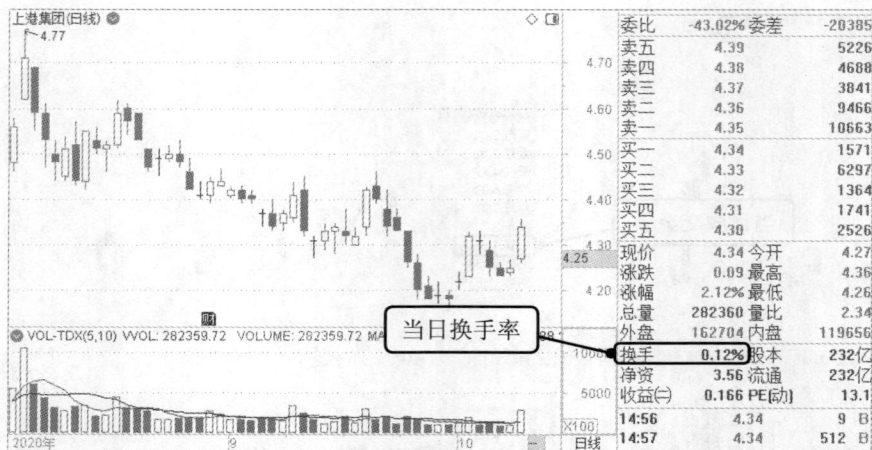

图 8-4 上港集团 2020 年 10 月 16 日的换手率数据

一般情况下，大多数股票每日的换手率在 1% ~ 2.5%（不含刚上市的股票），由于 70% 的股票的换手率基本在 3% 以下，所以 3% 就成为一个分界。当股票的换手率在 3% ~ 7% 时，则表明该股处于相对活跃的状态；当股票的换手率在 7% ~ 10% 时，则表明该股处于相对强势的状态，处于高度活跃当中；当股票的换手率在 10% ~ 15%，可以判断其有大庄在密切操作；当股票的换手率超过 15% 时，且持续多日，则该股很有可能成为最近的大黑马。

8.2 成交量的基本形态

股票投资者想要获得稳定的收益，离不开技术分析，而技术分析中成交量的判断又极为重要。市场中买卖的热度决定了成交量的多少，若市场买卖热烈，成交量会放大；反之，成交量会缩小。根据不同的划分方法，可以将成交量划分为不同的形态。

8.2.1 按成交量的情况划分

按照成交量的具体情况可以将成交量划分为缩量、放量、堆量和量不规则性放大缩小 4 种类型。

1. 缩量

缩量是指市场买卖不太活跃，大部分人对市场后期走势十分认同，意见十分一致，导致成交量持续萎缩，股票交易十分冷清，如图 8-5 所示。

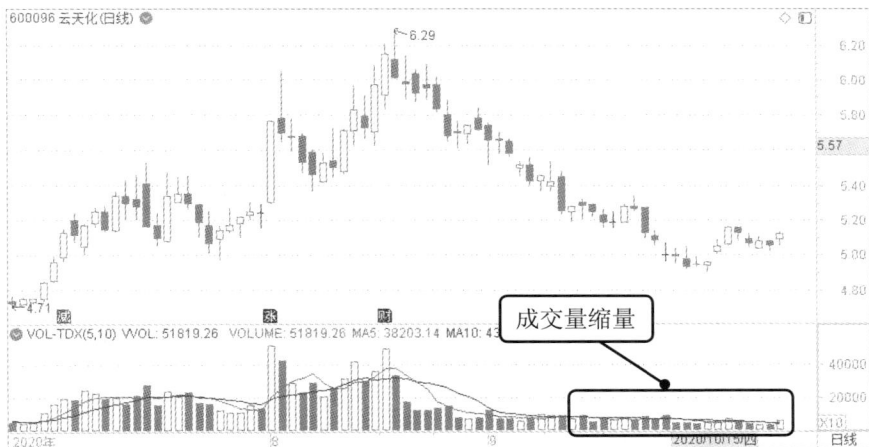

图 8-5 成交量缩量形态

成交量的缩量情况，主要有以下两种表现。

◆ 投资者十分看淡后市，出现只有人卖没有人买的情况，导致成交量急剧缩量。

◆ 投资者都对后市十分看好，出现只有人买没有人卖的情况，导致成交量急剧缩量。

通常情况下，缩量发生在趋势的中期，投资者对后市走势十分认同。如果是下跌缩量，投资者应坚决出局，等缩量达到相应程度，开始放量上攻时再介入；如果是上涨缩量，投资者可以直接买入，获利后等股价上冲乏力，并有巨量放出时，则可以及时卖出。

2. 放量

放量是成交量放大的情况，通常出现在市场趋势发生转折的转折点处。此时，市场各方力量对后市走势的分歧逐渐增大，一部分投资者坚决看空后市，纷纷抛售股票；另一部分投资者却坚决看好后市，大手笔吸入股票。由此造成成交量放大，股市异常活跃的局面，如图8-6所示。

不过，放量是相对于缩量而言，存在较大的虚假成分。例如，主力利用手中的筹码大手笔对敲形成天量，所以投资者要学会识别真假放量。

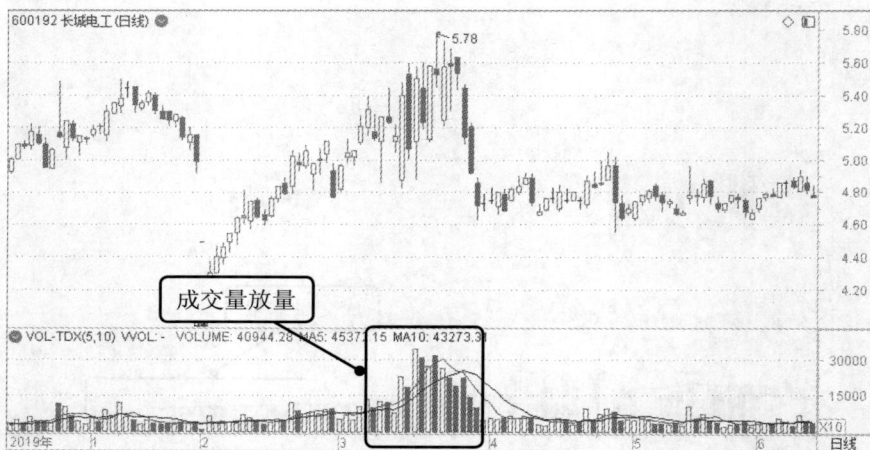

图8-6 成交量放量形态

3. 堆量

堆量是指成交量逐渐放大，形状类似于土堆，如图8-7所示。

当主力意欲拉升时，通常会把成交量做得比较漂亮，一段时间内，成交量缓慢放大，股价慢慢推高，在K线图上形成一个状似土堆的形态，堆得越漂亮，越容易产生大行情。反之，在高位出现堆量，则表明主力极可能准备出局，此时投资者应该坚决退出，切忌幻想会有巨额利润获取。

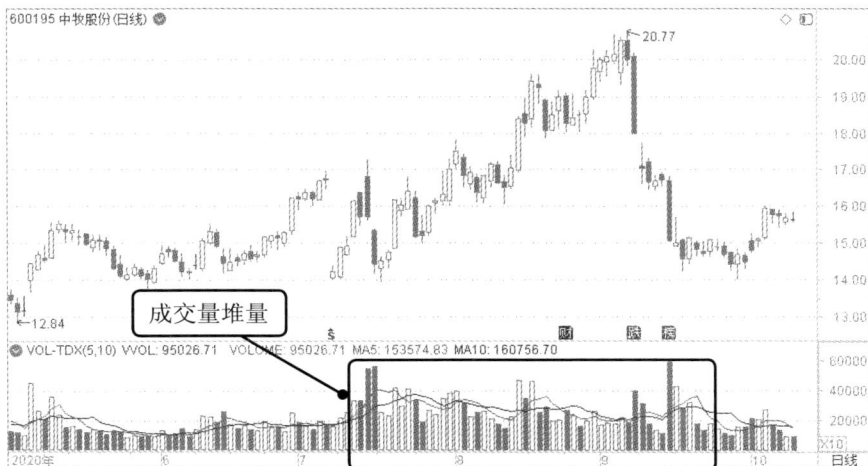

图 8-7 成交量堆量形态

4. 量不规则性放大缩小

量不规则性放大或缩小是指成交量突然放大或突然缩小，如在缩量阶段出现成交量突然大幅上涨的情况，如图 8-8 所示。

图 8-8 成交量不规则性放大缩小形态

出现量不规则性放大或缩小，通常没有突发利好或在大盘基本稳定的前提下，因资金主力比较急躁，希望能快速引起投资者的注意，风平浪静时突然放出巨量以便出货，投资者要特别注意。

8.2.2 按成交量的记录时间划分

按照成交量的记录时间可以将成交量划分为两种类型，即分时成交量和日、周、月、季、年成交量。

1. 分时成交量

分时成交量是指个股即时的成交数量，主要分为每分钟成交量、5分钟成交量、15分钟成交量、30分钟成交量和60分钟成交量。每分钟成交量是指在1分钟时间内的成交量，即在2分钟时间内每笔成交的股数总和，可以在"分时图"和"成交明细"表中查看；其他4种成交量，分别为5分钟、15分钟、30分钟和60分钟内成交量的总和，都可以通过K线图下方的成交量栏中的红绿柱线进行观察，5分钟成交量如图8-9所示。

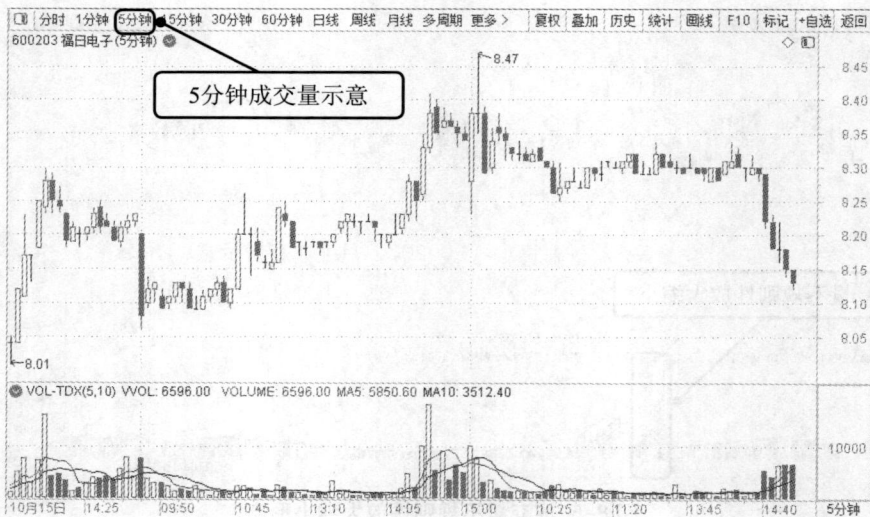

图 8-9 福田电子（600203）5分钟成交量示意

2. 日、周、月、季、年成交量

日、周、月、季、年成交量是指一个交易日、一个交易周、一个交易月、一个交易季或一个交易年累计成交量的总和，可以分别在 K 线图的成交量栏中的红绿柱线和"日线报表""周线报表""月线报表""季线报表"及"年线报表"中查阅。

通过周量、月量、季量和年量的增减变化，能准确地判断中长期的未来走势，在选择短线买点或卖点时，日量、周量和月量是不可缺少的重要参考指标，月度成交量如图 8-10 所示。

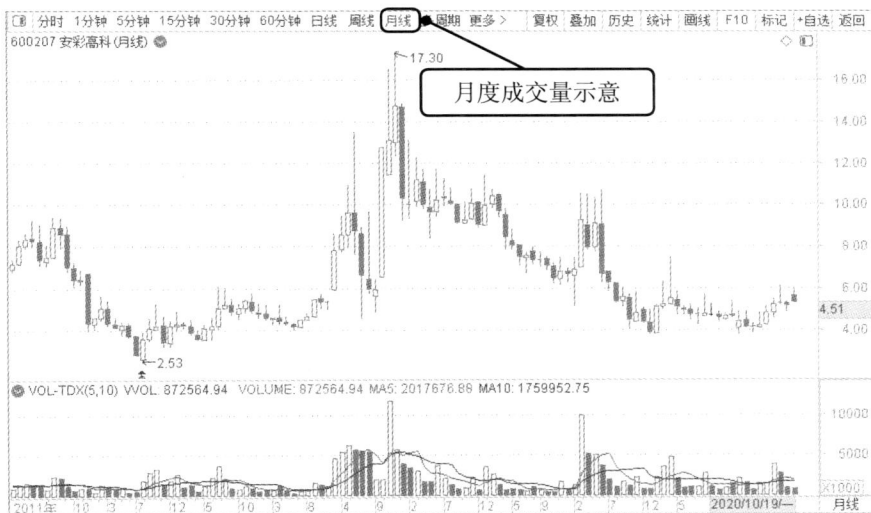

图 8-10 安彩高科（600207）月度成交量示意

8.3 成交量的天量和地量

相对于常规形态而言，成交量还具有两种特殊形态，即成交量天量与成交量地量。天量与地量对股价的分析具有十分重要的意义，成交量是最不会"骗人"的指标，天量和地量的出现，对投资者的操作有很强的指导意义，也被很多投资者作为判断股价见顶和见底的重要手段。

8.3.1 成交量天量

股价在上涨过程中，成交量快速放大，大幅超过前期的成交量，至少超过上个交易日的两倍，甚至是多倍，此时的巨大成交量就称为"天量"，图 8-11 所示为东方创业（600278）在 2020 年 3 月 9 日出现天量。

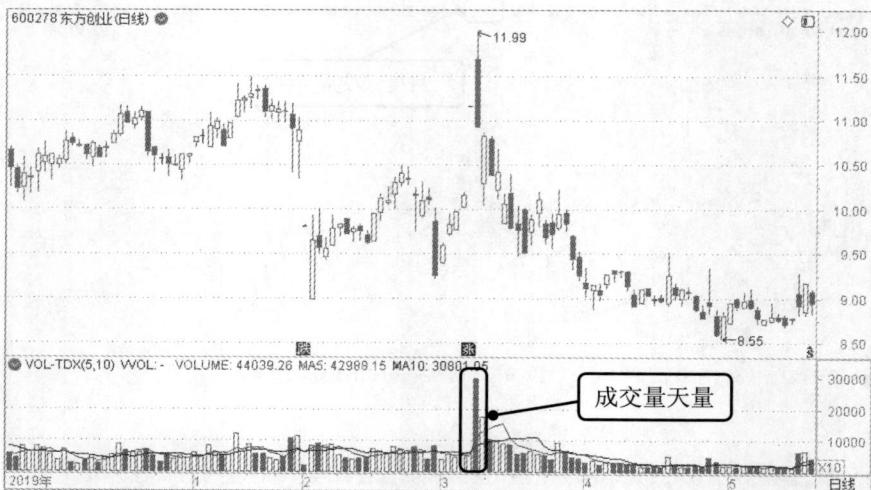

图 8-11 东方创业在 2020 年 3 月 9 日出现天量

天量出现在不同的位置，代表不同的含义，其具体有以下两种情况。

◆ 如果股价上涨到一定程度后出现天量，则代表着股价可能见顶，所以有"天量见天价"的说法。因此，在股价上涨了很大幅度之后，一旦出现天量，可能是主力在高位放量出货，预示股价见顶，随时可能转头下跌，投资者应果断出局，逃离风险。

◆ 如果股价在低位区域时出现天量，而后面几个交易日都没有向下破掉天量低点，且股价超过前期高点，投资者则可以考虑买入该股。因为在股价底部的天量，大概率是主力为了洗盘而通过对敲手法故意为之，目的是清洗掉盘面的浮筹，为后期的拉升做准备。

8.3.2 成交量地量

成交量地量与成交量天量相对应，天量是成交量异常放大，那么地量就是成交量异常萎缩，而且还具有一定的持续性，当成交量萎缩到不能再低的地步时，就会出现地量，常常有"地量见地价"的说法。地量往往出现在下跌行情快结束时，是市场走势出现反转的一个重要信号。

图8-12所示为天房发展（600322）2020年2月至10月的K线走势，在5月时，成交量出现了比较明显的地量形态。

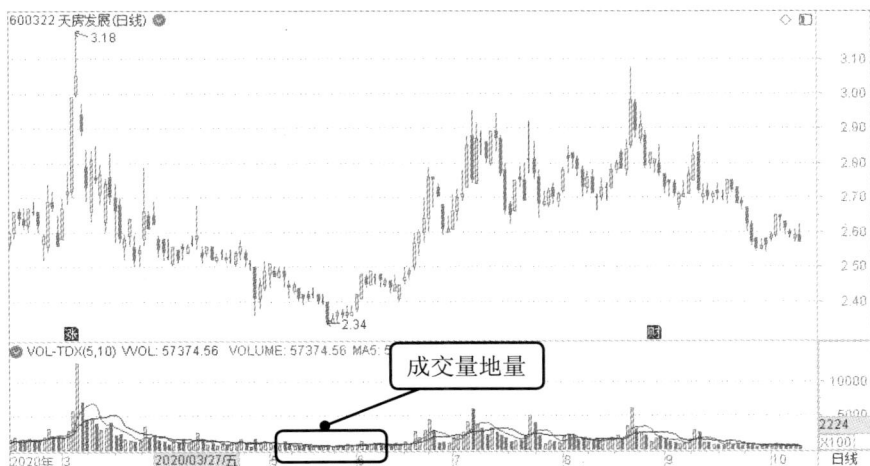

图8-12 天房发展2020年5月出现成交量地量

通常地量出现在股价大幅度下跌之后，买卖双方丧失了投资信心，持股者经过恐慌性的抛售后，卖完了手中持股，场外投资者也不愿进场，从而导致成交量异常低迷，并最终出现地量。这时往往是中长线投资者进场的时机，若是结合其他基本面、技术面一起分析，则能够获得不错的收益。

8.4 常见量价关系实战分析

成交量与股价变动的关系，简称为量价关系。股价伴随着成交量的变动而变动，主要可以分为 8 种形态，即量增价升、量增价平、量增价跌、量平价升、量平价跌、量缩价升、量缩价平和量缩价跌。投资者可以通过量价关系来预测股价的走势，从而做出正确的投资操作，把握买卖时机。

8.4.1 量增价升

量增价升即放量上涨，是指股价随着成交量的放大而上涨的量价配合现象。这意味着多空双方意见发生较大的分歧，但多方仍占上风。

股价处于阶段性底部时，量增价升通常是多方开始进攻，看好后期走势的表现。由于主力急需筹码而散户不看好后市，在股价上涨的情况下，中间伴随着"洗筹"的过程，散户急于交出筹码，从而出现成交量放大且股价随之上涨的情况。

股价处于阶段性顶部时，量增价升常常是主力对敲出货的前兆。股价在高位运行时，主力手中有大量的筹码，着急抛单，而散户很难"吃下"这些筹码必然会导致股价下跌。可这种情况并没有发生，而股价却在上涨，所以明显是主力在对敲拉升。

因此，量增价升的最好状态是位于低位的股价随着成交量的放大而上涨，从而吸引更多的投资者关注，成交量进一步上涨，股价步步高升。

实例分析

航发科技（600391）量增价升分析

图 8-13 所示为航发科技 2020 年 2 月至 8 月的 K 线走势。

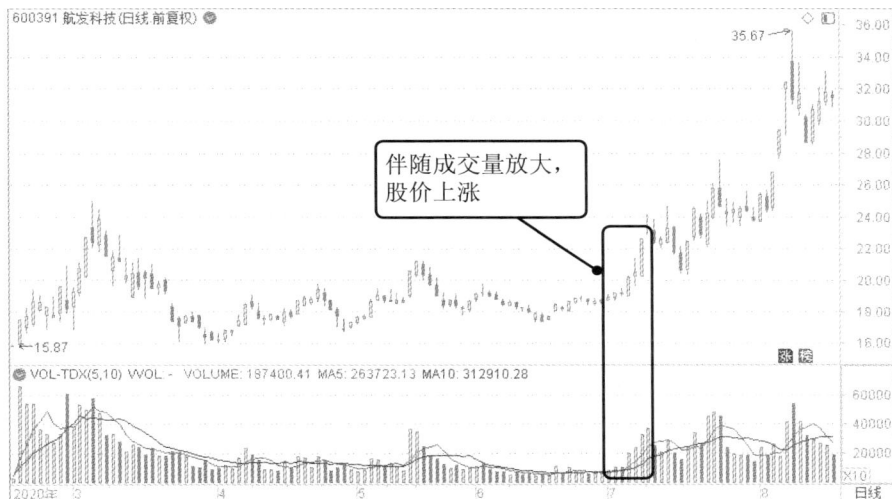

图 8-13 航发科技 2020 年 2 月至 8 月的 K 线走势

从图 8-13 中可以看到，航发科技的股价在前期经历了一段时间的回调整理，于 2020 年 6 月下旬止跌，随后成交量开始放大，股价也企稳回升。

也就是说，股价随着成交量的放大而上涨，在该过程中量价配合具有较好的状态，后市走出一波稳定的上涨行情。股价在 7 月中旬进行短暂回调整理后，由 20.34 元上冲到 35.67 元的高价。

8.4.2 量增价平

量增价平是指在成交量放大的情况下，股价却没有上涨，而是维持在一定价位区间内水平波动的量价配合现象。也就是说，多空双方意见分歧较大，没有出现绝对的控盘情况，该类现象主要出现在横盘震荡阶段。

量增价平通常出现在两个阶段：一是股价低位区，主力为了尽量能在低价位吸筹，采用各种操作方法使股价保持平衡；二是在股价高位区，主力为了确保顺利出货，会使股价在高位横盘。

实例分析

杭萧钢构（600477）量增价平分析

图 8-14 所示为杭萧钢构 2020 年 4 月至 8 月的 K 线走势。

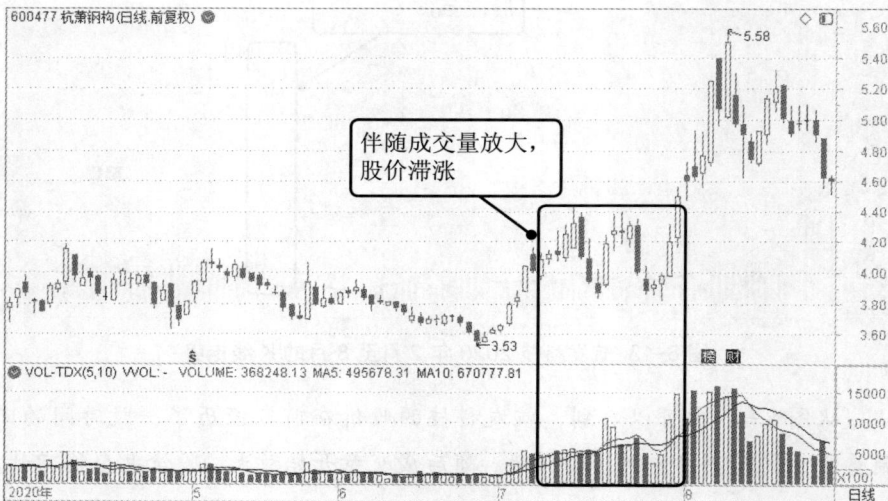

图 8-14 杭萧钢构 2020 年 4 月至 8 月的 K 线走势

从图 8-14 中可以看到，杭萧钢构的股价在 2020 年 4 月开始进入横盘整理走势，股价始终在 3.4 元附近波动。在 6 月下旬，股价连续收出多根阳线，突破了当前的整理区域。

不过，7 月又开始进入新的横盘整理走势，此阶段的成交量出现了明显的放量，从而形成低位行情中的量增价平组合，后市可以看多。投资者可以在股价放量突破盘整区域时，适量买入该股持股待涨。从后期的走势来看，股价将有一波上涨行情。

8.4.3 量增价跌

量增价跌是指随着成交量的放大，股价出现不涨反跌的量价配合现象，意味着多空双方意见发生较大的分歧，显示出空头占据上风。

出现量增价跌的原因主要有两种：一是在下跌行情中，随着股价见顶，主力出货的意图比较明显，当股价到达顶点时，也是出货的最高峰，此时股价会急剧下跌，成交量也会放大；二是在上涨行情中，随着股价的上升，主力会主动对股价进行回调整理，清洗持股不坚定的投资者。

实例分析

贵航股份（600523）量增价跌分析

图 8-15 所示为贵航股份 2019 年 7 月至 11 月的 K 线走势。

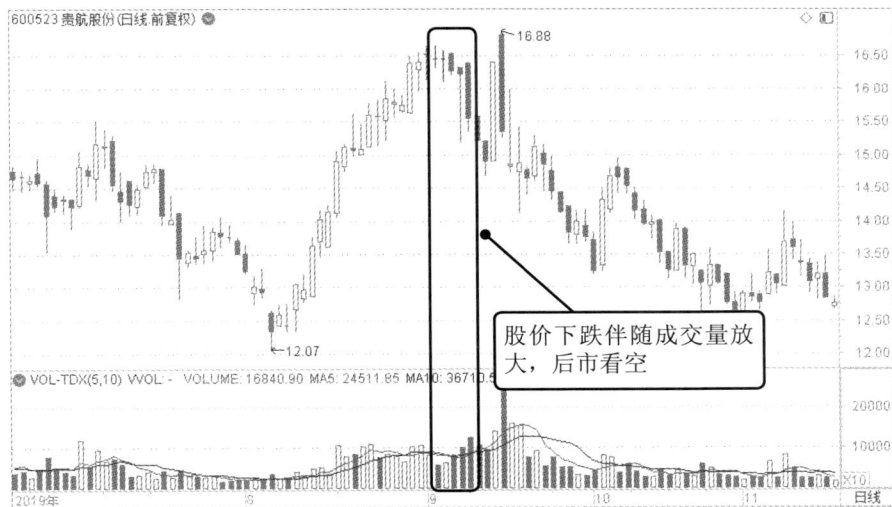

图 8-15 贵航股份 2019 年 7 月至 11 月的 K 线走势

从图 8-15 中可以看到，贵航股份的股价在 2019 年 8 月运行到一个阶段性的高位后，开始出现下跌，而成交量相对于前期而言，出现了明显的放量且逐步增加，K 线图走出了量增价跌组合。

此时，说明市场做空气氛浓烈，股市后期看跌，股价已经见顶，主力出货的意图比较明显，下跌行情即将来临，投资者应该卖出手中持有的股票，主动规避风险。

8.4.4 量平价升

量平价升是指在股价上涨的过程中，成交量基本保持在一定水平波动的量价配合现象。通常情况下，量平价升现象说明市场处于多头主导地位，成交量处于均衡状态，原来的趋势将继续维持。

在股票技术分析理论中，量平价升是持续的买入信号。当股价处于上涨行情中，持续量平表示主力控盘较好，只要成交量未出现异动，走势就比较平稳，投资者可以拿住手中的筹码，持股待涨。也就是说，量平价升现象不是股票的买入信号，而是持股待涨的信号。

实例分析

重庆啤酒（600132）量平价升分析

图 8-16 所示为重庆啤酒 2020 年 4 月至 10 月的 K 线走势。

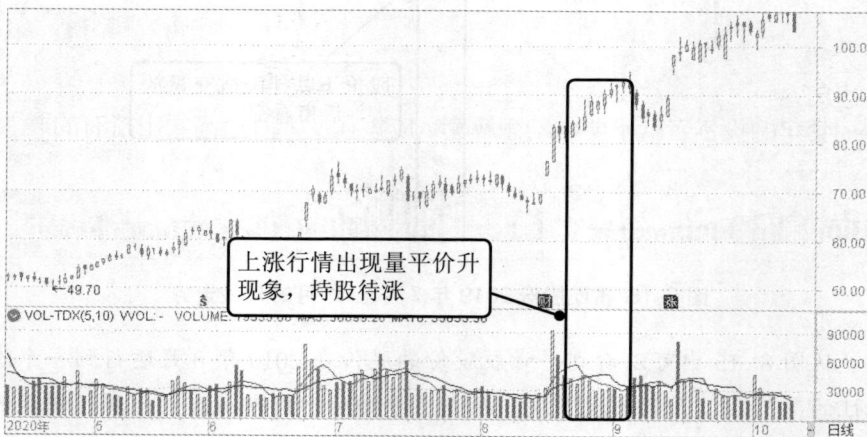

图 8-16 重庆啤酒 2020 年 4 月至 10 月的 K 线走势

从图 8-16 中可以看到，重庆啤酒的股价经过前期上涨后运行到相应的高位区，持续创出新高。随后，在 2020 年 8 月下旬出现量平价升的量价配合现象，表示追高买盘力度已经减弱，可能出现滞涨下跌或回调整理的走势。

此时，投资者应避免追高，但可以继续持有手中的股票，待回调整理完成后，股价将回到上涨行情中。

小贴士 *量平价升走势的持续时间*

其实，量平价升现象的走势持续时间不宜太短或太长。通常情况下，在 2 ~ 3 天时间段发出的信号有效性比较弱，在 5 ~ 8 天时间段发出的信号最强，若持续时间超过 10 天发出的信号将逐渐减弱。

8.4.5 量平价跌

量平价跌是指在成交量相对稳定的情况下，股价出现下跌的量价配合现象。量平价跌是典型的卖出信号，是空头行情的延续，当成交量持平，但股价持续下跌，说明卖方的动能没有得到释放，很有可能继续之前的下跌走势。尽管在下跌过程中会出现反弹，但反弹的力度很弱，难以改变当前的局势。

因此，一旦出现成交量保持稳定，而股价不断下跌的量价配合现象时，前期套牢的投资者就不要再幻想解套，应该在反弹时逢高卖出持有的股票，降低风险，减少损失。

实例分析

*ST 交昂（600530）量平价跌分析

图 8-17 所示为 *ST 交昂 2019 年 2 月至 6 月的 K 线走势。

从图 8-17 中可以看到，*ST 交昂的股价在前期经历过大幅上涨后，于 2020 年 2 月 6 日运行到阶段性的高位，创出 4.53 元的新高。随后股价开始震荡下跌，并在 3 月中旬加速下跌，而成交量变化不大，几乎处于同一水平。

此时，主力出货明显，投资者应果断抛售离场，锁定利润。如果投资者此时没有卖出手中的持股，到 5 月时将损失惨重。

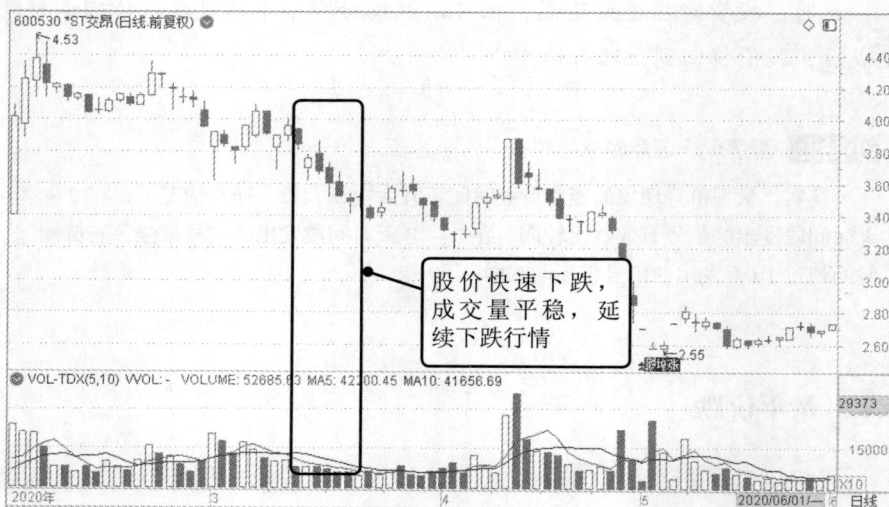

图 8-17 *ST 交昂 2020 年 2 月至 6 月的 K 线走势

8.4.6 量缩价升

量缩价升是指在股价的发展过程中，出现成交量不断减少，股价却在不断上涨的量价配合现象，属于典型的背离现象。该形态在上涨行情和下跌行情中都会出现。

在上涨行情中，随着股价的上涨，持股的投资者对股价后期的走势充满信心，抛售股票的人数较少，且主力控盘度很高，所以成交量比前期减少了很多；在下跌行情中，股价经过短期内的大幅度下跌后，主力没来得及全部出货，为了获取最大的收益，会利用少量的资金再次将股价拉高，造成行情反转的假象，引诱散户进场，从而达到再次出货的目的，这是非常危险的走势，投资者应该逢高卖出，谨慎做多。

实例分析

中新药业（600329）量缩价升分析

图 8-18 所示为中新药业 2020 年 4 月至 10 月的 K 线走势。

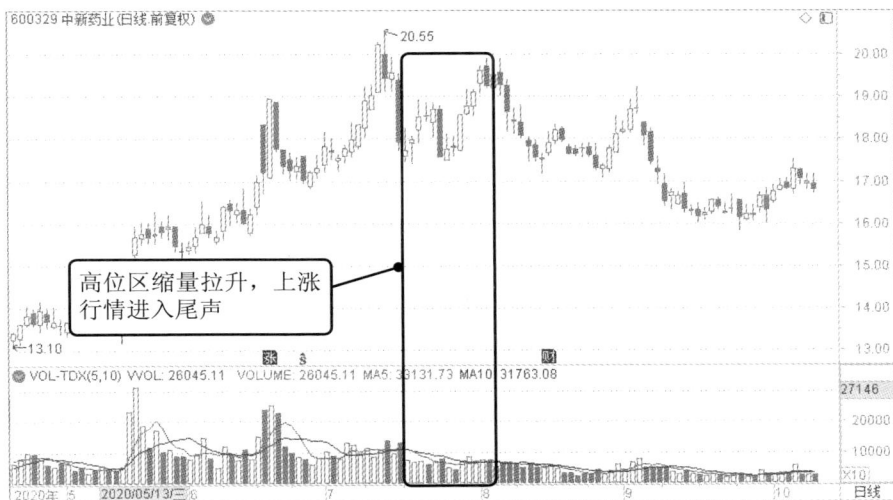

图 8-18 中新药业 2020 年 4 月至 10 月的 K 线走势

从图 8-18 中可以看出，中新药业的股价于 2020 年 3 月至 6 月中旬都处于不断上涨的行情中，并在 6 月 17 日达到阶段性高位 18.95 元。随后，股价开始回调整理，并于 6 月 29 日完成整理回到上涨行情中。不过，此次上涨并没有成交量的配合，成交量出现了不断萎缩的现象，形成了典型的高位量缩价升形态。

这主要是因为股价相对于前期的价位，已经处于高价位区域，出现量缩价升现象，表明盘中持股稳定，特别是回调后，持股者更加坚定持股，且主力高度控盘，所以盘中成交量没有持续放大，但股价依旧上涨。

不过，这种量价背离现象并不会长久持续，随着股价继续上涨，持股者会陆续抛售，主力也显示出出货的意图。因此，在高位区域缺乏成交量的配合，股价的上涨行情将难以继续，是非常明显的行情反转信号，投资者需要谨慎对待，做好出局的打算。

8.4.7 量缩价平

量缩价平是指成交量出现萎缩，而股价基本维持不变的量价配合现象。此类情形的出现，大多数是主力横盘洗筹以寻求股价支撑位。不过，在股价处于高位且出现明显的震荡通道，成交量缩小，往往是主力出货的征兆。

当股价处于阶段性底部时，表示股价可能还会继续往下探底，或者成交量已经见底将有机会使行情反转。如果出现股价止跌现象，反弹初期呈现量缩价平现象，说明股价涨势尚未确立，多头会想办法补足成交量后开始上攻，不然上涨力度不会太大；当股价处于上升阶段时，主力通常会在合适的支撑位置以量缩价平形态测试支撑位，支撑位测试常常以均线为主。

实例分析

中油工程（600339）量缩价平分析

图 8-19 所示为中油工程 2019 年 2 月至 8 月的 K 线走势。

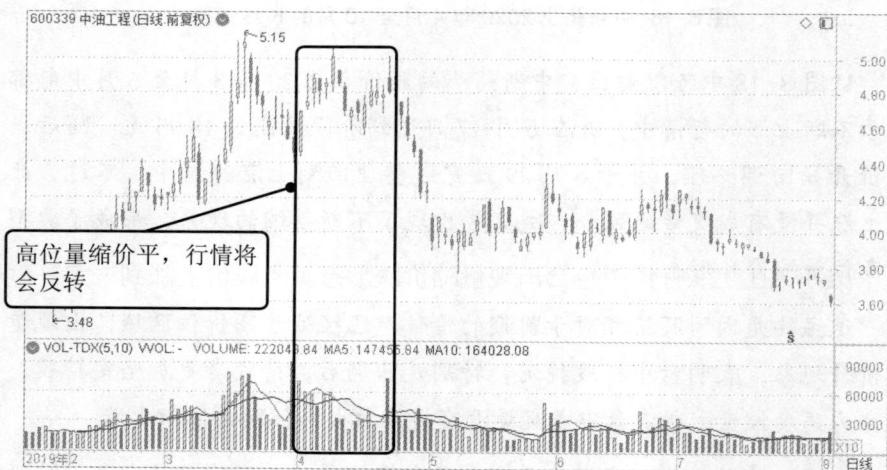

图 8-19 中油工程 2019 年 2 月至 8 月的 K 线走势

从图 8-19 中可以看到，中油工程的股价在 2019 年 3 月中旬上涨到阶段性高位后，出现横盘整理走势，股价始终在 4.6 元附近波动。同时，成交量逐渐减少，从而在高价区域形成典型的量缩价平走势，往往是主力利用平台整理来出货，后市行情将出现反转。

因此，后市应该看空，投资者需要在股价缩量跌破盘整区域时，尽快卖出手中持有的股票，从而躲避风险。从后期的走势来看，股价已经进入下跌行情。

小贴士 *股价底部缩量横盘操盘技巧*

如果股价在底部缩量横盘时，投资者切忌急于买入股票，应等待股价向上突破横盘区域并创出新高，配合成交量放大并突破35日均量线（行情进入上涨行情）之后，再考虑介入。

8.4.8 量缩价跌

量缩价跌又称价跌量减，是指随着成交量的缩小，股价出现下跌走势的量价配合现象。

通常情况下，量缩价跌形态出现在股价下跌的中后期，盘中还有一些残余的量能释放，而股价随着量能的释放而下跌。量缩价跌代表股价与量能的方向同步，买方量能减弱且人气涣散，做多的投资者暂时不宜介入，最好等待下跌趋势改变后再考虑买入。

另外，在上涨行情中也会出现量缩价跌形态。当股价上涨到一定高度时，市场的成交量开始减少，股价也出现小幅下跌，这与上涨行情中的量增价跌一样，是主力对前期行情的一个主动调整过程，投资者应引起重视。

实例分析

*ST 联合（600358）量缩价跌分析

图 8-20 所示为 *ST 联合 2020 年 5 月至 9 月的 K 线走势。

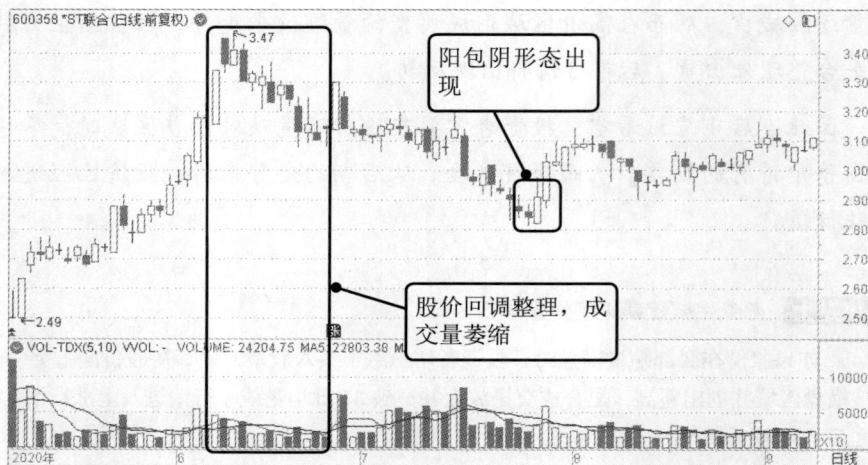

图 8-20 *ST 联合 2020 年 5 月至 9 月的 K 线走势

从图 8-20 中可以看到，*ST 联合的股价在 2020 年 5 月下旬至 6 月上旬运行到一个阶段性的高位后，开始出现下跌，随后放量反弹。但是短短几个交易日后，股价继续回落下跌，此时的成交量相对于前期而言，出现了明显的缩量且逐步减少，配合下跌的股价为明显的量缩价跌现象。

此时，股价的后期走势并不明朗，投资者不要着急介入，应谨慎分析，持币观望才是比较安全的操作策略，耐心等待下跌趋势反转。

在 2020 年 7 月下旬，出现了明显的阳包阴形态，说明市场做多氛围开始上升，投资者可适当买入该股票。

第 **9** 章

顺势而为，把握股市变化趋势

　　股票市场价格运动的方向就是股价趋势。找准趋势，顺势而为，即在股价上升趋势中做多，在下降趋势中做空，这样可以帮助股民赚取更多的收益，避免遭受不必要的损失。因此，每一位股民都有必要把握股市中的趋势变化。

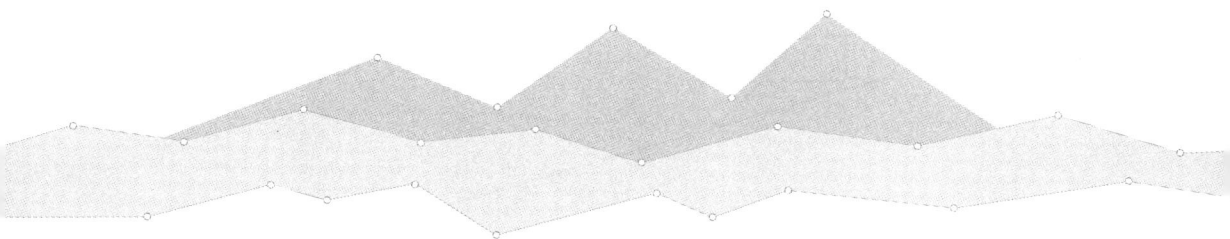

股价总在趋势中发展
趋势的类型
趋势线的绘制方法
趋势线的支撑和压力作用
......

9.1 趋势理论基础必知

很多股民认为股价的波动总是随机的、不可预测的，实际却不然。细心的股民仔细观察股价运行走势可以发现，股价总是沿着一定的方向波动，这就是趋势。掌握股价运行趋势可以帮助股民更好地进行股市淘金。了解趋势的第一步需要从其基础理论知识入手。

9.1.1 股价总在趋势中发展

趋势理论中指出，一旦市场形成了上升或下降趋势后，股价就将沿着上升或下降的方向运行。图 9-1 所示为上证指数沿着下降趋势线的方向运行。

图 9-1 上证指数沿着下降趋势线运行

一旦某种趋势形成后，很难在短期内发生改变，所以个股总是会沿着某一趋势方向运行。即便发生趋势转变，很快也会形成新的趋势，使得股价在新的趋势下继续运行。因此，股民如何精准地找到股价运行趋势非常重要。

9.1.2 趋势的类型

趋势按照不同的方式可以分为不同的类型，比较常见的有两种划分方式，具体介绍如下。

1. 道氏理论

按照道氏理论的分类，可以将趋势分为 3 个类型，分别是主要趋势、次要趋势和短暂趋势。

◆ 主要趋势是指趋势的主要运行方向，也是股价波动的大方向，持续时间较长，所以是投资者需要重点抓住的趋势类型。

◆ 次要趋势是主要趋势过程中进行的调整，因为次级趋势经常与基本趋势的运动方向相反，并对其产生一定的牵制作用，因而也称其为股价的修正趋势。

◆ 短暂趋势是在次要趋势中进行的调整，短暂趋势与次要趋势的关系就如同次要趋势与主要趋势一样。短暂趋势持续时间较短，往往在几个交易日内形成。

这 3 种类型的趋势最大的区别在于时间的长短和波动幅度的大小。其中，主要趋势持续时间最长，波动幅度最大。

2. 趋势运行方向

根据趋势运行的方向，可以将趋势划分为上升趋势、下降趋势和水平趋势。

如果在股价运行过程中后面的波峰和波谷比前面的波峰和波谷要高，也就是一底比一底高，这时的趋势就是上升趋势，如图 9-2 所示。

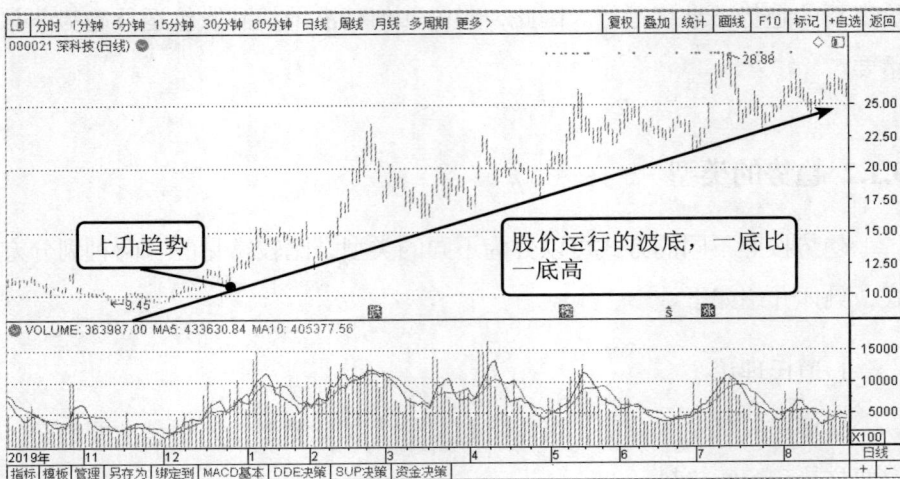

图 9-2 上升趋势

如果在股价运行过程中后面的波峰和波谷比前面的波峰和波谷要低，也就是一顶比一顶低，这时的趋势就是下降趋势，如图 9-3 所示。

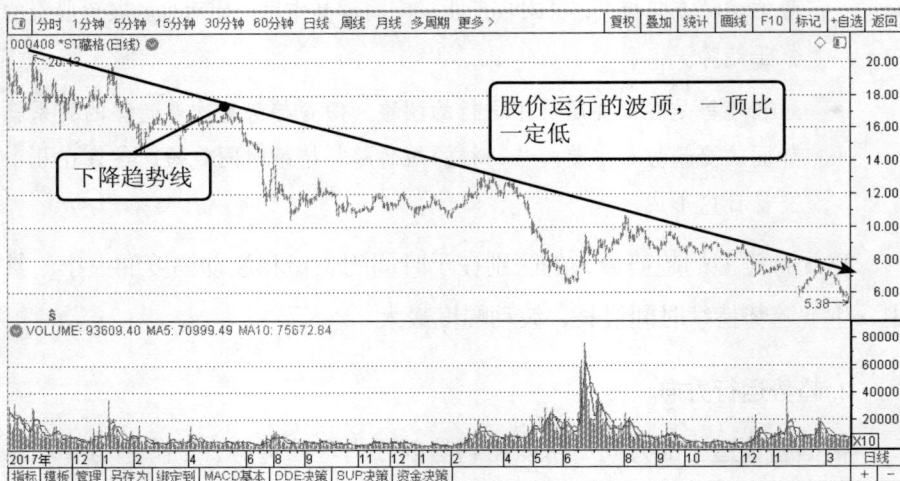

图 9-3 下降趋势

如果在股价运行过程中后面的波峰和波谷与前面的波峰和波谷相比没有明显的高低之分，大致上表现为水平延伸，这时的趋势就是水平趋势，如图9-4所示。

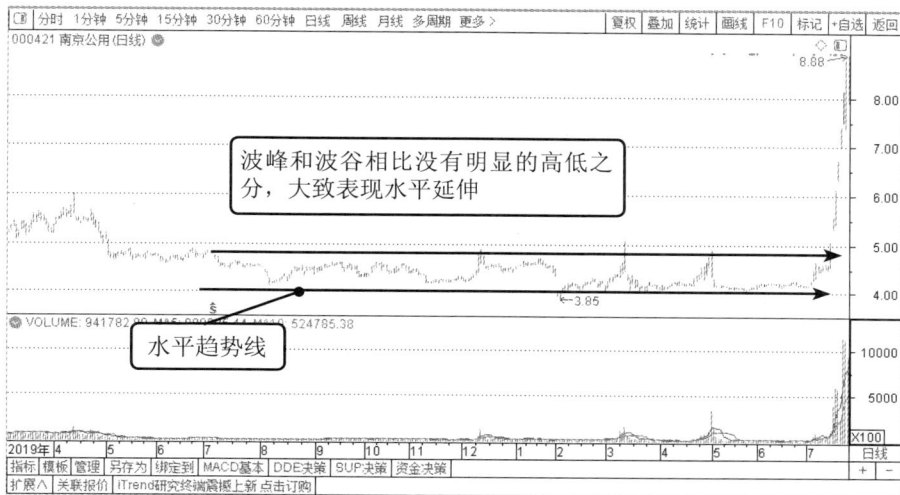

图9-4 水平趋势

9.1.3 趋势线的绘制方法

我们可以利用趋势线研判后市股价的运行方向，但利用趋势线的关键在于要掌握正确的趋势线绘制方法，才能准确地找到买入卖出机会。其中，最为重要且分析运用最多的便是上升趋势线和下降趋势线，二者的画法如下。

在上升趋势中首先找到两个高低水平不同，并存在一定间距的低点，连接起来形成的直线就是上升趋势线，第三个低点的出现则是对上升趋势线有效性的验证。

在下降趋势中首先找到两个高低水平不同，并存在一定间距的高点，连接起来形成的直线就是下降趋势线，第三个高点的出现则是对下降趋势线有效性的验证。

另外，绘制趋势线时要注意以下 3 个要点。

①趋势线时间周期越长，趋势线的有效性就越高。

②趋势线连接的高点或低点的数量越多，有效性就越高。

③趋势线不应过于陡峭，45°角可靠性较高，否则很容易被横向整理突破，失去分析意义。

9.2 趋势线在实战中的应用

了解完趋势线的基础理论知识之后，股民还需要重点掌握趋势线的具体作用，例如压力作用和支撑作用等，才能在实战中灵活应用，以便研判股市的行情变化。

9.2.1 趋势线的支撑和压力作用

上升趋势线也被称为支撑线，对股价起到支撑作用，当股价下跌回落至上升趋势线附近时受到支撑作用止跌回升；下降趋势线也被称为压力线，当股价反弹回升至下降趋势线附近时受到阻力作用止涨回落。这就是趋势线的支撑和压力作用。

趋势线的支撑和压力作用可以帮助股民更好地判断个股买卖信号点，具体内容如下。

◆ 上升趋势线有效性确定后，股价回踩不突破趋势线，积极买进。

◆ 上升趋势线有效性确定后，股价跌破趋势线后，但很快又站上趋势线，积极买进。

◆ 下降趋势线有效性确定后，股价反弹高点受压下跌，尽快卖出。

◆ 下降趋势线有效性确定后，股价突破趋势线后，又迅速跌破趋势线，属于卖点。

实例分析

中国长城（000066）上升趋势线支撑作用分析

图 9-5 所示为中国长城 2018 年 12 月至 2020 年 5 月的 K 线走势。

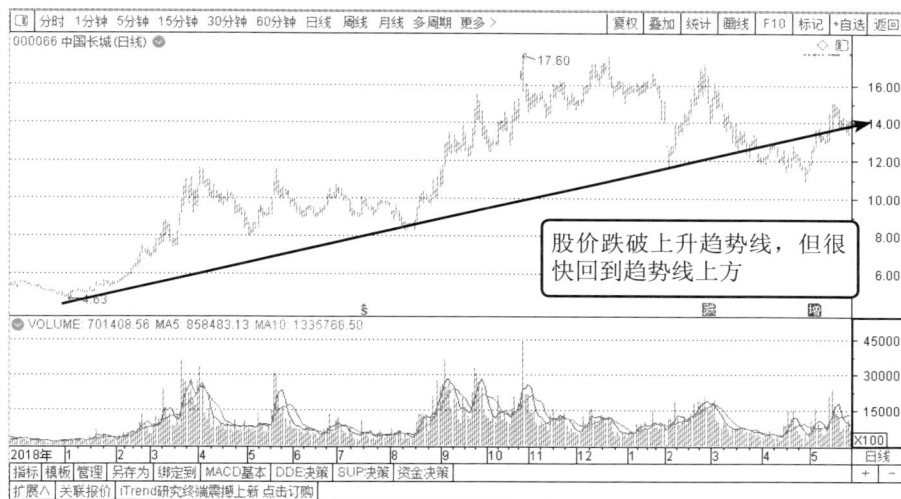

图 9-5 中国长城 2018 年 12 月至 2020 年 5 月的 K 线走势

从图 9-5 中可以看到，中国长城从 2019 年 1 月开始向上攀升，从最低 4.63 元上涨至最高 17.60 元后止涨，随后小幅下跌至 12 元后止跌回升，并在 14 元价位线上横盘波动运行。

在这段上涨过程中，股价在 2019 年 1 月初和 8 月中形成了两个非常明显的低点，将其连接起来，绘制出一条上升趋势线。2020 年 2 月初股价下跌至上升趋势线附近，受到支撑反弹向上，由此验证了该上升趋势线的有效性。

2020 年 3 月股价下跌跌破上升趋势线，但并没有继续下跌，跌破前期 12 元支撑位，且很快又回到上升趋势线上。这说明该上涨趋势线并没有失效，仍具备支撑作用，后市该股继续受到支撑上涨的可能性较大。因此，持股的股民不要贸然离场，应该持股待涨。

图 9-6 所示为中国长城 2018 年 12 月至 2020 年 8 月的 K 线走势。

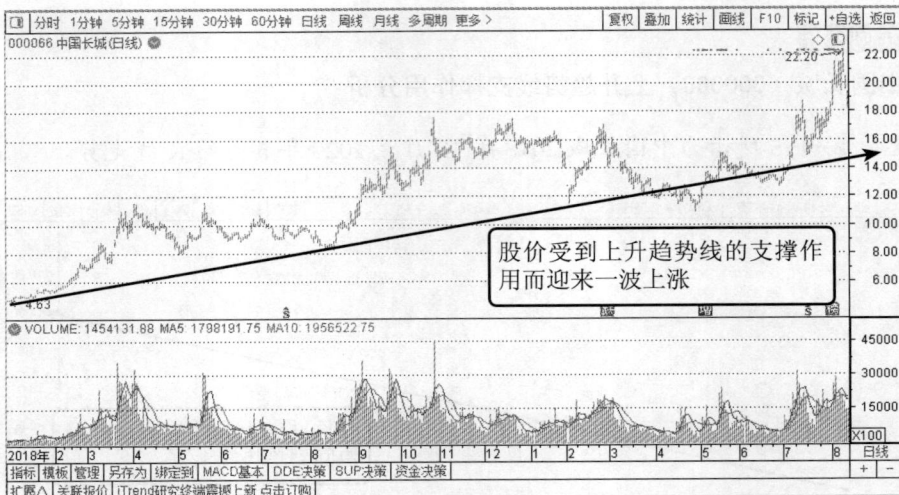

图 9-6　中国长城 2018 年 12 月至 2020 年 8 月的 K 线走势

从图 9-6 中可以看到，该股股价跌破上升趋势线，很快又回到趋势线上方，6 月下旬股价横盘调整时再次跌破上升趋势线，但很快站在趋势线上方，随后股价开始向上拉升，迎来一波上涨。从 14 元附近上涨至最高 22.2 元，涨幅达到 58.6%。如果股民在股价跌破上升趋势线时误认为趋势线失效而抛售持股，就可能损失 58.6% 的涨幅收益。

9.2.2　支撑线和压力线的转化

支撑线和压力线并不是固定的，有时候它们可能发生转化。也就是说，支撑线有可能转化成压力线，原本对股价的支撑作用，可能转为对股价的压制作用；压力线有可能转化成支撑线，原本对股价的压制作用，有可能转为对股价的支撑作用。转换的条件是被足够强大的股价变动突破。

实例分析

神州信息（000555）支撑线转为压力线

图 9-7 所示为神州信息 2019 年 8 月至 2020 年 11 月的 K 线走势。

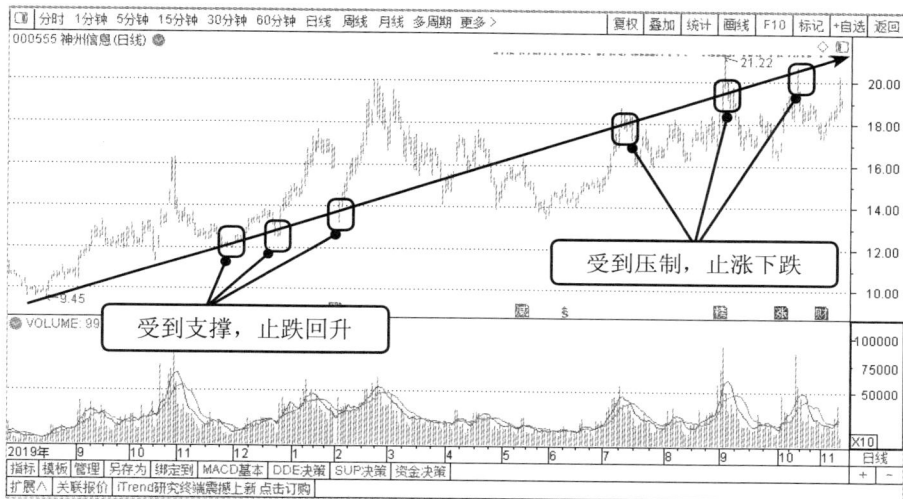

图 9-7 神州信息 2019 年 8 月至 2020 年 11 月的 K 线走势

从图 9-7 中可以看到，神州信息在 2019 年 8 月至 2020 年 4 月的上涨过程中，形成了有效的上升趋势线。股价受到上升趋势线的支撑作用，向上攀升。2020 年 4 月下旬，股价跌破上升趋势线，运行在趋势线下方，随后股价上升到该趋势线附近时便受到压制向下。

以上情况说明该股的上升趋势线已经发生转化，原本的支撑作用已经转为压力作用。

实例分析

漳泽电力（000767）压力线转为支撑线

图 9-8 所示为漳泽电力 2019 年 4 月至 2020 年 4 月的 K 线走势。

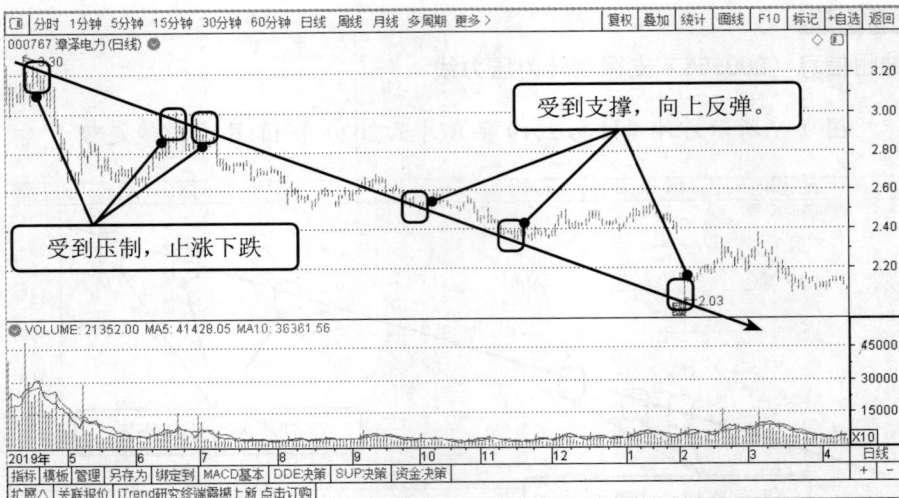

图 9-8 漳泽电力 2019 年 4 月至 2020 年 4 月的 K 线走势

从图 9-8 中可以看到，漳泽电力在 2019 年 4 月至 9 月初的下跌过程中，形成了有效的下降趋势线。股价受到下降趋势线的压力作用，向下运行。2020 年 9 月中，股价向上突破下降趋势线，运行在趋势线上方，随后股价下跌到该趋势线附近时受到支撑而向上反弹。

以上情况说明该股的下降趋势线已经发生转化，原本的压制作用已经转为支撑作用。

9.2.3 趋势线的斜率

趋势线的斜率指趋势线与水平方向形成的夹角。如果趋势线过于陡峭，通常表示价格上升或下降过快，这样的趋势往往难以持久，且跌破或突破之后可能也只是趋势线的角度发生了调整，而不是趋势发生了改变。但如果趋势线过于平缓，则说明这个趋势过于衰弱，可靠性也不大。

通常来说，趋势线为 45° 最具有意义，在 20° ～ 40° 趋势线较为可靠。

实例分析

威孚高科（000581）趋势线斜率调整

图 9-9 所示为威孚高科 2019 年 11 月至 2020 年 8 月的 K 线走势。

图 9-9 威孚高科 2019 年 11 月至 2020 年 8 月的 K 线走势

从图 9-9 中可以看到，威孚科技 2019 年 11 月初开始上涨，连接 2019 年 11 月至 1 月上涨过程中的低点绘制一条上升趋势线。2020 年 1 月下旬，股价下跌，跌破该上升趋势线，是否意味着该股的趋势发生了转变呢？

结果当然不是，从图 9-9 中可以看到，股价跌破该条上升趋势线，并没有改变该股的上升走势，股价继续向上攀升。我们绘制 2019 年 11 月至 2020 年 8 月上涨阶段的趋势线发现，事实是趋势线 1 过于陡峭，市场调整到了一个斜率更小，上涨速度更慢，也更持久的上升趋势线 2 上。

9.2.4 趋势线的突破要求

趋势线被突破说明股价原本趋势发生了逆转，原本的上升可能转为下降，原本的下降可能转为上升，是可靠的买进卖出信号。但是趋势线的突破需要建立在被"有效"突破的基础上，趋势才能发生改变。因此，股民需要确认趋势突破是否被有效突破，即有效突破需要满足的那些要求。

一般情况下，有效的趋势突破需要满足时间、幅度和成交量3个条件，下面我们分别进行介绍。

1. 时间要求

趋势线有效突破的时间，要求股价向下跌破上升趋势线后，需要满足至少3个交易日不升回趋势线上方，才算有效；股价向上突破下降趋势线，需要满足至少3个交易日不跌回趋势线下方才算有效。需要注意的是，时间越长，有效性越强。

实例分析

四川美丰（000731）股价跌破趋势线

图9-10所示为四川美丰2020年3月至10月的K线走势。

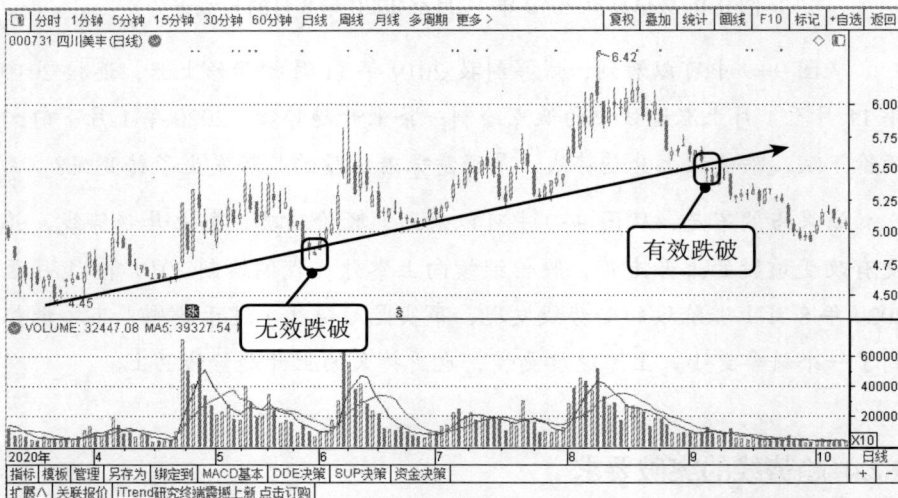

图9-10 四川美丰2020年3月至10月的K线走势

从图9-10中可以看到，四川美丰4月初开始上涨，连接低点形成上涨趋势线。5月底股价跌破该上升趋势线，但仅仅维持了1个交易日，股价便再次回到上升趋势线上方，说明此次的跌破为假跌破，上升趋势线并没有失效。后市继续上涨。

9月初，股价向下跌破上升趋势线，并在趋势线下方向下运行，持续时间较长，说明此次的跌破为有效跌破，该股行情发生转变，上升趋势线失效，后市下跌。

2. 幅度要求

无论是股价向上突破下降趋势线，还是向下跌破上升趋势线，股价突破趋势线后，距离趋势线越远，说明此次的突破越有效。可以理解为，收盘价突破趋势线的幅度要达到3%才算是有效突破，否则可能为假突破。这一原则主要用于中长期趋势线中。

实例分析

建设能源（000600）股价突破趋势线

图9-11所示为建设能源2019年4月至2020年4月的K线走势。

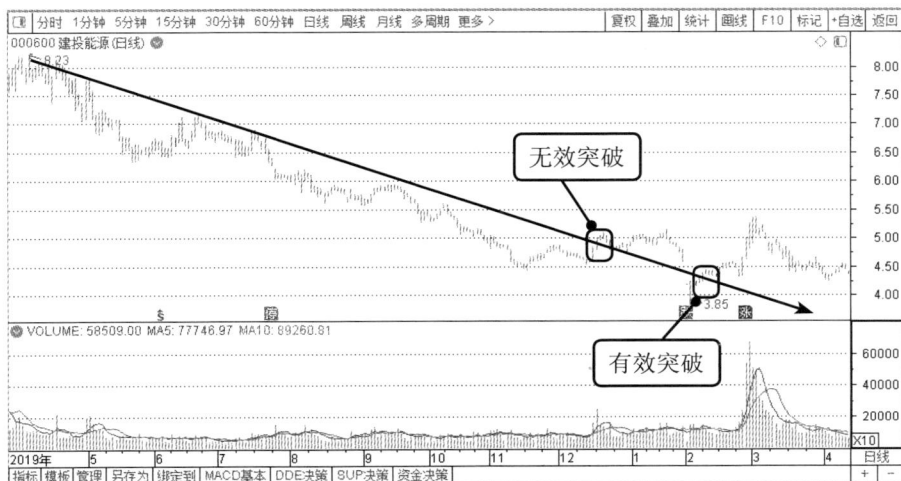

图9-11 建设能源2019年4月至2020年4月的K线走势

从图9-11中可以看到，建设能源从2019年4月开始下跌，连接下跌过程中形成的高点绘制下降趋势线。2019年12月17日，股价向上突破下降趋势线，且突破后，股价超过3天维持在下降趋势线上方，此时为有效突破吗？

当然不是，12月17日股价突破趋势线当日收盘价为4.99元，随后股价继续小幅上涨，涨至5.1元附近便止涨，涨幅为2.2%，随后在5元价位线上下波动横盘。因为涨幅过小，说明此时场内多方并没有发起有力的攻击，该股的趋势并没有发生改变，说明此次的突破为无效突破，很快股价再次跌落至趋势线下方。

2020年2月初，股价止跌回升，2月7日再次向上突破下降趋势线，突破日的收盘价为4.28元。突破后股价继续上涨，股价涨至5.2元附近止涨，涨幅达到21.5%，说明场内多方做多意图强烈，下降趋势线被有效突破，该股后市趋势发生转变。

3. 成交量要求

突破趋势线时需要有成交量配合。当股价向上突破趋势线时，成交量需要同时放大，且量能越大突破越有效；股价向下跌破趋势线时不需要成交量配合，但确认跌破有效后，成交量通常会放大，因为确认有效跌破后，场内的大部分投资者会纷纷抛售持股。

综上所述，突破趋势线只有在同时满足时间、幅度和成交量3个条件的情况下，才算是有效突破，股民才能做出趋势改变的判断，否则为无效。

9.3　利用轨道线分析盘面趋势

单纯依靠趋势线，在实战中比较困难，一波行情中的买卖点并不多，只适合中长期投资者。因此，股民如果还想要寻找更多的买卖信号点，则可以利用趋势线类的分析工具或指标对盘面走势做进一步的分析，下面进行具体介绍。

9.3.1　轨道线的看盘方法

轨道线又被称为通道线或是管道线，它是基于趋势线的一种方法。在已经得到趋势线之后，通过第一个峰和谷可以绘出这条趋势线的平行线，这条平行线就是轨道线。

轨道线根据方向的不同，分为上升轨道线、下降轨道线和水平轨道线3 种。轨道线是趋势线概念的延伸，当股价沿道趋势上涨到某一价位水准，会遇到阻力，回档至某一水准价格又会获得支撑，轨道线就在连接高点的延长线及连接低点的延长线之间上下来回波动。

因此，轨道线的上轨线对股价具有压制作用，当股价上涨至上轨线附近时，受到压力而向下；轨道线的下轨线对股价具有支撑作用，当股价下跌至下轨线附近时，受到支撑而向上。股民确定轨道线后，就能快速找出高低价位所在，可依此判断买进卖出点。

实例分析

东旭蓝天（000040）利用轨道线买进

图 9-12 所示为东旭蓝天 2017 年 10 月至 2018 年 9 月的 K 线走势。

从图 9-12 中可以看到，东旭蓝天在 2017 年 10 月至 2018 年 7 月阶段表现下跌走势，连接其中明显的两个低点和高点，并利用平行线工具绘制出下降通道线。

进一步观察，可以发现股价多次反弹至上轨线附近时受到压制而跌回至通道内。这说明该通道线有效，且下轨线对股价具有支撑作用，上轨线对股价具有压制作用。

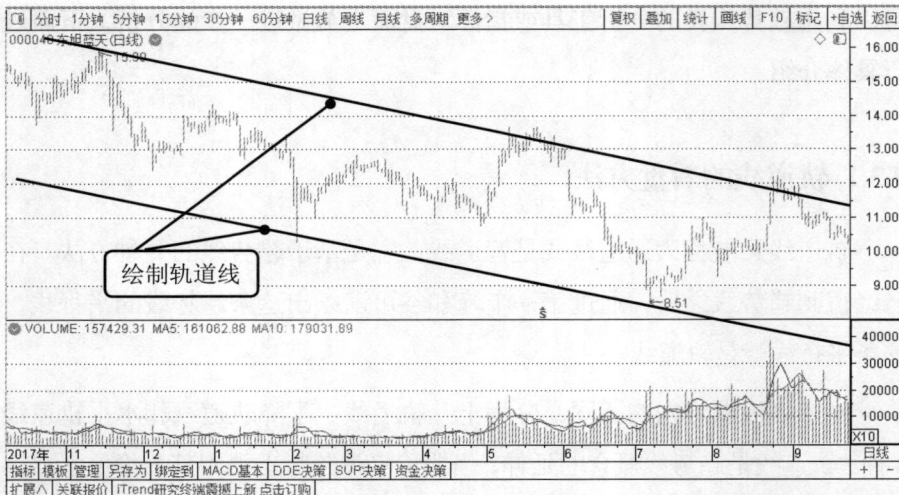

图 9-12 东旭蓝天 2017 年 10 月至 2018 年 9 月的 K 线走势

图 9-13 所示为东旭蓝天 2017 年 10 月至 2020 年 2 月的 K 线走势。

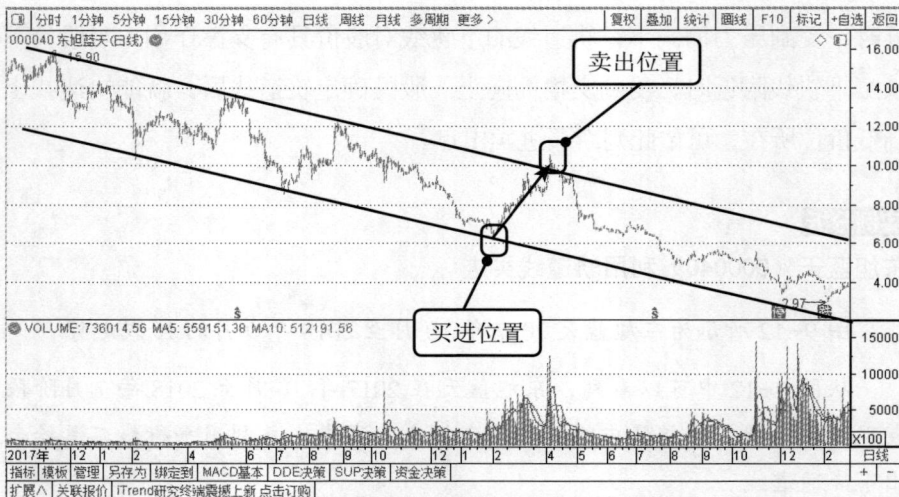

图 9-13 东旭蓝天 2017 年 10 月至 2020 年 2 月的 K 线走势

从图 9-13 中可以看到，2018 年 9 月股价受到上轨线的压制而拐头向下运行，2019 年 2 月，股价跌至下轨线上受到支撑止跌回升，再次确认了轨道线的有效性。此时为股民买进待涨的好机会，后市必有一波上涨行情。

2019 年 4 月股价上涨至 10 元附近时靠近上轨线，此时为股民卖出的大好时机。如果股民利用轨道线，抓住这一波上涨，在 6 元附近买进，10 元位置卖出，可以获得 66.7% 的涨幅收益。

9.3.2 ENE 轨道线的看盘方法

ENE 轨道线是轨道线的一种，由上轨线（UPPER）和下轨线（LOWER）及中轨线（ENE）组成。轨道线的优势在于其不仅具有趋势轨道的研判分析作用，还可以帮助股民观察股价运行过程中方向的改变，快速反映市场变化，股民可据此做出买卖决策。

在不同的行情中，ENE 轨道线有不同的用法，具体内容如下。

◆ 在平稳行情中，ENE 走平，股价向上突破中轨，并在中轨线上方站稳，为买入信号。

◆ 在上涨行情中，ENE 向上运行，股价跌至下轨附近，没有跌穿下轨，重新上涨时可以买进。

◆ 在上涨行情中，ENE 向上运行，股价上穿上轨买进，掉头向下穿过上轨时可以卖出。

◆ 在下跌行情中，股价上涨至上轨附近，还没触及上轨便下跌，可以卖出。

◆ 在单边上涨或单边下跌行情中，股价急涨，突破上轨买进；急速下跌，跌破下轨卖出。

实例分析

华侨城 A（000069）股价向上突破中轨买进

图 9-14 所示为华侨城 A 2018 年 2 月至 2019 年 1 月的 K 线走势。

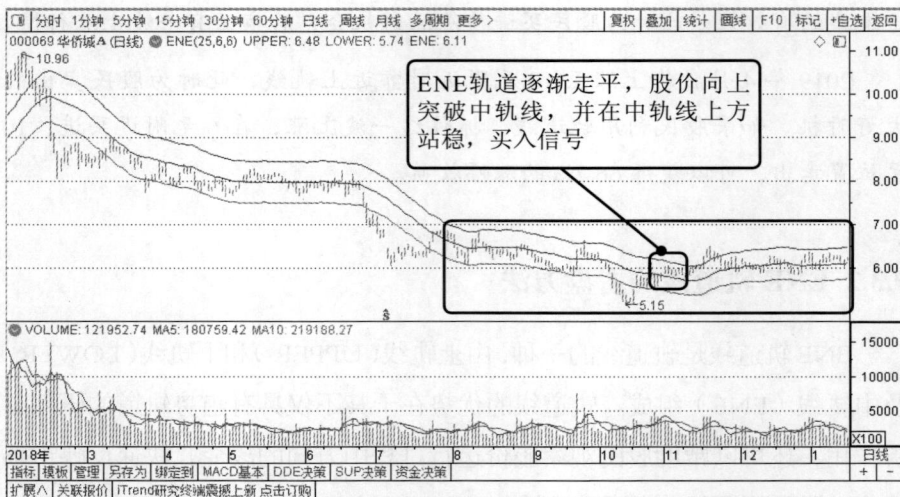

图 9-14 华侨城 A 2018 年 2 月至 2019 年 1 月的 K 线走势

从图 9-14 中可以看到，该股前期经历了一波下跌行情，股价从 10.96 元的高位处开始下跌，创下 5.15 元的新低后止跌，小幅回升后在 6 元价位线上横盘运行。

我们观察 ENE 轨道线发现，随着股价的下跌幅度逐渐减缓，ENE 轨道也逐渐走向平稳。2019 年 10 月上旬，股价下跌跌破下轨线，创下 5.15 元的新低后止跌回升，向上运行，突破中轨线，并在中轨线上方站稳。

以上情况说明该股的下跌势能已经衰竭，后市即将迎来一波上涨行情，此时为股民买入股票的大好时机。

图 9-15 所示为华侨城 A 2018 年 8 月至 2019 年 5 月的 K 线走势。

从图 9-15 中可以看到，股价回升到中轨线上后继续上行，ENE 轨道也向上运行，该股将迎来一波上涨行情。如果股民在 6 元附近买进，当股价上涨至最高 9.14 元时，可获得 52.3% 的涨幅收益。

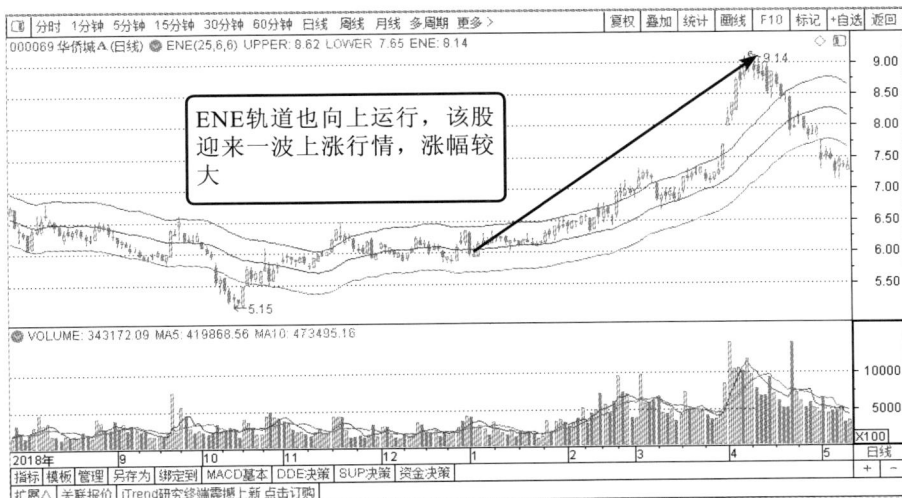

图9-15　华侨城 A 2018 年 8 月至 2019 年 5 月的 K 线走势

9.3.3　BOLL 轨道线的看盘方法

BOLL 轨道线也是投资者比较常用的一种趋势线指标。BOLL 轨道是按照与移动平均数的标准离差水平，在移动平均线的上面和下面画出的两根轨迹，两根轨迹之间的带状空间就是布林带，布林带随着股价波动性增加而变宽，反之则变窄。

BOLL 轨道线由 3 根曲线组成，分别是上轨、中轨和下轨，且 BOLL 指标的 3 条曲线构成了一个股价运行的通道，股价绝大多数时间都处于这个通道内运行，指标的上轨线对股价有阻力作用，下轨线对股价有支撑作用，3 条轨线的运动方向对股价的未来发展有很大的参考作用。

BOLL 轨道线在实战中运用的比较多，因为它比 ENE 轨道反应更灵敏，可以帮助股民更快找到市场中的买卖点，具体的运用规则如下。

- ◆ 股价跌破 BOLL 轨道下轨线后，由下向上突破下轨线时为买进信号，如图 9-16 所示。

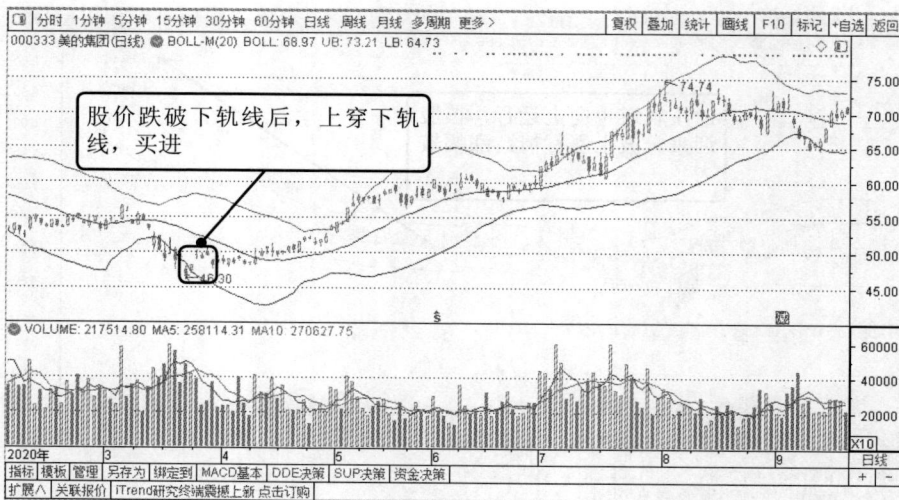

图 9-16 由下上穿下轨线

◆ 股价在上 BOLL 轨道上轨线位置遇到阻力回调为看跌信号，及时卖出，如图 9-17 所示。

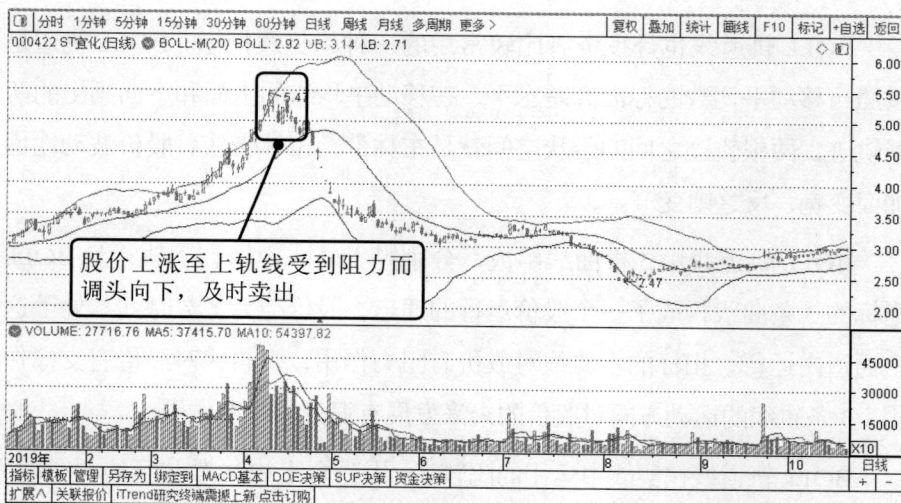

图 9-17 上涨至上轨线受阻调头

◆ 当股价下跌跌破 BOLL 轨道下轨线，并脱离 BOLL 轨道运行，一旦再回到 BOLL 轨道内就是看涨买入信号，如图 9-18 所示。

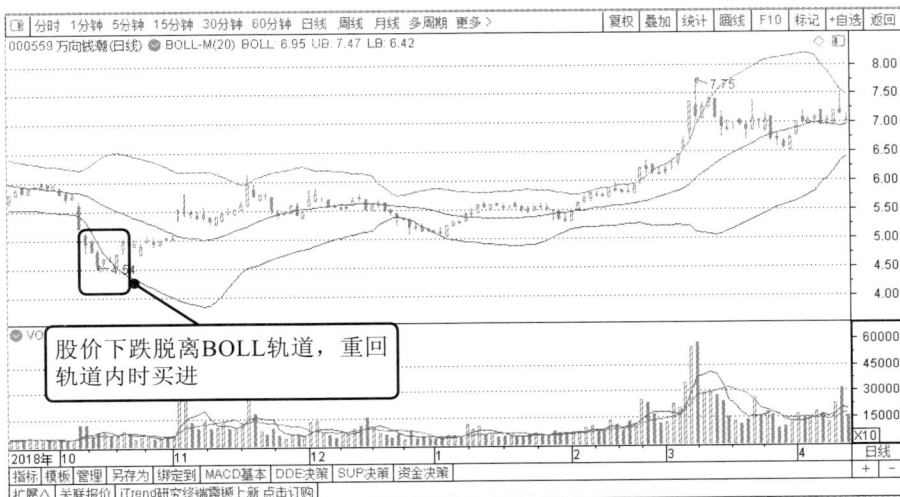

图 9-18 向下脱离 BOLL 轨道

◆ 当股价向上突破 BOLL 上轨，脱离 BOLL 轨道时，一旦再回到 BOLL 轨道内就是看跌的卖出信号，如图 9-19 所示。

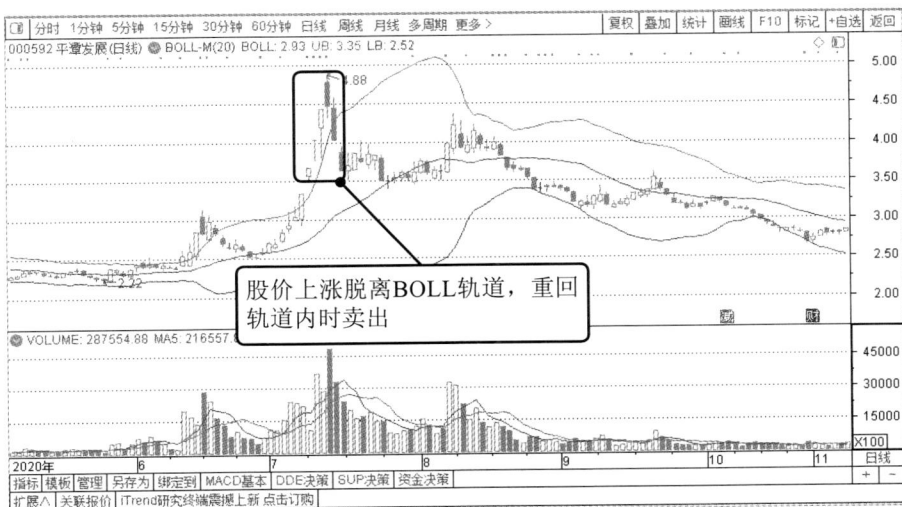

图 9-19 向上脱离 BOLL 轨道

◆ 当 BOLL 轨道喇叭口敞开时，如果中轨向上移动，为看涨买进信号，
如图 9-20 所示。

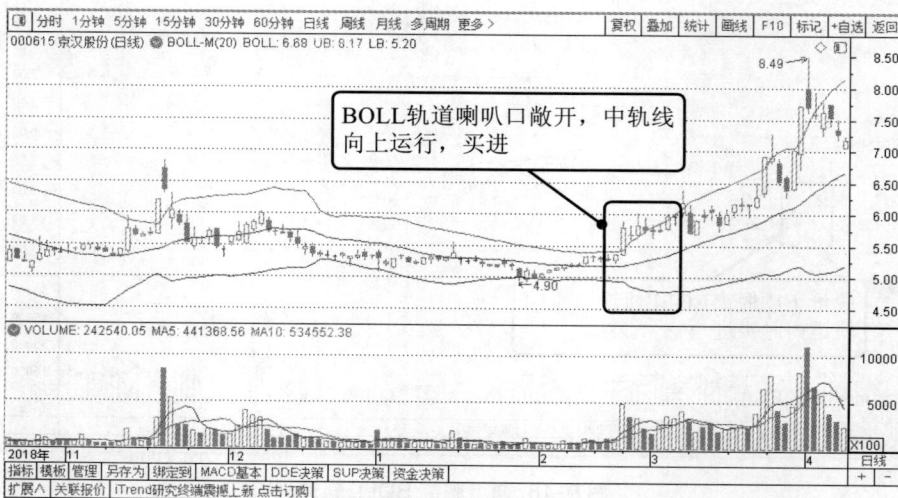

图 9-20 中轨上移

◆ 当 BOLL 轨道喇叭口敞开时，如果中轨向下移动，为看跌卖出信号，
如图 9-21 所示。

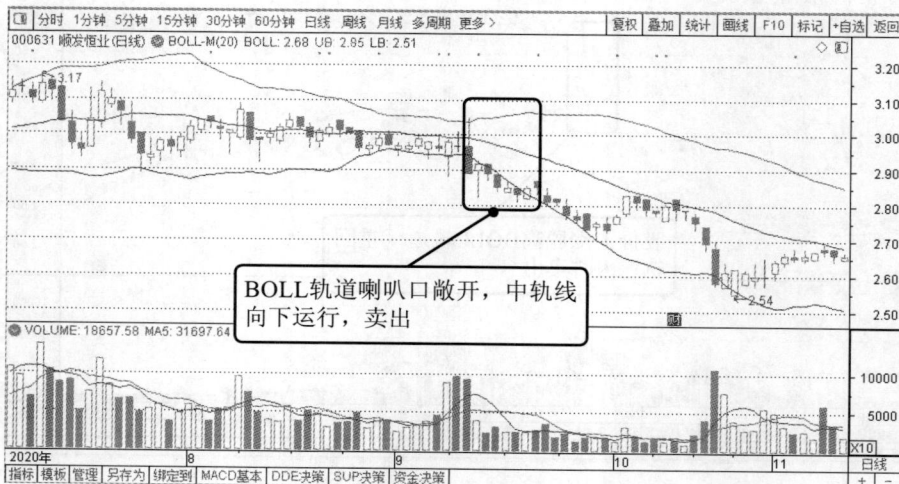

图 9-21 中轨下移

第 **10** 章

提高胜算，应用多种技术更可靠

炒股技术分析中存在很多技术指标，例如移动均线指标（MA）、平滑异同移动平均线指标（MACD）以及随机指标（KDJ）等，利用这些技术指标可以帮助股民更好地判断股市行情，找准买卖信号点，提高决策的准确性。

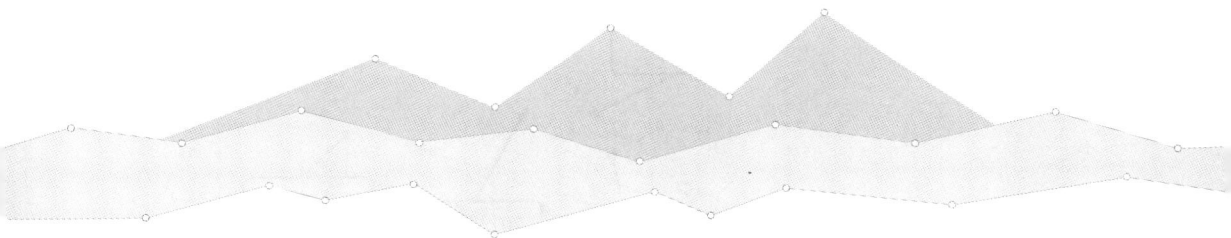

移动平均线基础内容概述
移动平均线的转点
移动平均线中的排列现象
移动平均线中的交叉
······

10.1 移动平均线指标（MA）

移动平均线是炒股运用最频繁也是最普遍的一种技术指标。利用移动均线可以帮助股民确认当前的股价运行趋势，研判即将出现的趋势，并发现即将反转的趋势。接下来，我们就来实际感受移动平均线的魅力吧！

10.1.1 移动平均线基础内容概述

移动平均线，简称 MA，它是将一定时期内的股价加以平均，并把不同时间的平均值连接起来，形成一根 MA，用于观察股价变动趋势的一种技术指标。图 10-1 所示为 K 线图中不同周期的移动均线。

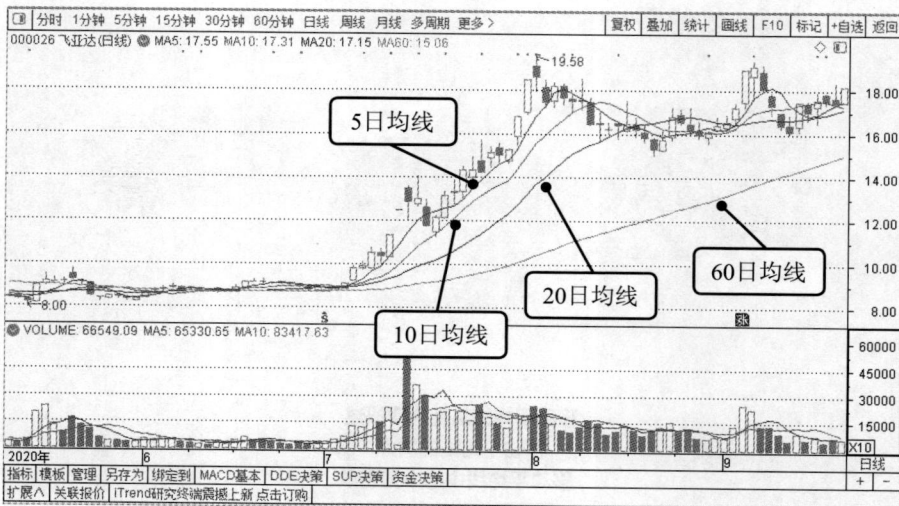

图 10-1 移动平均线

从图 10-1 中可以看到，移动平均线具有不同的周期性，根据移动平均线周期的不同，可以将其分为短期均线、中期均线和长期均线 3 类，具体内容如下。

◆ **短期均线** 短期均线一般以 5 天及 10 天为计算周期，代表了一周的平均线，短线操盘者比较常用。

◆ **中期均线** 中期均线以 20 天、30 天以及 60 天为准，20 日均线或 30 日均线为月移动均线，代表了一个月的平均价；60 日移动均线为季线，代表一个季度的平均线。中期均线适合中长期操盘者。

◆ **长期均线** 长期均线通常是指 120 日均线或 250 日均线，其中 120 日线为半年线，代表了近半年的平均价；250 日均线为年线，代表了近一年的平均线。长期均线能够帮助股民明确当前所处的市场大环境，比较适合超长线投资者。

移动平均线作为技术指标受到投资者的广泛青睐，最重要的原因在于它具有以下特性，能够帮助股民更好地分析判断当前的股市行情，具体内容如表 10-1 所示。

表 10-1　移动平均线的特性

特性	内容
追踪趋势	移动平均线是股价的平均，通过移动平均线能够查看出个股的短期、中期以及长期均线趋势，从而帮助股民更好地追踪股价趋势，抓住行情变化
滞后性	股价趋势发生转变，移动平均线因为几个交易日平均价的原因往往不能立即反应，所以会产生滞后，并且周期越长的移动均线滞后性越强，反应越迟钝
助涨助跌性	当股价突破移动平均线时，无论是向上突破还是向下跌破，股价都会在移动平均线的支撑下继续再走一段

10.1.2 移动平均线的转点

移动平均线随着股价的波动运行形成波谷和波峰，这就是移动平均线的转点。转点的出现意味着趋势发生转变，主要有两种转变，即波峰转点和波谷转点。

1. 波峰转点

波峰转点是指移动平均线向上运行，当其无法继续再创新高，并形成明显的波峰形态时，转点出现，说明原本的上升趋势发生转变，此时股民应卖出持股。

不同周期的移动平均线出现波峰转点的位置和时间不同，图 10-2 所示为 5 日均线的波峰转点。因为长期均线反映滞后的原因，一些小的波峰转点在长期均线中不会反映。

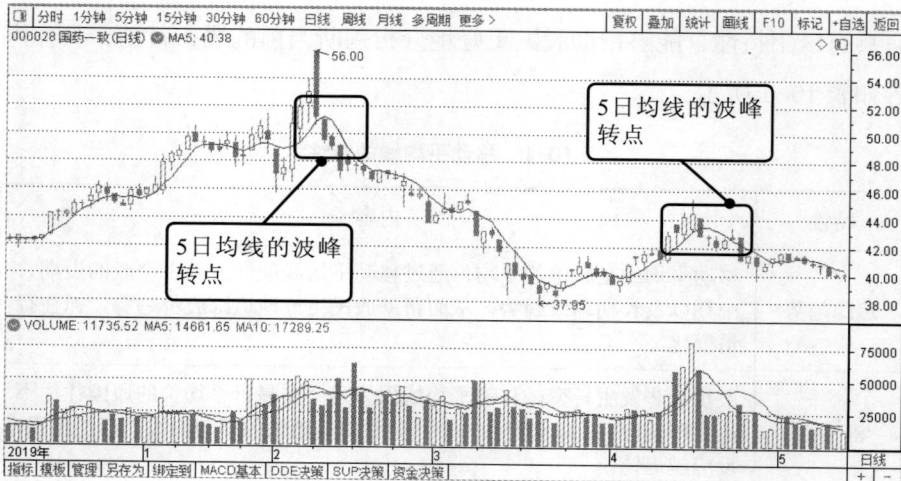

图 10-2 5 日均线的波峰转点

2. 波谷转点

波谷转点是指移动平均线向下运行，当移动平均线转平不再继续向下，且掉头向上时，就形成波谷形态，转点出现，说明原本的下降趋势发生转变，此时股民应买进股票。

不同周期的移动平均线出现的波谷转点位置和时间也不同，图 10-3 所示为 5 日均线的波谷转点。因为长期均线反映滞后的原因，一些小的波谷转点在长期均线中不会反映。

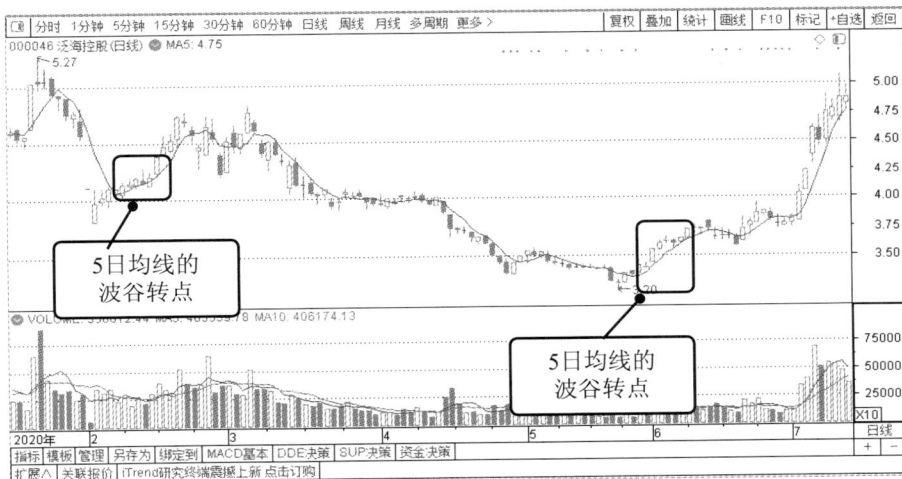

图 10-3　5 日均线的波谷转点

10.1.3　移动平均线中的排列现象

股价在长时间持续性上涨或下跌，且无较大波动的过程中，不同周期的移动平均线会形成排列上行或下行的现象，这就是移动平均线的排列现象。

根据移动平均线排列运行方向的不同，可以分为多头排列和空头排列两种情况。多头排列和空头排列是多头或空头行情强势的特征，需要股民掌握相关的形态知识。

1. 多头排列

多头排列是指移动平均线中的短期均线、中期均线和长期均线全都向上运行，且短期均线、中期均线和长期均线从上到下依次排列的现象。

多头排列的出现，说明该股上涨趋势已经得到确认，股价会在一段时间里持续走高，此时买进的股票不管是长线投资、中线投资还是短线投资的股民都可以获利，是比较典型的牛市行情。图 10-4 所示为移动平均线的多头排列。

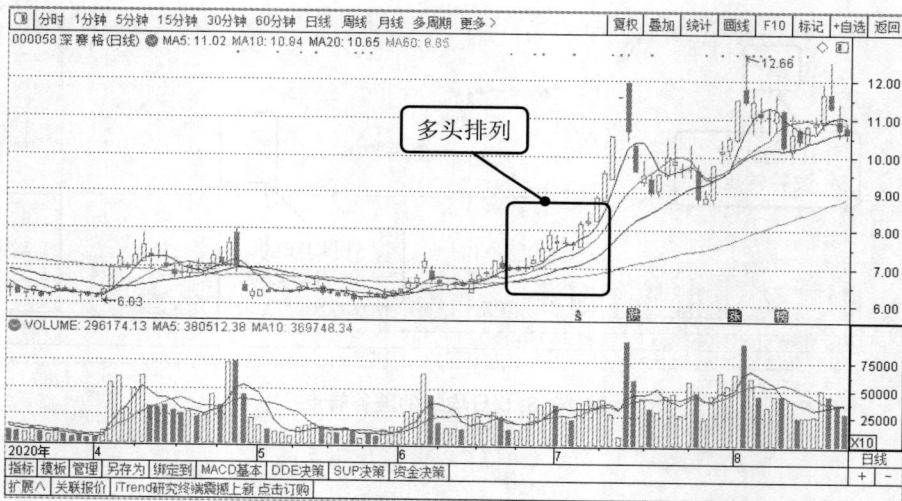

图 10-4　移动平均线的多头排列

2. 空头排列

空头排列是指移动平均线中的短期均线、中期均线和长期均线全都向下运行，且短期均线、中期均线和长期均线从下到上依次排列的现象。

空头排列的出现，说明该股下降趋势已经得以确认，股价会在一段时间里持续走低，过去买进的股票正在持续下跌，是比较典型的熊市行情，股民应做空抛售。图 10-5 所示为移动平均线的空头排列。

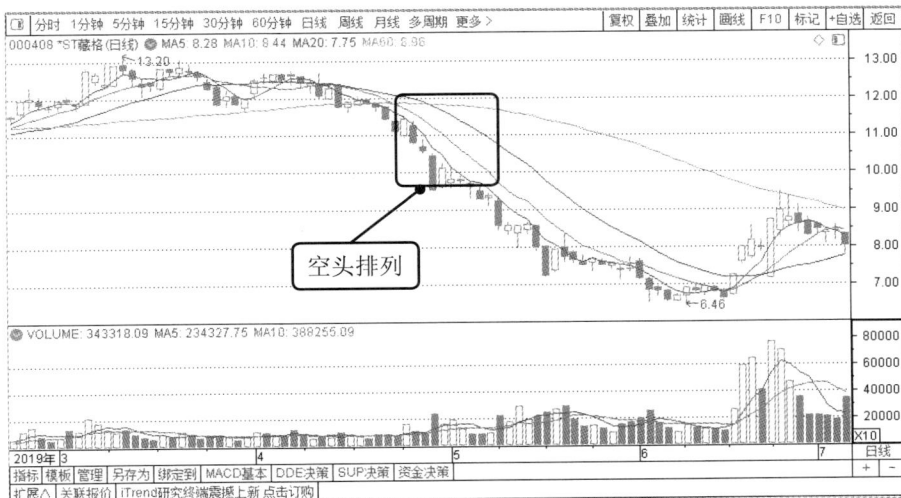

图 10-5 移动平均线的空头排列

10.1.4 移动平均线中的交叉

移动均线中的交叉是根据不同周期下的移动均线反应灵敏度不同造成的。短期均线反应灵敏在原有的趋势上出现了掉头运行，但长期均线反应滞后还在维持原来的趋势，由此形成交叉。其中比较具有分析意义的是黄金交叉和死亡交叉，它们是可靠的买入和卖出信号。

1. 黄金交叉

黄金交叉，简称金叉，它是指在上升行情初期，短期移动平均线从下向上突破长期移动平均线形成的交叉。黄金交叉通常出现在股价底部，是比较可靠的买入信号，能够帮助股民以比较低的、接近市场底部的价格买进股票。

需要注意的是，这里的短期均线和长期均线都是相对而言的，例如 5 日均线由下上穿 10 日均线形成的交叉，也是黄金交叉，同样具有效力。

不同的是，周期不同的移动周期发生黄金交叉的位置有所差异，但买入的效力是一样的。

因此，如果股民选择的移动均线周期较大，黄金交叉出现的时间就比较晚，价格相对较高；如果股民选择的移动均线周期较小，黄金交叉出现的时间就比较早，价格相对较低。但是，周期较大的移动平均线买入信号更准确。图 10-6 所示为黄金交叉。

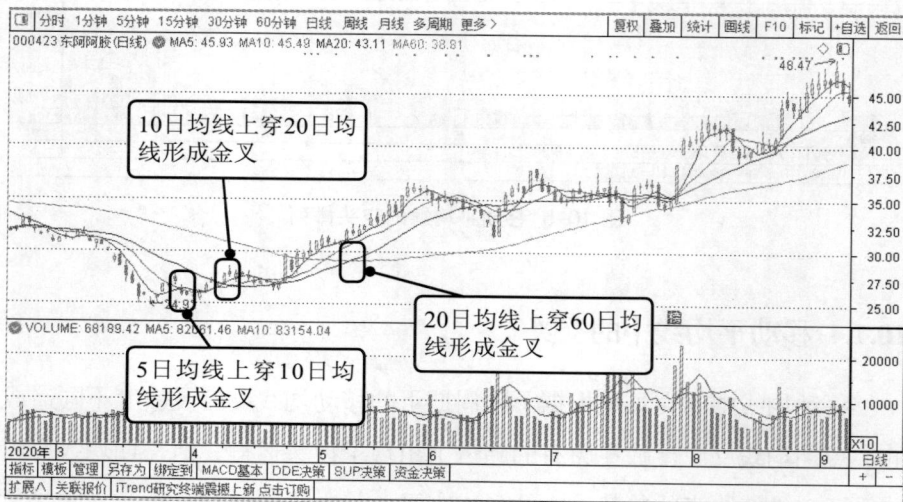

图 10-6 黄金交叉

2. 死亡交叉

死亡交叉，简称死叉，它是指在下降行情初期，短期移动平均线从上向下穿过长期均线形成的交叉。死亡交叉通常出现在股价顶部，是比较可靠的卖出信号。

这里的短期移动平均线和长期移动平均线与黄金交叉一样，都是相对而言的。周期越大的移动平均线反应时间越晚，交叉出现的时间越迟，损失也越大；周期越小的移动平均线反应更灵敏，交叉出现的时间越早，损失也越小。图 10-7 所示为死亡交叉。

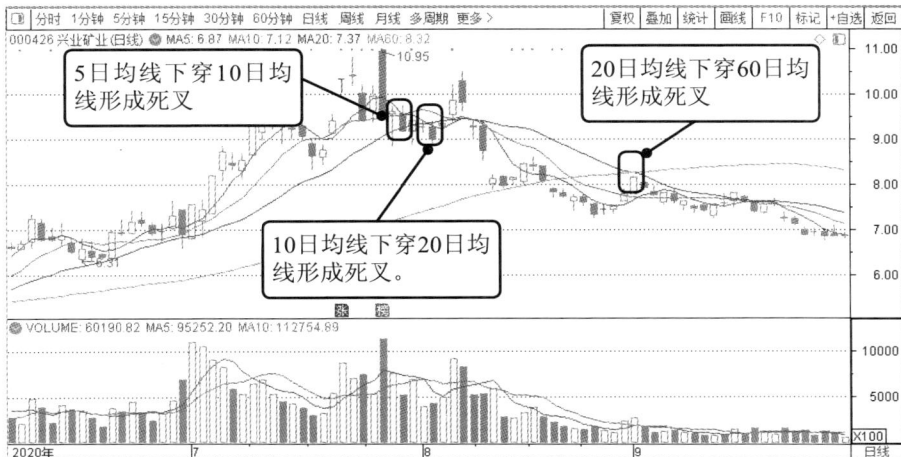

图 10-7 死亡交叉

10.1.5 葛兰威尔八大法则

葛兰威尔八大法则是根据股价和均线的移动规律，结合均线和股价的位置关系，总结得到的八大买卖法则。其中，有 4 条法则用来研判买进时机，另外 4 条法则用来判断卖出时机。图 10-8 为葛兰威尔买卖点示意。

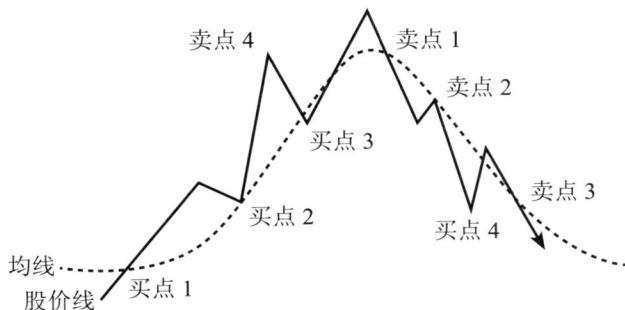

图 10-8 葛兰威尔买卖点

◆ 买点 1：黄金交叉

买点 1 是股价与均线之间的黄金交叉。经过一段时间的下跌后，均线逐渐走平且出现抬头迹象，此时股价从均线下方向上突破均线，形成了买点 1。图 10-9 所示为买点 1。

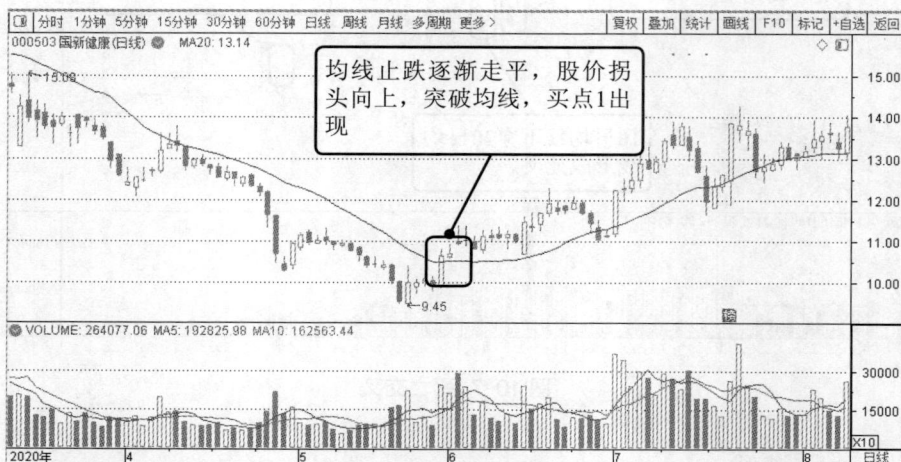

图 10-9 买点 1

◆ 买点 2：回调不破

股价线开始运行在均线之上，随后股价下跌回调，但并未跌破均线便止跌回升，此时均线仍继续上行，形成了买点 2。图 10-10 所示为买点 2。

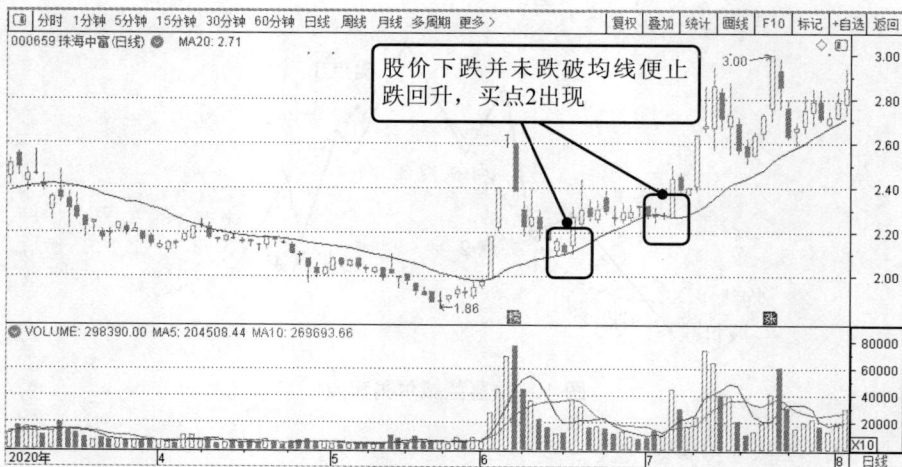

图 10-10 买点 2

◆ 买点 3：小幅跌破

股价在均线上方运行，随后掉头向下小幅跌破均线，但拐头上行，并向上突破均线，此时均线仍然保持上行，形成买点 3，如图 10-11 所示。

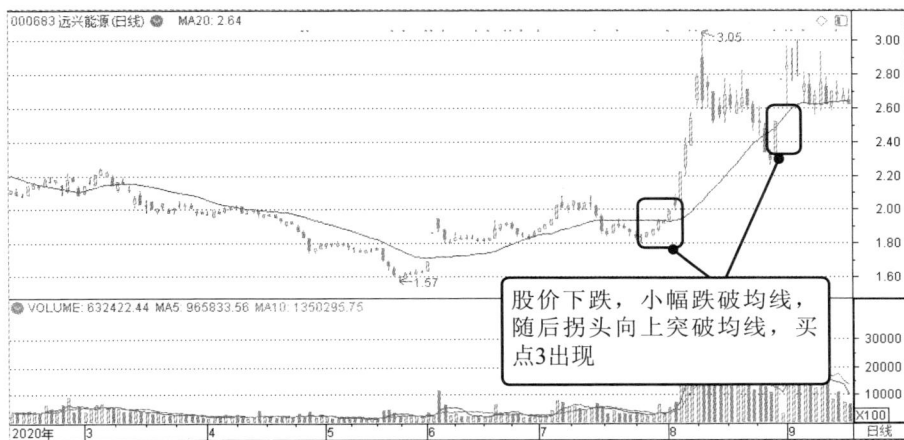

图 10-11 买点 3

◆ 买点 4：乖离过大

股价跌破均线，并远离均线，当距离过远，乖离过大，可能会产生一轮强劲反弹，为买点 4，如图 10-12 所示。

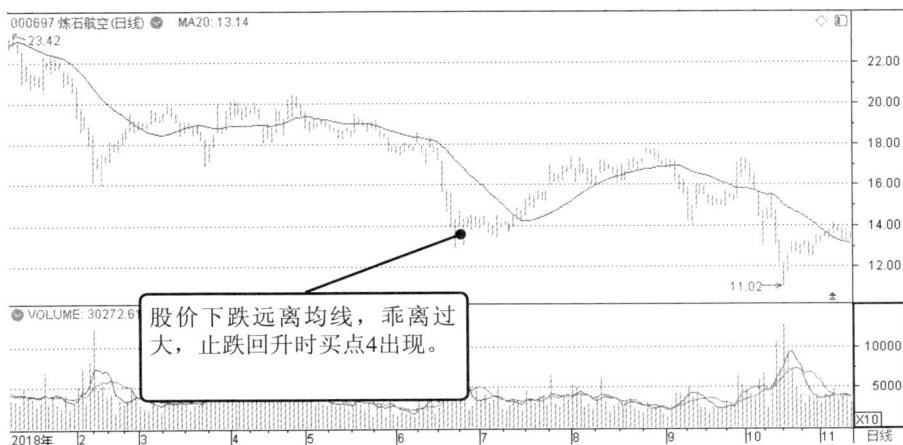

图 10-12 买点 4

◆ 卖点 1：死亡交叉

卖点 1 是股价与均线形成的死叉。均线从上升趋势逐渐走平，股价从均线上方向下跌破均线，形成卖点 1，如图 10-13 所示。

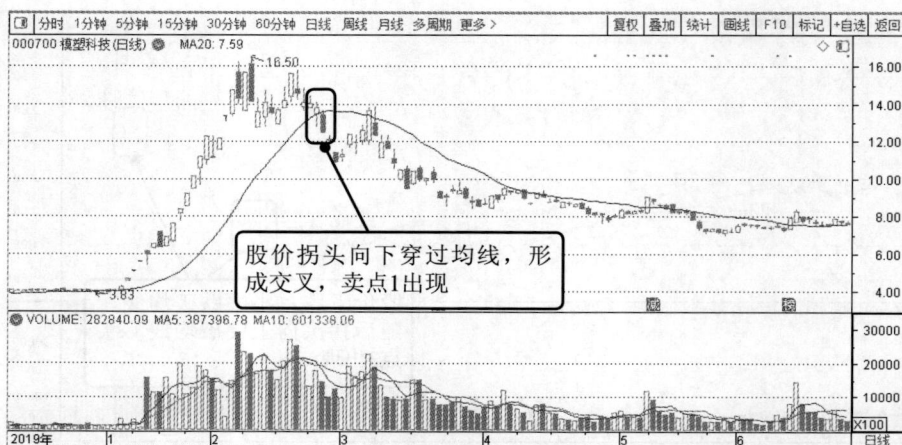

图 10-13 卖点 1

◆ 卖点 2：回调不过

股价在均线下方运行，股价反弹回升，但并未突破均线便受阻回落，形成卖点 2，如图 10-14 所示。

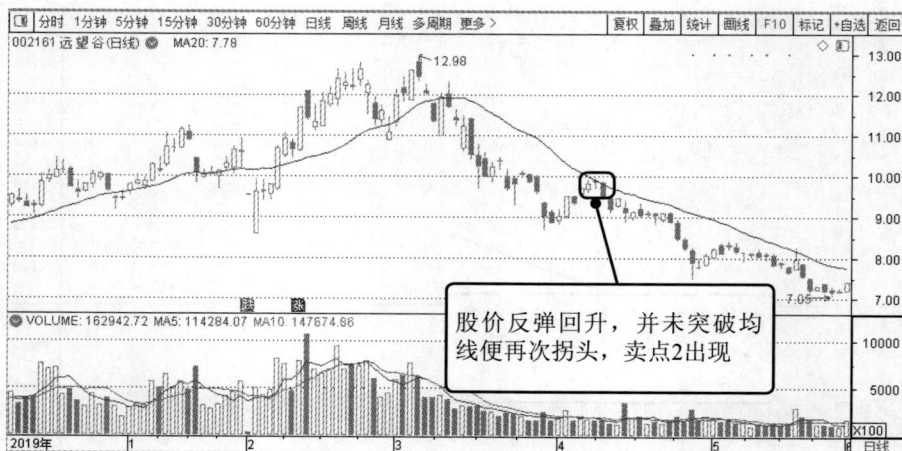

图 10-14 卖点 2

◆ 卖点3：小幅突破

股价运行在均线之下，虽然反弹回升突破均线，但不久再次拐头向下跌破均线，卖点3出现，如图10-15所示。

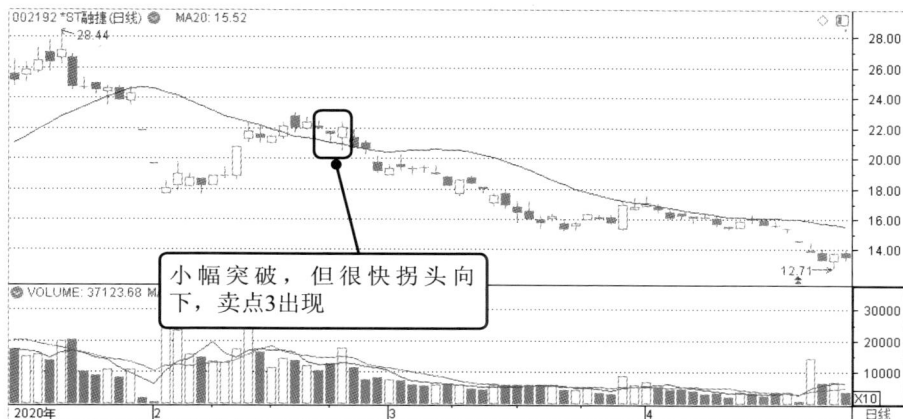

图 10-15 卖点3

◆ 卖点4：乖离过大

在上涨行情中，股价急速上涨并远离均线，当距离过远，乖离过大，可能会出现回跌，为卖点4，如图10-16所示。

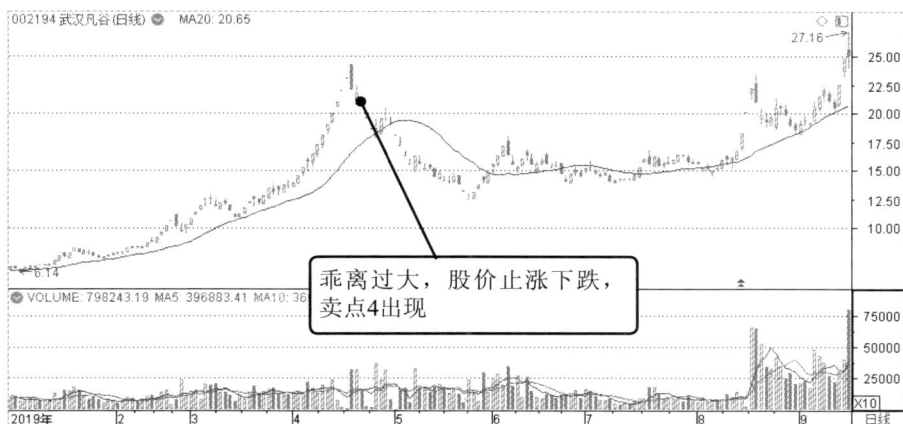

图 10-16 卖点4

小贴士 *葛兰威尔法则均线周期选择*

　　事实上，葛兰威尔法则并没有给出明确的均线周期，但这并不影响葛兰威尔法则的正确性。此时，投资者可以根据自己的投资风格进行均线周期选择，短线操盘者可以选择短期均线，如5日均线、10日均线等，中长线操盘者可以选择20日均线、30日均线等。

10.2　平滑异同移动平均线指标（MACD）

　　平滑异同移动平均线指标，也被称为"指标之王"，通过它可以帮助股民找出市场中的超买、超卖点以及市场的转势信号，从而精准地抓住股市行情。

10.2.1　认识 MACD 指标

　　平滑异同移动平均线指标，即 MACD 指标，由两条曲线和一组柱线构成。其中波动较快的是快线 DIF 线，波动较慢的是慢线 DEA 线，红色和绿色柱线是 BAR 柱线，如图 10-17 所示。

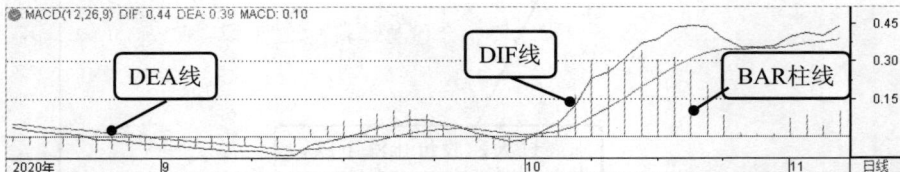

图 10-17　MACD 指标

◆　DIF 线是 12 日 EMA 和 26 日 EMA 的差值，12 日 EMA 是快速移动平均线，26 日 EMA 是慢速移动平均线。DIF 线可以表示股价在短期内的涨跌速度，当 DIF 线处于 0 轴上方时，说明短期内的平均价格高于长期平均价格，该股股价处于上涨过程中，曲线位置越高，则股价的上涨速度越快；当 DIF 线处于 0 轴下方时，说明短期内的平均价格低于长期平均价格，该股股价处于下跌过程中，曲线位置越低，则股价的下跌速度越快。

◆ DEA 线是在 DIF 线的基础上，利用平滑移动算法计算得到的。通常情况下，它是 DIF 线的 9 日平均线。

◆ BAR 柱线是 DIF 线和 DEA 线之差，具体计算方式为 DIF 值减去 DEA 值然后乘 2，如果得到的结果为正就显示为 0 轴上方的红色柱线，如果得到的结果为负就显示 0 轴下方的绿色柱线。当 BAR 柱线处于 0 轴上方显示红色时，说明多方力量聚集将股价向上拉升，上涨速度越快，柱线越长；当 BAR 柱线处于 0 轴下方显示绿色时，说明空方力量聚集将股价向下打压，下跌速度越快，柱线越长。

10.2.2 MACD 的基本形态

在对 MACD 指标有了基本认识之后，就可以将其在实战中进行运用，我们首先从 MACD 的基本形态入手。

MACD 的基本形态包括同向运行、背离运行和交叉现象，下面我们来依次进行介绍。

1. MACD 指标的同向运行

MACD 指标的同向运行是指 DIF 线和 DEA 线同向运行，在不同的位置中做同向运行具有不同的指示意义，具体内容如下。

◆ 若 DIF 线和 DEA 线处于 0 轴上方并向上移动时，表示市场处于多头行情中，股民可以大胆买入或持股，如图 10-18 所示。

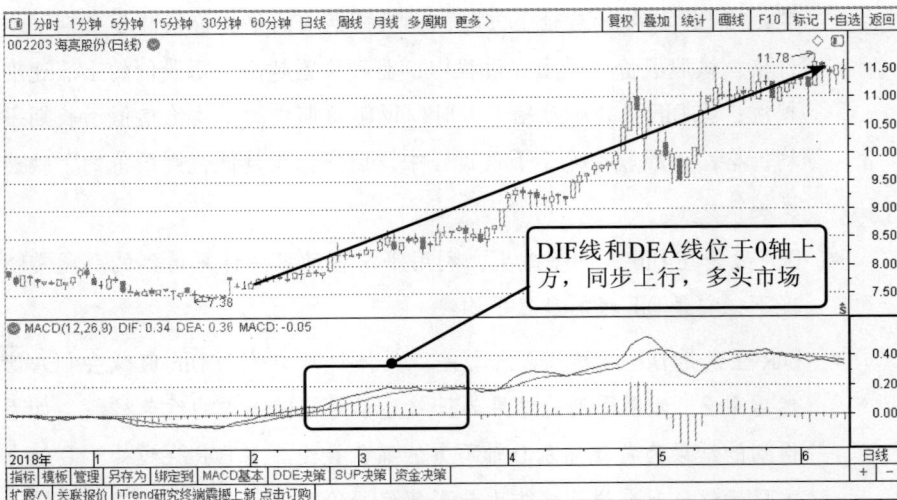

DIF线和DEA线位于0轴上方，同步上行，多头市场

图 10-18 同步向上

◆ 若 DIF 线和 DEA 线处于 0 轴下方并向下移动时，表示市场处于空头行情中，股民应尽快离场或持币观望，如图 10-19 所示。

DIF线和DEA线位于0轴下方，同步下行，空头市场

图 10-19 同步下行

◆ 当 DIF 线和 DEA 线处于 0 轴上方，随后当 DIF 线和 DEA 线拐头向下运

行时，说明行情即将转弱，后市看跌。此时，股民应尽快离场，如图 10-20 所示。

DIF线和DEA线拐头向下，趋势由强转弱

图 10-20 拐头向下

◆ 当 DIF 线和 DEA 线处于 0 轴下方，随后拐头向上运行，说明行情即将由弱转强，后市看涨，股民可以买进，如图 10-21 所示。

DIF线和DEA线拐头向上，趋势由弱转强

图 10-21 拐头向上

2. MACD 指标的背离

MACD 指标的背离是指 DIF 线与股价背离运行的现象，它分为顶背离和底背离两种情况。

◆ DIF 线与股价的顶背离

DIF 线与股价的顶背离指在股价上涨后的高位区域，股价继续升高，但 DIF 线却逐渐下跌，形成顶背离。这说明市场中的空方力量聚集，行情由强转弱，后市股价即将下跌，为卖出信号，投资者应该尽快离场。如图 10-22 所示。

图 10-22 顶背离

◆ DIF 线与股价的底背离

DIF 线与股价的底背离是指在股价下跌后的低位区域，股价继续下跌，DIF 线却逐渐上升，形成底背离。这说明市场中的多方力量聚集，行情由弱转强，后市股价即将上涨，为买入信号，投资者应积极买进入场。如图 10-23 所示。

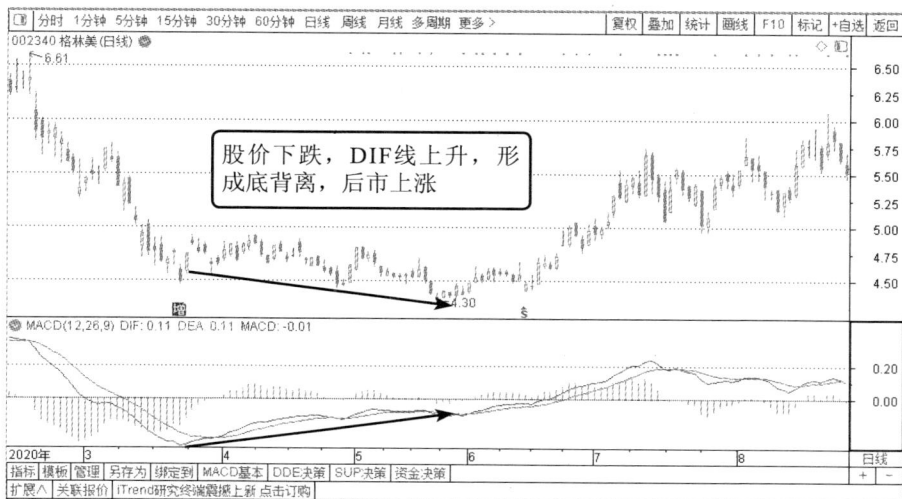

图 10-23 底背离

3. MACD 指标的交叉

前面我们介绍了均线的交叉，MACD 指标中也有交叉，且与均线相同，也分为黄金交叉和死亡交叉。分析这些交叉现象可以帮助股民掌握最佳买卖点。

◆ MACD 黄金交叉

MACD 黄金交叉指 MACD 指标中的 DIF 线自下而上穿过 DEA 线，绿柱转为红柱，说明股价行情由原本的下跌开始向上抬升，行情由弱转强。需要注意的是，金叉出现在不同的位置，其买入信号的强弱会有所不同，具体内容如下。

① DIF 线和 DEA 线的金叉出现在 0 轴下方，且距离 0 轴较远，该金叉为低位金叉。低位金叉出现，说明股价短期内可能会出现一波反弹，但会不会真正使股价的趋势发生转换，还要结合其他指标进一步分析。

② DIF 线和 DEA 线的金叉出现在 0 轴线上或 0 轴附近，说明该股的

上涨趋势已经形成，新一轮的上涨行情已经启动，此时为较强的买入信号。

③ DIF 线和 DEA 线的金叉出现在 0 轴上方，且距离 0 轴较远，为高位金叉。高位金叉通常出现在股价上涨过程中的回调阶段，表示回调结束，股价将继续之前的涨势，所以高位金叉是比较好的加仓信号。

图 10-24 所示为 MACD 黄金交叉。

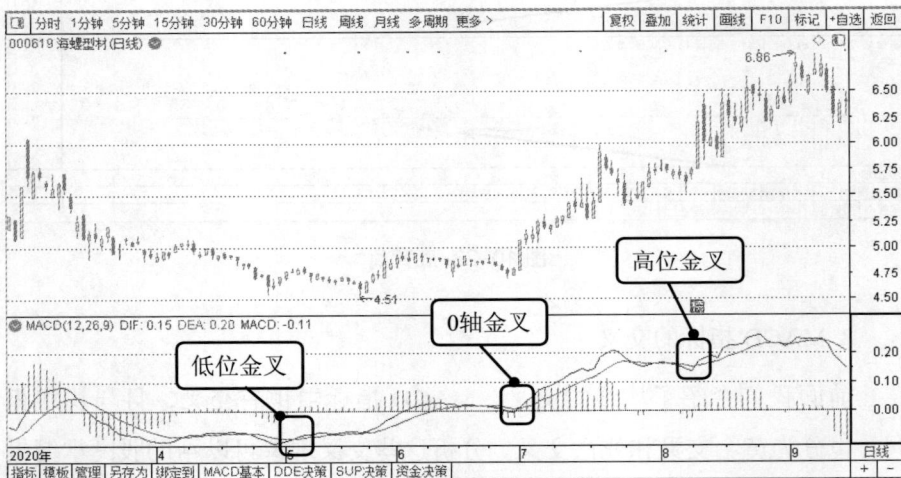

图 10-24 MACD 黄金交叉

◆ MACD 死亡交叉

MACD 死亡交叉指 MACD 指标中的 DIF 线自上而下穿过 DEA 线，红柱转为绿柱，说明股价行情由原本的下跌上升开始向下运行，行情由强转弱。需要注意的是，死叉与金叉一样，出现在不同的位置，其卖出信号的强弱会有所不同，具体内容如下。

① DIF 线和 DEA 线的死叉出现在 0 轴下方，且距离 0 轴较远，该死叉为低位死叉。低位死叉通常出现在下跌趋势反弹行情结束时，是反弹行情的卖出信号。

② DIF 线和 DEA 线的死叉出现在 0 轴线上或 0 轴附近，如果前期股

价一直处于下跌走势，说明后市股价将继续原来的下跌趋势向下运行，是可靠的卖出信号。

③ DIF 线和 DEA 线的死叉出现在 0 轴上方，且距离 0 轴较远，为高位死叉。高位死叉通常出现在股价上涨后的高位区域是卖出信号，但也有可能出现在股价高位回调时，该股后市可能还有一波拉升，因此股民发现高位死叉时不能急于卖出，应持股观望，结合其他指标综合判断。

图 10-25 所示为 MACD 死亡交叉。

图 10-25 MACD 死亡交叉

10.2.3 MACD 低位两次金叉

经过前一节内容的学习，我们知道低位金叉出现，说明股价短期内可能有一波上涨，而在实战中 MACD 在低位出现一次金叉时，股价上涨幅度有限，且上涨后可能出现较大的回调。

但是，当 MACD 低位出现两次金叉后，后市股价上涨的概率和幅度更大，因为第一次发生金叉后，股价小幅回调并形成死叉，将空头势力释放干净，所以在第二次低位金叉出现时必然会引起多头的强烈攻击。因此，低位两次金叉是更可靠的买入信号。

实例分析

伟星股份（002003）低位两次金叉买进

图 10-26 所示为伟星股份 2019 年 4 月至 2020 年 5 月的 K 线走势。

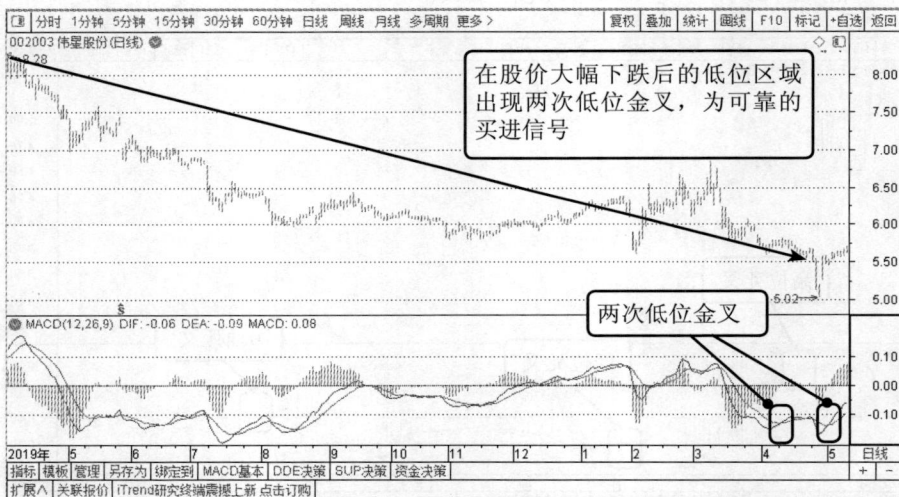

在股价大幅下跌后的低位区域出现两次低位金叉，为可靠的买进信号

两次低位金叉

图 10-26 伟星股份 2019 年 4 月至 2020 年 5 月的 K 线走势

从图 10-26 中可以看到，伟星股份从 2019 年 4 月开始下跌，经过近一年的下跌，股价从 8.28 元跌至 5.5 元价位线附近，并在该价位线上横盘，有筑底趋势。

此时我们查看 MACD 指标发现，随着股价反弹下跌，DIF 线和 DEA 线运行至 0 轴下方。2020 年 4 月初，DIF 线拐头向上穿过 DEA 线，形成低位金叉，说明该股的下跌行情已经基本结束，后市可能迎来上涨行情。5 月初，DIF 线再次拐头向上穿过 DEA 线，形成第二次低位金叉，再次确认后市即将上涨的信号。股民此时可以积极介入，大胆买进。

图 10-27 所示为伟星股份 2020 年 4 月至 11 月的 K 线走势。

图 10-27 伟星股份 2020 年 4 月至 11 月的 K 线走势

从图 10-27 中可以看到，低位两次金叉出现后，DIF 线和 DEA 线均向上运行至 0 轴上方，股价也转入上涨趋势中。如果股民在两次金叉出现的 5.5 元位置买进，当股价最高涨至 7.27 元时，可获得 32.2% 的涨幅收益。

10.2.4 MACD 高位两次死叉

MACD 出现高位两次死叉，通常后市都将出现一波较大幅度的下跌行情，是比较可靠的卖出信号。投资者要引起重视，密切关注 DIF 线和 DEA 线的拐向。

前面我们提到高位出现一次死叉，可能是股价上涨过程中的回调，回调结束可能还有一波拉升，但出现两次高位死叉说明回调结束，后市即将进入下跌。

实例分析

宁波华翔（002048）高位两次死叉卖出

图 10-28 所示为宁波华翔 2019 年 8 月至 2020 年 3 月的 K 线走势。

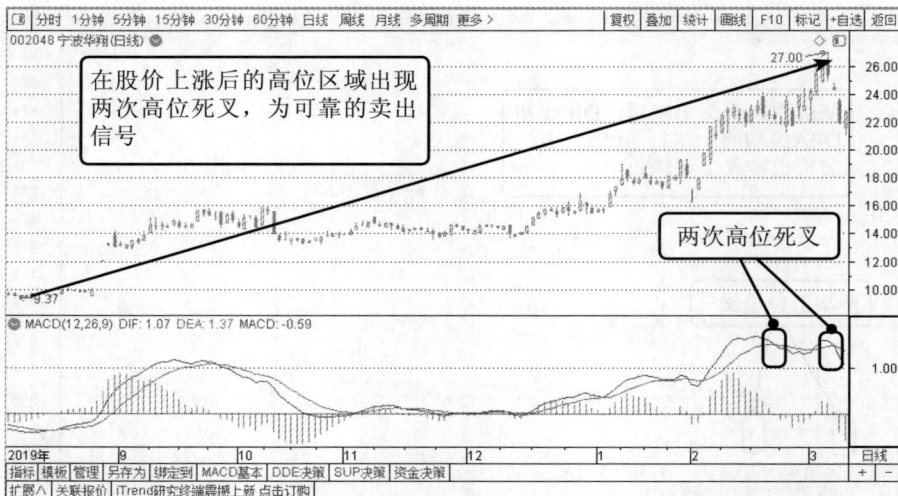

图 10-28 宁波华翔 2019 年 8 月至 2020 年 3 月的 K 线走势

从图 10-28 中可以看到，宁波华翔从 2019 年 8 月开始表现为上涨，股价从 9.37 元开始向上稳步攀升。与此同时，观察 MACD 指标发现，在股价上涨的过程中，DIF 线和 DEA 线均在 0 轴上方运行，且逐渐远离 0 轴。

2020 年 2 月下旬，DIF 线突然拐头向下穿过 DEA 线形成高位死叉，但很快再次拐头向上穿过 DEA 形成高位金叉。此时的股价在 22 元价位线小幅回调盘整后，继续向上攀升，上涨至最高 27 元然后止涨下跌，DIF 线也拐头向下，形成二次高位死叉。

由此可见，第一次出现的 MACD 高位死叉，股价回调后拉升，是股价下跌前的最后一搏，目的在于吸引散户接盘，后市即将下跌，此时为股民抛售持股的最好机会。

图 10-29 所示为宁波华翔 2020 年 1 月至 6 月的 K 线走势。

从图 10-29 中可以看到，高位死叉两次出现后，股价随即转入下跌走势中，股价从 27 元跌至最低 15 元，如果股民没有在两次高位死叉出现时逃离，就可能面临 44.4% 跌幅的损失。

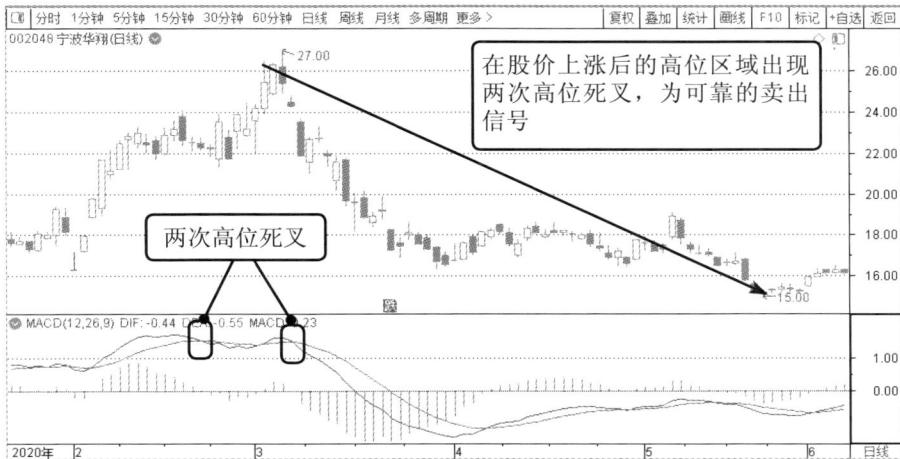

图 10-29　宁波华翔 2020 年 1 月至 6 月的 K 线走势

10.3　随机指标（KDJ）

随机指标是一种比较新颖、实用性较强的技术分析指标，主要被广泛应用于中短期趋势分析中，能够帮助股民比较精准地掌握当前趋势，并研判后市走势。

10.3.1　KDJ 指标的基础掌握

随机指标又叫作 KDJ 指标，是以最高价、最低价及收盘价为基本数据进行计算，得出的 K 值、D 值和 J 值分别在指标的坐标上形成的一个点，连接无数个这样的点，就形成了一个完整的、能反映价格波动趋势的 KDJ 指标。因此，KDJ 指标由 3 根曲线组成，分别是 K 线、D 线和 J 线，如图 10-30 所示。

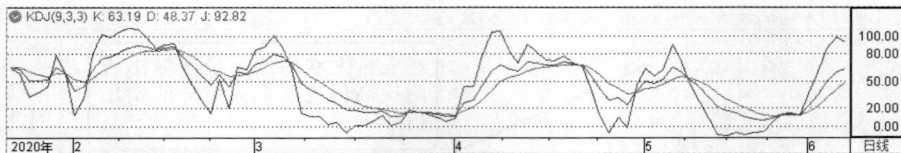

图 10-30 KDJ 指标

◆ K 线为快速确认线，数值在 90 以上为超买，数值在 10 以下为超卖。

◆ D 线为慢速主干线，数值在 80 以上为超买，数值在 20 以下为超卖。

◆ J 线为方向敏感线，数值在 90 以上，尤其是连续数天以上，股价会
形成短期头部；数值在 10 以下，尤其是数天以上，股价会形成短期
底部。

在实际应用中，KDJ 指标可以从运行方向、交叉和背离判断行情。

1. 运行方向

KDJ 指标中 3 根曲线的运行方向是重要的买卖信号，具体内容如下。

◆ 若 KDJ 指标中的 3 根曲线同步向上运行，说明股价处于强势上升行情
中，后市股价将继续上涨，如图 10-31 所示。

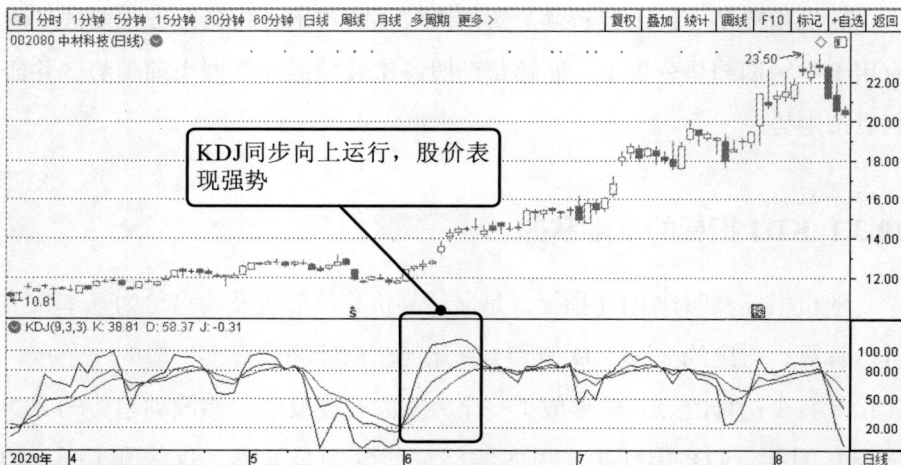

图 10-31 KDJ 同步向上

◆ 若 KDJ 指标中的 3 根曲线同步向下运行，说明股价处于弱势行情中，后市股价将出现一波下跌，如图 10-32 所示。

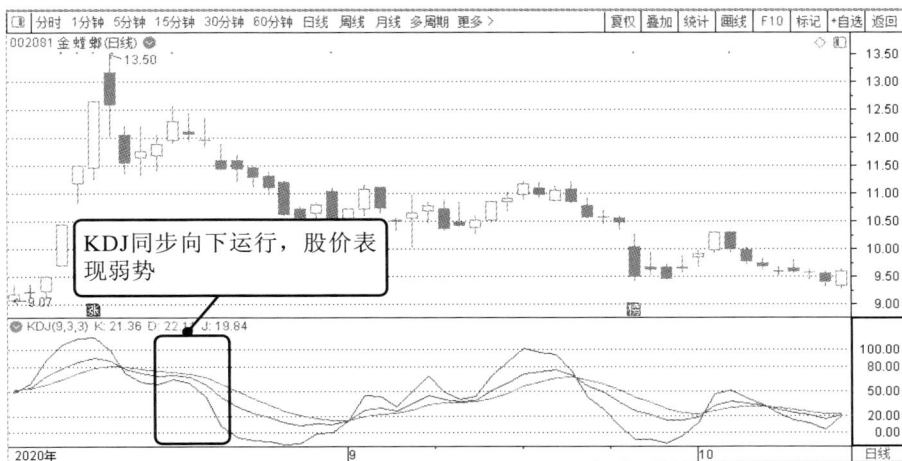

图 10-32 KDJ 同步向下

2. KDJ 交叉

KDJ 交叉也分为金叉和死叉，K 线上穿 D 线形成金叉，发出买进信号；K 线下穿 D 线形成死叉，为卖出信号，如图 10-33 所示。

图 10-33 KDJ 金叉和死叉

从图 10-33 中可以看到，KDJ 指标在股价向上拉升的过程中出现多次金叉和死叉，但却不是每次金叉和死叉都具有意义，这是因为金叉和死叉必须满足下列条件。

①股价必须经过很长一段时间的低位盘整行情，且 KDJ 都处于 50 线以下，K 线拐头向上穿过 D 线时形成的金叉才具有意义。

②股价必须经过很长一段时间的上涨行情，股价已经出现较大幅度的上涨，KDJ 都处于 80 线以上，一旦 K 线拐头向下穿过 D 线形成的死叉才具有意义。

3. 背离

KDJ 背离也分为顶背离和底背离，是趋势转变的前兆。当股价逐渐升高，KDJ 却逐渐降低，为顶背离，是卖出信号；当股价逐渐降低，KDJ 却逐渐升高，为底背离，是买进信号。如图 10-34 所示。

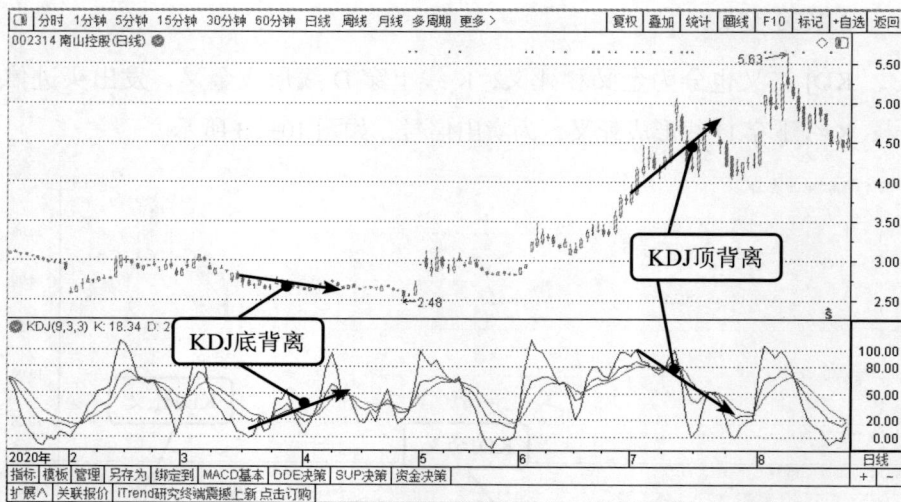

图 10-34　KDJ 指标背离

10.3.2 KDJ 指标的超买与超卖

KDJ 指标可以用来反映股票的过度买入或过度卖出的情况，即超买超卖，帮助股民做买入卖出分析。

1. KDJ 超买

超买现象指在股价上涨的过程中，场内买盘逐渐放大，指标逐渐走高，当买盘无法继续放大时，KDJ 上升难度逐渐增大，此时就说明指标进入了超买区，后市极有可能出现下跌。

通常情况下，80 线上方为超买区域。但是，指标超买出现，说明上涨趋势结束的可能性正在增加，但并不是说指标出现超买后股价立即止涨下跌。事实上，KDJ 超买信号发出，很有可能是股价上涨最强烈时，所以即便出现超买，股民也不用立即出逃，应待其他卖出信号发出时再抛售离场。

实例分析

常山北明（000158）KDJ 超买现象

图 10-35 所示为常山北明 2019 年 12 月至 2020 年 3 月的 K 线走势。

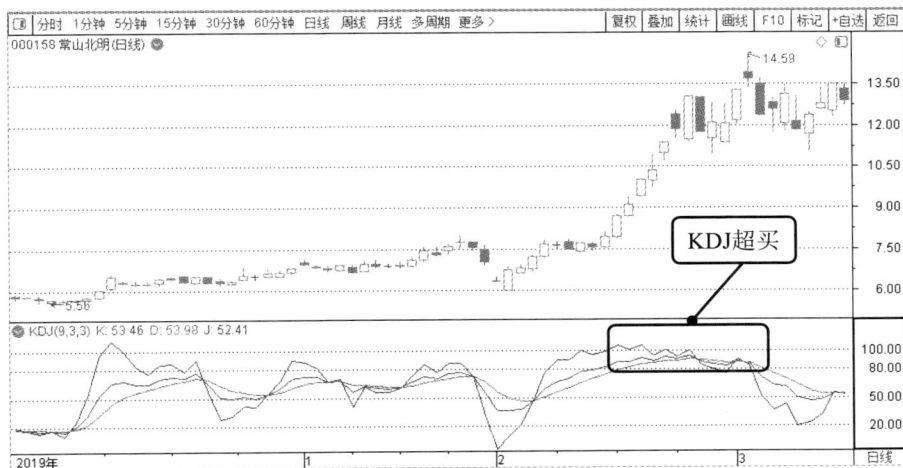

图 10-35 常山北明 2019 年 12 月至 2020 年 3 月的 K 线走势

从图 10-35 中可以看到，常山北明处于上升趋势中，股价从 5.56 元上涨至最高 14.59 元，涨幅达到 162%。然后观察 KDJ 指标发现，在股价的上涨过程中，KDJ 从 50 线徘徊区逐渐上升至 80 线上方，2 月中旬出现超买，随后维持在 80 线上方运行，说明该股的上涨行情即将结束，后市可能会迎来一波下跌。此时个股正处于最后一波急涨拉升阶段，几个交易日内股价从 7.5 元拉升至 12 元，涨幅达到 60%。

2 月下旬，股价在 12 元价位线上止涨横盘，KDJ 指标中的 K 线和 J 线拐头向下穿过 D 线形成高位死叉，进一步说明该股即将迎来下跌，股民应立即出逃。

图 10-36 所示为常山北明 2020 年 2 月至 10 月的 K 线走势。

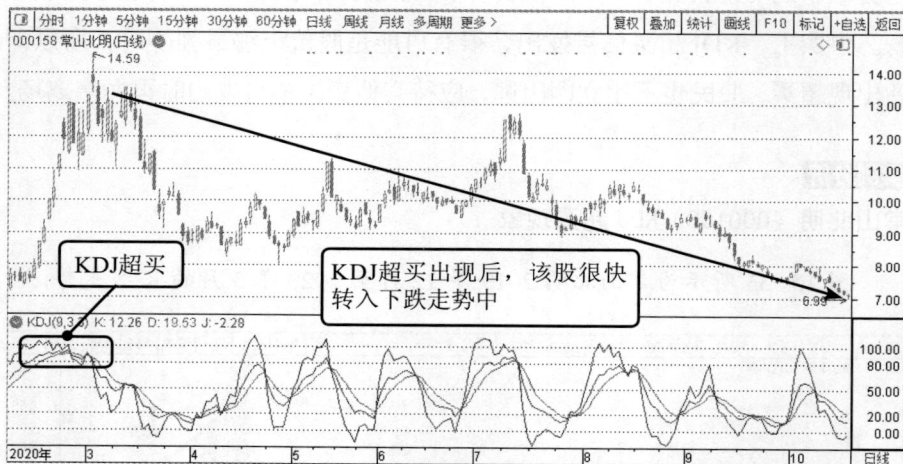

图 10-36 常山北明 2020 年 2 月至 10 月的 K 线走势

从图 10-36 中可以看到，KDJ 超买出现后，该股很快转入下跌走势中，股价从最高 14.58 元跌至最低 6.99 元，跌幅达到 52.1%。如果股民没能在高位死叉出现时卖出持股，就可能面临重大的损失。

2. KDJ 超卖

KDJ 超卖现象指在股价下跌的过程中，场内的卖盘逐渐放大，指标逐渐走低，当卖盘无法继续放大时，KDJ 下跌难以继续，此时就说明指标进入了超卖区，后市极有可能出现上涨。

通常情况下，20 线下方为超卖区域，指标出现超卖，说明股价下跌趋势结束的可能性正在增加，但并不意味着股价立即从下跌转为上涨。事实上，KDJ 指标发出超卖信号时，很可能正是股价跌势最猛烈时，所以当 KDJ 出现超卖时股民应引起注意，关注股价发展，当出现其他买入信号时再买进。

实例分析

*ST 华塑（000509）KDJ 超卖现象

图 10-37 所示为 *ST 华塑 2019 年 4 月至 2020 年 6 月的 K 线走势。

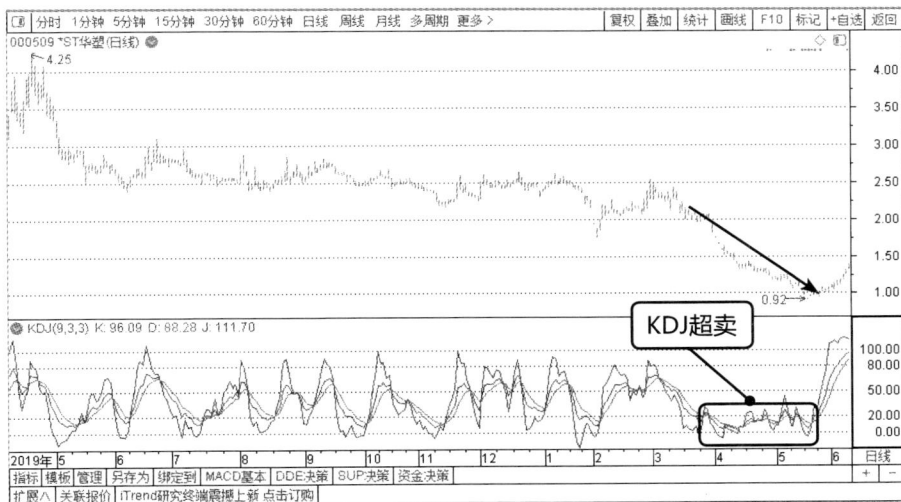

图 10-37 *ST 华塑 2019 年 4 月至 2020 年 6 月的 K 线走势

从图 10-37 中可以看到，该股前期经历一番下跌行情后，股价跌至 2.5 元价位线上，并长期在该价位线上横盘运行，此时 KDJ 指标在 50 线上下波动徘徊。

3 月初 KDJ 指标拐头向下，运行至 20 线下方，并维持在 20 线下波动横盘，出现超卖，说明该股即将迎来一波上涨。与此同时，股价却从 2.5 元价位线上急速下跌，跌至最低 0.92 元，说明可能场内有主力打压探底，股民不可贸然入场。

5 月下旬，KDJ 指标中的 K 线和 J 线率先拐头向上穿过 D 线形成低位金叉，随后 3 根曲线同步向上脱离 20 线下方，说明股价行情发生转变，上涨行情即将开启，股民应积极买进。

图 10-38 所示为 *ST 华塑 2020 年 3 月至 9 月的 K 线走势。

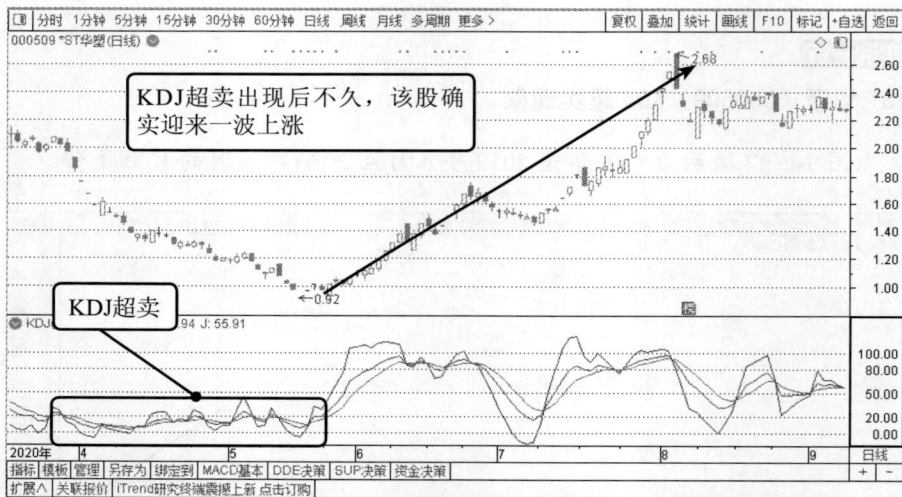

图 10-38 *ST 华塑 2020 年 3 月至 9 月的 K 线走势

从图 10-38 中可以看到，KDJ 超卖出现后不久，该股确实迎来一波上涨，股价从最低 0.92 元上涨至最高 2.68 元，涨幅达到 191%。如果股民在低位金叉出现，KDJ 同步向上运行时买进，可以获得丰厚的回报。

10.3.3 KDJ 指标多空平衡信号

KDJ 指标的坐标数值在 0 ～ 100，经过前面的学习我们知道 80 ～ 100 区间为超买区间，后市可能下跌；0 ～ 20 区间为超卖区间，后市可能上涨。

那么20 ~ 80区间有没有意义呢？

答案当然是有的。KDJ坐标数值的中轴为50，所以50线又被称为多空势力的分界。当KDJ值大于50，且向上发散时，说明为多头市场，股价呈上涨趋势；当KDJ小于50，且向下发散时，说明为空头市场，股价呈下跌趋势。

另外，当股价在狭窄的区间做横盘窄幅运动时，KDJ值则在40 ~ 60区间波动，KDJ三线反复黏合纠缠，此时为多空平衡信号，股价暂时没有方向，股民需要耐心等待，等市场出现明确的买进、卖出信号时再操作。

实例分析

海南高速（000886）KDJ指标多空平衡

图10-39所示为海南高速2019年4月至2020年1月的K线走势。

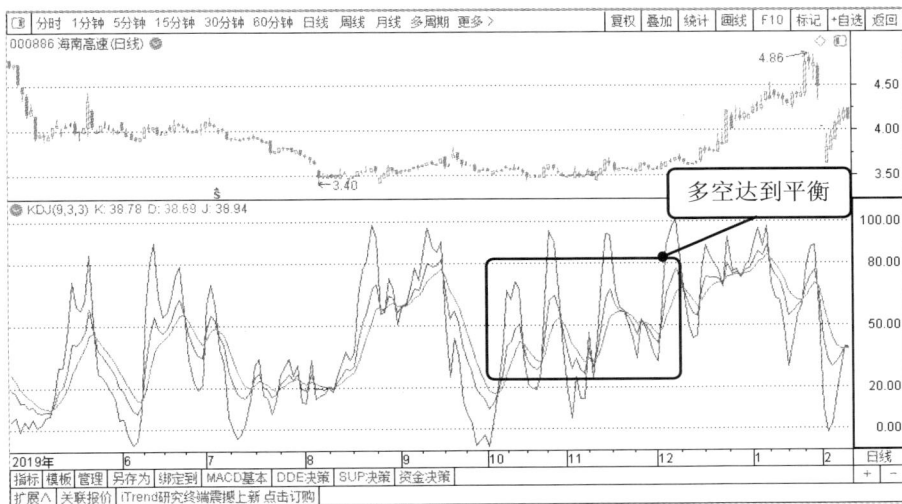

图 10-39　海南高速 2019 年 4 月至 2020 年 1 月的 K 线走势

从图10-39中可以看到，海南高速处于下跌趋势之中，股价从5元附近开始下跌，创下3.4元的新低后止跌，随后在股价在3.5~3.7元区间做横盘窄幅运动，并没有出现明显的买卖信号。

　　此时观察 KDJ 指标发现，股价在横盘运行区间，KDJ 指标的 3 根曲线在 50 线上下波动运行，反复纠缠黏合散开。整体上看基本处于 40 ～ 60 线区间波动。说明此时场内的多空达到平衡，没有明显的优势劣势之分。

　　2019 年 12 月中旬，KDJ 向上运行至 80 线上方，此时股价大幅向上拉升突破前期 3.7 元的阻力位，开始向上攀升，打破了多空平衡的状态，形成多头市场，股价的买卖信号也开始逐渐清晰。

第**11**章

识庄跟庄，依靠庄家稳获胜

　　庄家，往往是股民既喜欢又厌恶的存在。喜欢在于如果股民识别出了庄家的操盘手段，跟随庄家，即可获得高额的回报；厌恶在于如果股民没有识别出庄家的操盘手段，被庄家布置的假象迷惑，就可能被套深陷，损失惨重。因此，每一位股民都有必要认识庄家，了解庄家的操盘手法。

庄家的概念和类型
庄家的优势
庄家坐庄的过程
打压式建仓
……

11.1 识别庄家的真实面目

俗话说"知己知彼，百战不殆"，股市操盘也是如此。股民想要跟庄、胜庄，获得收益，首先就要了解庄家，理清楚庄家是怎么一回事儿，才能够在实战中得心应手。

11.1.1 庄家的概念和类型

庄家，从概念上来理解，是指在股市投资中，能够在较大程度上影响或决定某只个股走势的大户投资者。庄家通常拥有雄厚的资金，能够对个股进行有计划、有组织、有目的的打压和拉升。因此，如果股民能够寻找到庄家操盘的踪迹，就能够跟随庄家买进卖出，获得高收益。

庄家的类型有很多，且不同的庄家有不同的操盘特点。这就要求股民了解常见的庄家类型。常见的庄家分类方式如下。

1. 根据坐庄的时间长短划分

根据庄家坐庄的时间划分，可以将庄家分为短线庄家、中线庄家和长线庄家。

◆ **短线庄家** 短线庄家指驻庄操盘时间较短的庄家，这类庄家比较善于快进快出操盘，通常时间在3个月以内，最短的甚至几天就离场。

◆ **中线庄家** 中线庄家指驻庄操盘时间相对较长的庄家，这类庄家习惯稳扎稳打，通常时间在3个月至半年。

◆ **长线庄家** 长线庄家指驻庄操盘时间周期长的庄家，这类庄家倾向于价值投资，运作时间通常在半年以上，有的甚至长达 2 ～ 3 年。

2．根据操盘的阶段划分

根据庄家操盘的阶段不同，可以将庄家分为新庄、老庄和被套庄。

◆ **新庄** 新庄指刚刚介入某只个股的新庄家，也就是开始介入处于吸筹阶段的庄家。

◆ **老庄** 老庄指已经介入个股，并完成了筹集、拉高等操作，只待派发的庄家。通常这类庄家的账面获利丰厚，为了能锁定前期收益，通常不会冒险拉高，而会原地派发。如果承接盘较少，此时庄家为了吸引散户接盘可能会拉升。

◆ **被套庄** 被套庄指在高位没有出货，或出货未完成，股价下跌被市场套牢的庄家。被套庄根据被套的程度又分为轻度被套庄家和深度被套庄家。轻度被套的庄家通常只需要反复震荡就能达到解套的目的，但深度被套的庄家，由于庄家套牢的较深，要解套就必须要有较大升幅，所以它一旦拉高，升幅较为可观。

3．根据资金实力强弱划分

根据庄家资金实力强弱的情况划分，可以将庄家分为强庄或弱庄。

◆ **强庄** 强庄是指资金实力较强的庄家，这类庄家通常持仓量较大，同时，如果庄家的持仓越高，庄家拉高的成本就越低。因此，在拉升阶段时，某一段的走势就会呈现出强势上涨，涨幅空间较大。

◆ **弱庄** 弱庄是指资金实力较弱的庄家，这类的庄家通常只能缓慢推升，依靠洗盘、打差价的方式垫高股价。由于庄家持仓量较低，靠打差价就能获得很大的收益，所以累计的升幅并不会很大。

11.1.2 庄家的优势

庄家能够对个股的股价走势起到不同程度的影响作用，究其原因，在于庄家相对于散户来说，具有以下几个方面的巨大优势。

◆ 庄家的资金体量大

庄家的资金体量与散户相比无疑是巨大的，庄家手中掌握的资金动辄上亿元，对股价操作来说易如反掌，尤其是对那些流通盘较小的个股，庄家操盘就更加容易。

◆ 操盘经验丰富

为庄家操盘的操盘手基本上都经验丰富、工作多年且非常专业，对市场的熟悉程度和了解程度都是散户所不能及的。因此，有这样的专业操盘手操作股价，庄家自然更具优势。

◆ 强大的分析能力

庄家往往有专门的研究机构，对国家的宏观经济形势和上市公司基本面做详细地分析，考察上市公司的盈利能力、管理能力和行情前景等，然后做出相应的操盘计划，抢占先机。

◆ 消息广泛

庄家的消息相比散户更全面，对利好消息的分析更准确、深入，这样就能在散户之前获得丰厚的利润，在利空消息公布之后及时出逃。

庄家优势如此明显，那么散户呢？有优势吗？当然，股民除了需要了解庄家的优势之外，还应该了解自身的优势所在，才能在股市投资中做到以己之长攻敌之短。

◆ 资金量少，操作更灵活

散户股民的资金量少，虽然不能直接影响股价走势，但是正因为资金量少，所以操作起来更灵活。股民可以在股价上涨有利时快速买进，股价下跌有风险时快速出逃，操作方便，不容易被套。

◆ 投资成本较低

股民投资的目的在于让自己的资产升值，是个人的投资行为，所以不需要支付昂贵的咨询费、投资顾问费等。另外，股民投资是个人闲钱理财，也没必要承担高额的利息费用。因此，相对庄家，散户操作成本更低廉。

◆ 时间更自由

个人股民炒股使用的是自己的闲钱来进行投资，什么时候股民买进，什么时候卖出，持股多长时间，都由自己决定，但庄家则不同，受到的限制更多，因而不能像股民一样自由操作。

11.1.3 庄家坐庄的过程

股民想要了解庄家操盘的手法，寻找庄家拉升的踪迹，就要对庄家的坐庄过程有所了解。掌握庄家运作全过程有助于股民快速区分股价所处阶段，找到买进卖出点。

庄家坐庄的流程如图 11-1 所示。

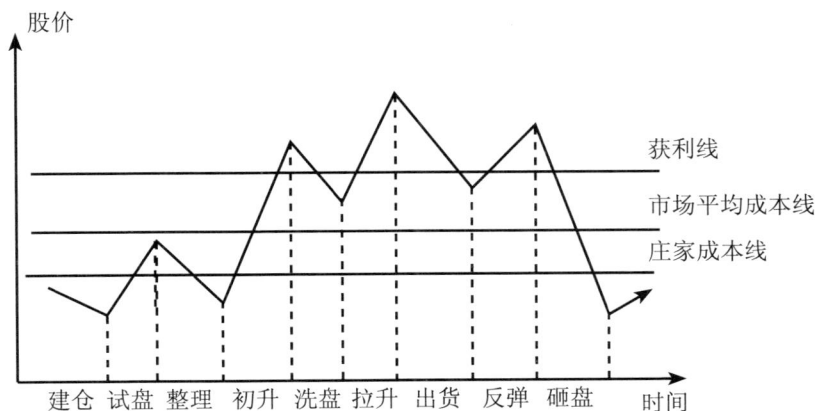

图 11-1 庄家坐庄流程

图 11-1 是一个比较完整的庄家坐庄过程，从图 11-1 中可以看到，庄家的运作过程包括建仓、试盘、整理、初升、洗盘、拉升、出货、反弹以及砸盘。

◆ **建仓** 建仓是庄家运作的第一步，即庄家以买进的方式将资金转换成股票筹码，该阶段又被称为吸筹。

◆ **试盘** 庄家初步吸筹完毕后，在拉升之前会对场内的持股进行试盘，探知场内的持股情况，为后面的拉升做准备。

◆ **整理** 如果场内的浮筹过多，小幅拉升后，抛压过于沉重，庄家则需要通过长时间的整理，将场内的不利因素全面整理。

◆ **初升** 整理结束后，庄家正式开始第一轮的拉升。

◆ **洗盘** 第一轮拉升结束后，底部的获利盘开始回吐，抛压增大，此时庄家要进行洗盘操作，清洗掉场内浮筹，为后面的拉升做准备。

◆ **拉升** 洗盘结束后，庄家会进行正式的拉升，该阶段拉升幅度较大。

◆ **出货** 庄家将股价拉升至目标价位后，开始想办法派发筹码，将筹码转变为现金流，锁定收益。

◆ **反弹** 庄家因为筹码过多，往往一次出货并不能出货完毕，所以在下跌一波后，会利用反弹来派发剩余筹码。

◆ **砸盘** 庄家经过两轮出货操作，筹码基本派发完成，剩下的筹码则会做最后的抛售。而循环坐庄的庄家则会利用此次下跌将股价大幅砸低，为后面的新一轮坐庄做准备。

对庄家坐庄的过程有了大致的了解后，接下来我们将在后面的内容中对坐庄过程中的建仓、洗盘、拉升和出货阶段做进一步的分析介绍。

11.2 建仓阶段的跟庄策略

建仓是庄家坐庄的第一步，分析并掌握庄家的建仓过程，能够让投资者了解庄家的建仓成本位置，进而决定自己的跟庄位置。另外，根据不同的股价走势，庄家会选择不同的建仓方式，例如，有的庄家会横盘震荡建仓，有的庄家会打压式建仓，还有的庄家会拉高式建仓。

11.2.1 横盘震荡建仓

横盘震荡建仓通常出现在股价经过长时间下跌之后，庄家在低位区域暗中吸筹。由于庄家的介入，使得股价止跌甚至出现小幅抬升，但只要股价出现上升庄家便会用大单打压股价，所以使股价长期在一个狭窄的范围区间内波动，形成横向盘整的走势。

这种横盘震荡式建仓通常持续的时间较长，场内的散户大多因为股价长时间的横盘而失去耐心，进而纷纷割肉，庄家则趁机吸筹，逐渐完成建仓工作。所以，虽然横盘过程中每日的成交量并不大，但长达3个月，甚至半年以上的横盘，也能为庄家筹集大量的筹码。因此，横盘建仓一旦结束，后市必然会迎来一波大幅上涨的行情。

对于横盘建仓，股民不可盲目介入，应该在股价放量上涨，出现明显的上涨信号，突破盘整走势时再买进。

实例分析

达安基因（002030）横盘建仓买进分析

图11-2所示为达安基因2019年4月至2020年1月的K线走势。

从图11-2中可以看到，达安基因经过一轮下跌行情，使得股价下跌运行至11元附近后止跌，随后在10~12元区间横盘震荡波动。

仔细观察可以发现，在股价平稳横盘运行的过程中，成交量同样保持萎缩，说明场内有庄家入场，既当买家拉升股价，又当卖家打压股价，在股价稍低时吸收筹码，在股价稍高时抛售。有鉴于此，股民不可贸然入场。

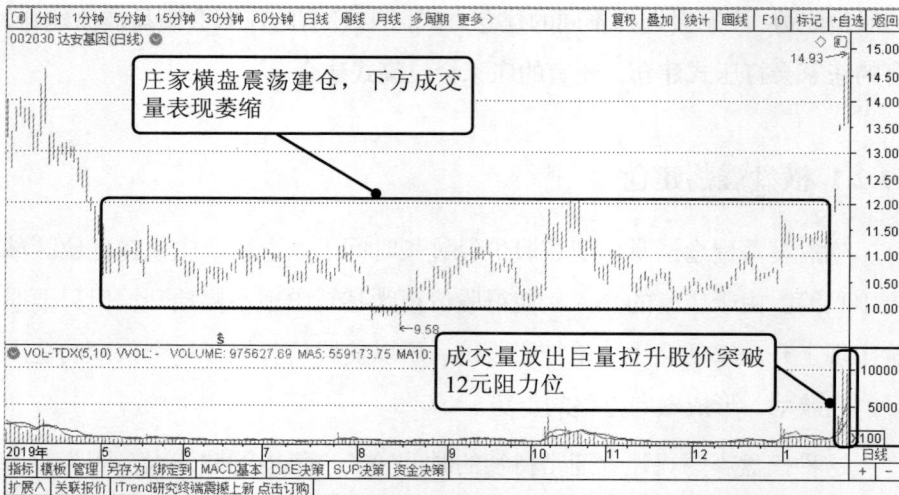

图 11-2 达安基因 2019 年 4 月至 2020 年 1 月的 K 线走势

2020 年 1 月底，成交量突然放出巨量，K 线收出连续涨停，一举向上突破 12 元压力位。这说明股价拉升在即，股民此时可以积极买进，等待后市拉升。

图 11-3 所示为达安基因 2019 年 7 月至 2020 年 8 月的 K 线走势。

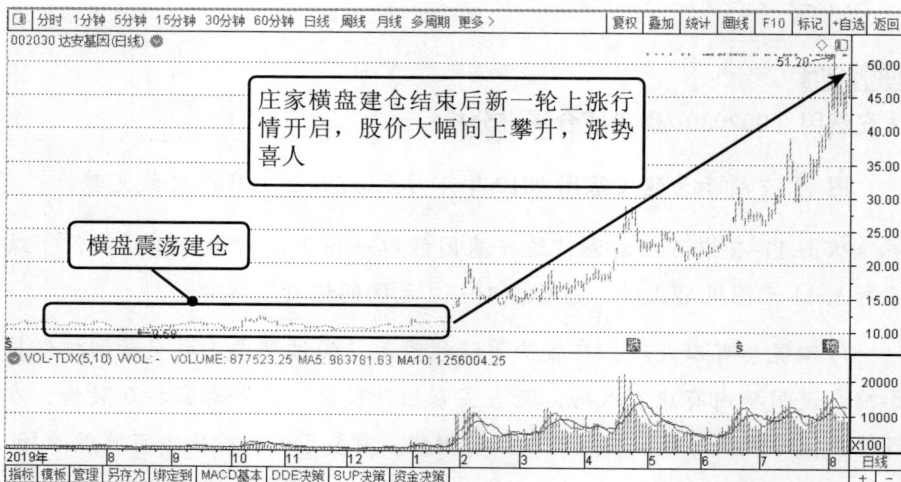

图 11-3 达安基因 2019 年 7 月至 2020 年 8 月的 K 线走势

从图 11-3 中可以看到，2020 年 1 月底庄家建仓结束后新一轮上涨行情开启，股价大幅向上攀升，最高上涨至 51.2 元。如果股民在股价突破 12 元压力位附近时买进，可以获得 326.7% 的涨幅收益。

11.2.2 打压式建仓

打压式建仓是指在股价下跌的过程中，庄家就开始介入个股进行的建仓操作，下跌的过程就是庄家建仓的过程。当股价回落临近某些重要的支撑位时，庄家利用早期买进的一部分筹码，开始大肆向下打压，击穿支撑位，给市场制造出恐慌氛围，使广大股民唯恐股价继续下跌，损失更大，而争相斩仓割肉，庄家则吃进大量的廉价筹码。

在量价方面，打压式建仓具有以下特征。

◆ 股价下跌渐缓，在某些重要支撑位获得支撑而企稳，形成小平台走势。

◆ 庄家利用前期买进的筹码，向下打压，K 线形成连续的下跌大阴线，击穿支撑位，此时大量的恐慌盘落入庄家手中。

◆ 但庄家并未在低位停留过长时间，以免损失筹码，所以股价很快回到支撑位之上，并转入上涨行情。

因此，面对庄家的这种打压式建仓，股民不可贸然抄底，因为常常底下还有底。其次，在打压初期，如果股民持有筹码，且被浅套其中，可先斩仓出局，待庄家建仓完毕再接回。

实例分析

粤传媒（002181）打压建仓买进分析

图 11-4 所示为粤传媒 2018 年 5 月至 11 月的 K 线走势。

从图 11-4 中可以看到，粤传媒处于下跌行情中，股价从 6.5 元左右一路下滑，跌至 3.5 元价位线后，跌势渐缓，股价初步获得企稳，在该价位线上横盘波动，形成小平台走势。

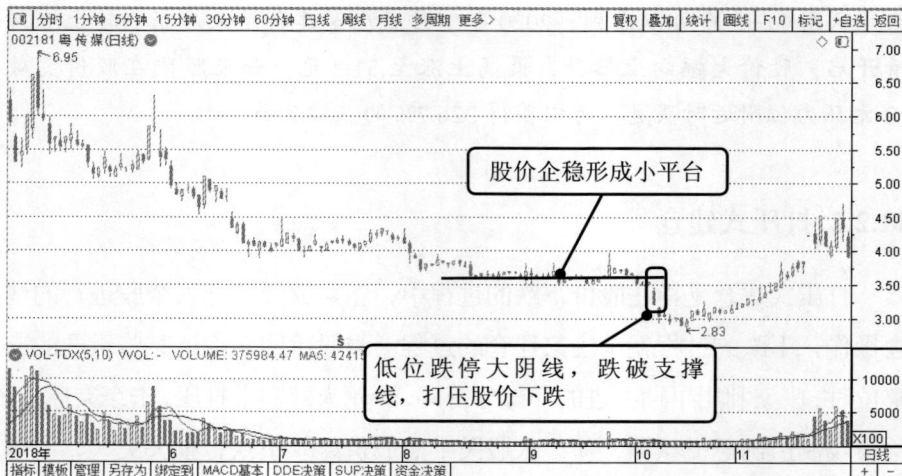

图 11-4 粤传媒 2018 年 5 月至 11 月的 K 线走势

10 月 11 日，K 线收出一根跌停大阴线，使得股价下跌，跌破 3.5 元支撑线。图 11-5 所示为粤传媒 2018 年 10 月 11 日的分时走势。

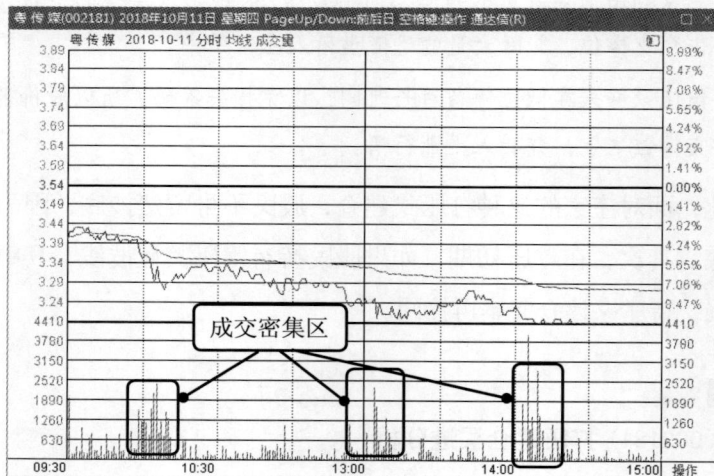

图 11-5 粤传媒 2018 年 10 月 11 日分时走势

从图 11-5 中可以看到，庄家在运用缓慢震荡打压的方式建仓，股价每一次下跌都伴随着大量的成交量，随后股价被小幅拉高，然后继续打压下跌。在这期间，股价重心不断下移至跌停板。

且在随后的几个交易日内，K线连续收阴，再创新低。使得市场陷入恐慌，进一步说明场内有庄家利用打压的方式建仓，此时股民不可盲目入场。

10月下旬，股价跌至3元价位线后止跌，短暂横盘后开始出现回升迹象，K线连续收阳，说明庄家建仓结束，后市的上涨行情即将开启，股民此时可以放心买进。

图11-6所示为粤传媒2018年10月至2019年3月的K线走势。

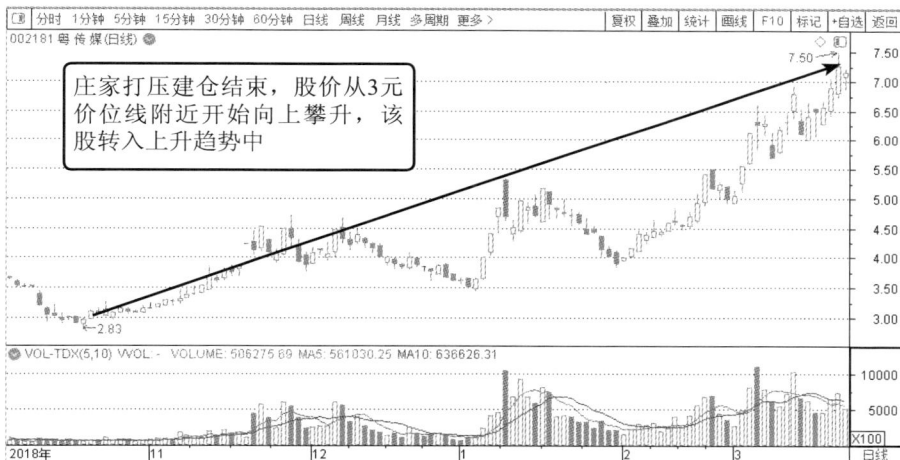

图 11-6 粤传媒2018年10月至2019年3月的K线走势

从图11-6中可以看到，庄家打压建仓结束，股价从3元价位线附近开始向上攀升，该股转入上升趋势中，最高涨至7.5元，涨幅为150%。如果股民在庄家建仓结束时买进，可以获得不菲的涨幅回报。

11.2.3 拉高式建仓

拉高式建仓是指庄家以较快的速度拉升股价，并在拉升的过程中完成建仓。庄家开始介入该股时会吸入大量的筹码，随着股价的上升，庄家渐渐减少吸筹的数量，直至最后吸筹完毕。拉高式建仓通常出现在一些长期处于下跌行情或冷门股中。

股价在一两天时间内突然向上拉升，K线拉出几根放量大阳线，有时甚至是涨停板，将股价快速拉高，然后再通过大幅震荡形成高位整理态势。在此期间，散户担心庄家做高抛低吸收差价，引发抛盘。

拉高式建仓是由于庄家准备不充分，而行情已经展开，所以不得不开展的建仓方式，目的是以最短的时间达到最大的建仓量，是以空间换时间的建仓方式，也是比较有效的一种建仓方式。

拉高式建仓说明庄家建仓的心理非常急迫，股价拉升在即，庄家必须在短时间内完成建仓，后市才可能有较大的涨幅空间。但是，股民发现股价出现异常的拉升现象时，不能立即跟进，而应该跟踪观察股价走势。通常庄家拉升股价完成建仓后会进行洗盘，清洗场内浮筹，所以股民应该等待股价放量拉升突破压力线，洗盘结束时再介入。

实例分析

奥特佳（002239）拉高建仓买进分析

图 11-7 所示为奥特佳 2019 年 4 月至 2020 年 2 月的 K 线走势。

从图 11-7 中可以看到，奥特佳长时间处于下跌行情中，2019 年 8 月下旬，股价创下 1.56 元新低后止跌回升，随后维持在 1.5~2.2 元区间做了 4 个月左右的窄幅横盘波动。

2020 年 1 月 6 日、7 日和 8 日，K 线连续 3 天收出涨停，将股价拉升至 2.4 元。但该轮涨势并未持续，随后 K 线连续收阴形成震荡向下的走势，下方成交量明显放量。这说明场内有庄家在通过连续的涨停拉高建仓，将股价拉升至 2.4 元给前期被套的投资者留出盈利空间后，便大幅打压，让场内投资者认为庄家要出货，为避免再次被套而纷纷抛售持股，庄家则趁机大肆买进。

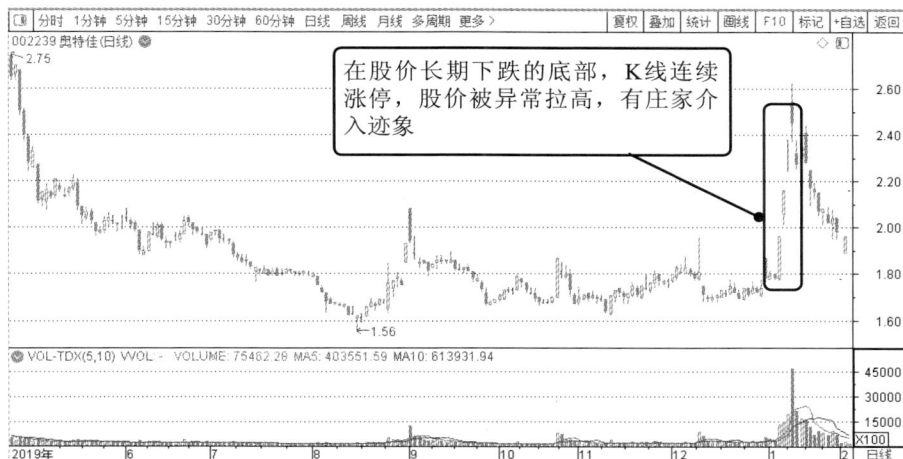

图 11-7 奥特佳 2019 年 4 月至 2020 年 2 月的 K 线走势

了解庄家拉高式的建仓手法之后，股民应该在庄家洗盘结束后再积极买进介入。2020 年 1 月底，股价跌势渐缓，并在 2 元价位线上呈现出止跌迹象，说明庄家洗盘基本结束，股民可以在此位置买进。

图 11-8 所示为奥特佳 2019 年 12 月至 2020 年 2 月的 K 线走势。

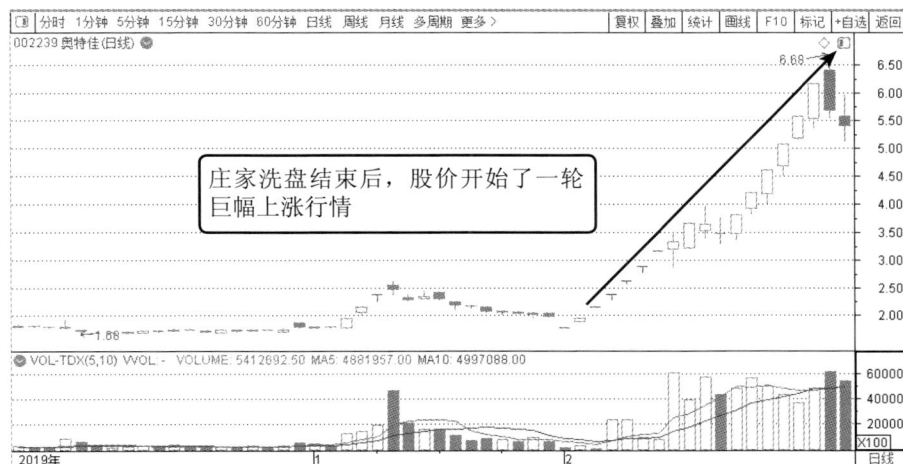

图 11-8 奥特佳 2019 年 12 月至 2020 年 2 月的 K 线走势

从图 11-8 中可以看到，庄家洗盘结束后，股价开始了一轮巨幅上涨行情，仅仅 1 个月的时间，股价从 2 元附近上涨至最高 6.68 元，涨幅达到 234%，如果股民在洗盘结束时买进，可以获得不错的回报。

11.3 洗盘阶段的跟庄策略

洗盘是庄家清理场内浮筹常用的手段，也是为后面的大幅拉升做准备，因此，洗盘结束后股价会迎来一波大幅上涨行情，也是股民跟庄获利的大好机会。

11.3.1 缩量打压式洗盘

缩量打压式洗盘是庄家比较常用，也是能够快速达到洗盘目的的一种手法。当股价上涨到一定的高位后，股价止涨下跌，市场气氛陷入恐慌，场内的投资者担心失去前期利润，而抛售手中持股，庄家则顺势收集筹码。

打压式洗盘出现时成交量放大，随着洗盘的结束，成交量表现出极度缩量，因此，当成交量表现极度缩量时就是股民买进的大好机会。

实例分析

天润工业（002283）缩量洗盘结束买进

下图 11-9 所示为天润工业 2019 年 5 月至 2020 年 4 月的 K 线走势。

从图 11-9 中可以看到，天润工业长期处于下跌行情中，股价下跌至 3.5 元价位线附近后止跌，随后该股在 3.5~4 元区间长期横盘震荡，下方成交量没有明显的放大。这说明场内有庄家介入，在通过横盘震荡建仓，因为吸筹过程比较长，势必会吸引一些散户投资者跟风，所以庄家通常需要在后期进行一次洗盘。

图 11-9 天润工业 2019 年 5 月至 2020 年 4 月的 K 线走势

2020 年 2 月初，股价进一步下跌，创下 2.98 元的新低后止跌回升。当股价上涨至前期 4 元阻力位时，受阻下跌，K 线收出连续带长上影线 K 线，随后股价呈现单边下跌走势。因为前期场内的股民已经经过了长期的横盘整理走势，唯恐再次被套，所以纷纷割肉斩仓，下方成交量呈现放量。

2020 年 4 月初，成交量表现极度缩量后开始放量，K 线收出涨停大阳线，快速拉升股价，说明股价洗盘结束，后市即将迎来一波拉升，股民应该在此位置积极买进。

图 11-10 所示为天润工业 2020 年 2 月至 7 月的 K 线走势。

从图 11-10 中可以看到，2020 年 4 月初，庄家洗盘结束后，该股转入上升行情中，涨幅巨大。股民在洗盘结束时的 4 元附近买进，当股价最高上涨至 7.3 元时，可获得 82.5% 的涨幅收益。

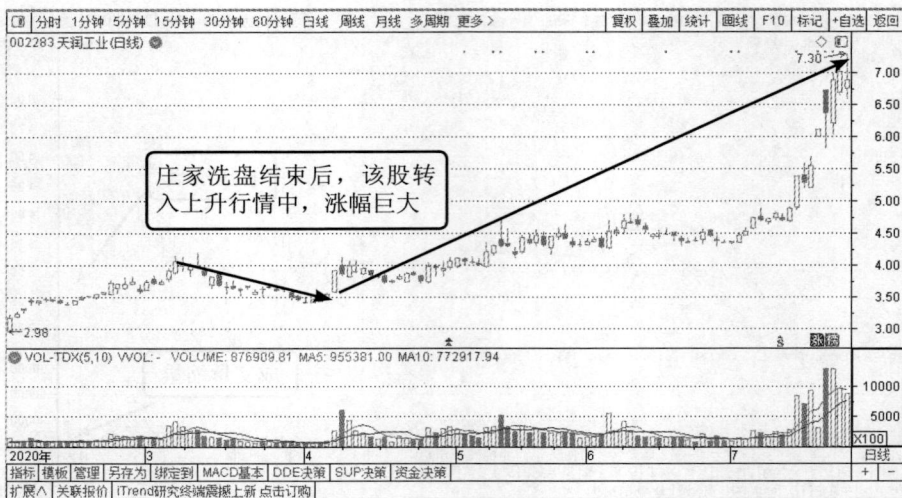

图 11-10 天润工业 2020 年 2 月至 7 月的 K 线走势

11.3.2 横盘震荡洗盘

横盘震荡洗盘是指股价呈横盘震荡走势，波动幅度较小，成交量表现萎缩。在此区间庄家既不打压，也不拉升，一般多是通过在委托盘上挂大压单、下挂大托单用于维持股价，以引导散户投资者充分换手。

横盘震荡式洗盘主要针对一些业绩表现较好的，且前景普遍被看好的个股，因为场内大多数的股民都看好该股，如果庄家还是继续打压洗盘，不仅达不到洗盘的目的，反而会被其他场外等待的投资者趁机抢走打压筹码。

平台式洗盘采取以时间换取空间的方法，主要是针对市场中的持股人缺乏耐心，使其感觉看不到希望而放弃。平台整理的时间越长，上下振幅越小，洗得就越彻底，以后股价上升的后劲就越大。

对于这类洗盘，股民应该持币观望，不可贸然入场以免资金被套，一旦出现放量拉升，突破前期整理平台，则可以立即跟进。

实例分析

红日药业（300026）整理洗盘结束买进

图 11-11 所示为红日药业 2018 年 6 月至 2020 年 1 月的 K 线走势。

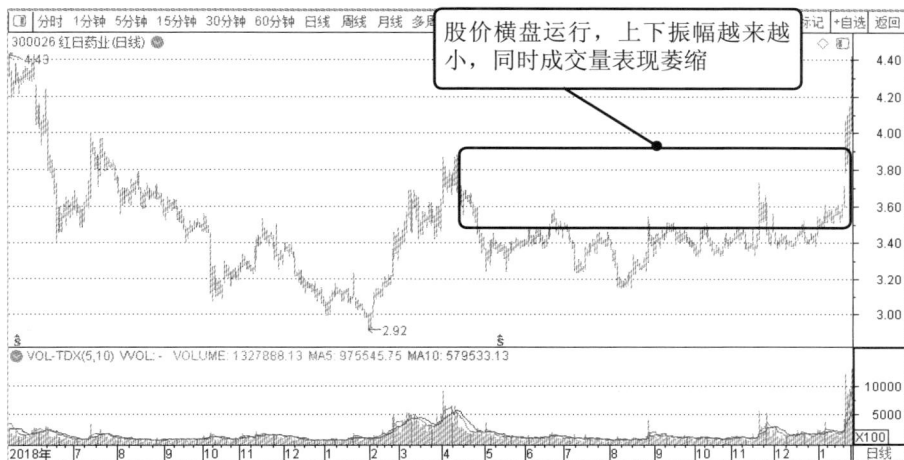

图 11-11 红日药业 2018 年 6 月至 2020 年 1 月的 K 线走势

从图 11-11 中可以看到，红日药业前期处于下跌行情中，股价一路下滑，在创下 2.92 元的新低后止跌回升。股价上涨至 3.8 元后受阻下跌，跌至 3.4 元价位线后止跌，随后股价在 3.2~3.6 元价位区间开启了长达 8 个月左右的横盘窄幅波动，且随着时间的流逝，股价波动的幅度越来越小。在股价横盘运行期间，成交量逐渐缩小，呈现出萎缩形态。

这种情况说明场内庄家在利用横盘震荡洗盘，以清除场内意志不坚定的浮筹。随着成交量的萎缩，说明场内的浮筹逐渐被清理干净。2020 年 1 月下旬成交量保持一段时间的萎缩低量后，开始明显放大，说明庄家洗盘结束，股价即将迎来上涨。2020 年 1 月下旬，股价放量上涨有效突破横盘平台时为股民买进机会。

图 11-12 所示为红日药业 2019 年 2 月至 2020 年 2 月的 K 线走势。

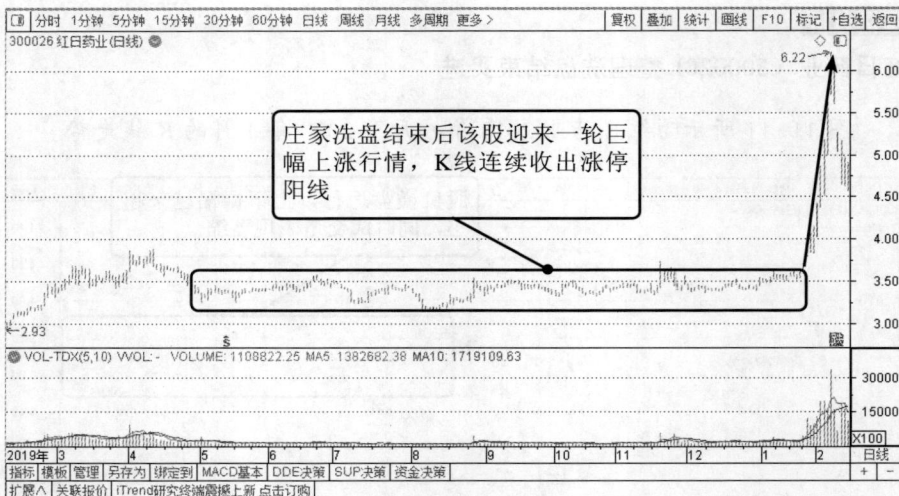

图 11-12 红日药业 2019 年 2 月至 2020 年 2 月的 K 线走势

从图 11-12 中可以看到，2020 年 1 月下旬，庄家洗盘结束后该股迎来一轮巨幅上涨行情，K 线连续收出涨停阳线，股价在短短几个交易日内从 3.5 元被拉升至最高 6.22 元，涨幅达到 77.7%。如果股民在 1 月下旬，股价突破横盘整理时买进，可以获得十分丰厚的投资回报。

11.4 拉升阶段的跟庄策略

洗盘结束后，庄家就会开始正式拉升股价。拉升阶段是庄家坐庄的核心阶段，为了能够达到目标价位，庄家通常需要做出几次上升波段，且每个波段中的拉升操盘手法都不同。因此，股民了解庄家不同的拉升手法，并针对这些拉升手段制定出相应的操作策略，才能随着庄家的拉升，而享受收益。

11.4.1 庄家震荡式拉升

庄家完成建仓操作后，使股价逐渐脱离底部区域，开始向上震荡拉升。庄家将股价拉升至一定的高度后，再向下调整一段，随后又将股价拉起，达到一定高度后再向下调整，如此反复。一边拉高，一边洗盘，一边整理，没有明显的拉高和砸盘动作，整个盘面走势非常稳定，但股价的重心却在不知不觉中被拉高。

这类的拉高方式比较适合短线操盘的股民，可以高抛低吸，进行波段操作，将利润最大化。股民可以借助指标或 K 线形态等信息来判断股价的阶段底部或阶段顶部做波段操作，也可以绘制通道线来判断买进卖出点。

实例分析

大东海 A（000613）震荡拉升波段买进

图 11-13 所示为大东海 A 2019 年 10 月至 2020 年 6 月的 K 线走势。

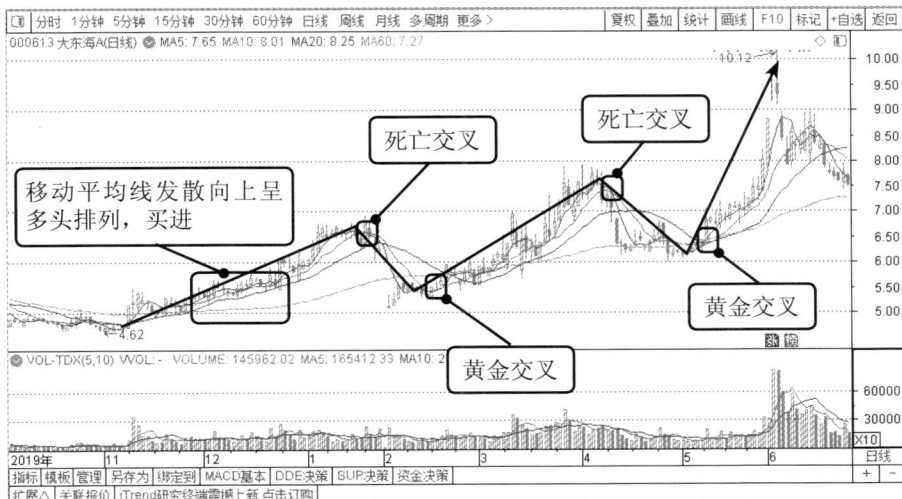

图 11-13 大东海 A 2019 年 10 月至 2020 年 6 月的 K 线走势

从图 11-13 中可以看到，大东海 A 在这一阶段表现出十分明显的震荡拉升走势，股价上升到一定高度后向下回调一段，随后股价再次向上拉升，到一定高度后再次向下回调，如此反复。

股民在不知道后市的情况下可以利用移动平均线进行判断。2019 年 11 月，股价经过一段时间的横盘运行后，开始向上运行。此时移动平均线由之前的纠缠运行，逐渐发散开来，拐头向上呈现多头排列，说明此时市场中多头势力强盛，该股即将转入上涨行情，股民可以在此位置积极买进。

当股价上涨至 6.5 元附近时，股价止涨横盘一段后出现下跌迹象，短期移动平均线拐头向下，但 60 日均线依然保持稳定上升的走势，说明该股的上涨趋势并没有发生变化，中长线股民仍然可以放心持有，短线操作的股民可以在 5 日均线下穿 10 日均线形成死亡交叉时卖出。

2020 年 2 月初，股价下跌至 5 元附近止跌，随后小幅回升，此时 5 日均线和 10 日均线拐头向上，在 5.5 元附近形成黄金交叉，此时股民可以积极买进持股待涨。

2020 年 4 月初，股价上涨至 7.5 元附近后再次止涨下跌，观察移动平均线发现 60 日均线依然保持稳定的上升走势，没有出现拐头迹象，说明此次的下跌只是上升途中的回调。中长线操作者可以继续持有，短线操盘者可以在 5 日均线下穿 10 日均线形成死亡交叉时卖出，锁定收益。

2020 年 5 月初，股价跌至 6.5 元附近再次止跌，横盘运行一段时间后，出现上涨迹象，移动平均线纷纷拐头向上发散运行，说明该股再次迎来一波强势上涨，黄金交叉出现时为股民的买进机会。

在确认该股整体上升趋势不变的情况下，股民要明确此时的下跌都是股价上升过程中的回调，且每一次的回调结束都是股民买进或加仓的好机会。

11.4.2 庄家急速式拉升

急速式拉升是指庄家在低位区域收集了大量的筹码，高度控盘，庄家洗盘结束后会利用连续的大阳线或涨停板，甚至是连续跳空高开的方法来急速拉高股价，在 K 线图中形成拔地而起的形态。

面对急速式拉升股民应该从以下两个方面进行跟庄操作。

- ◆ 急速式拉升的股票通常在拉升的前期都会有一个低迷期，成交量极度萎缩。此时场内一旦出现放量上涨突破平台，或是涨停板拉升，就应立即跟进。

- ◆ 第一波拉升通常比较突然，股民大多不容易买进，所以股民还可以等股价回落整理到 5 日均线与 10 日均线之间时再买进。也可以在股价上涨途中平台调整结束，放量突破平台时买进。

实例分析

南岭民爆（002096）急速拉升买进

图 11-14 所示为南岭民爆 2020 年 2 月至 9 月的 K 线走势。

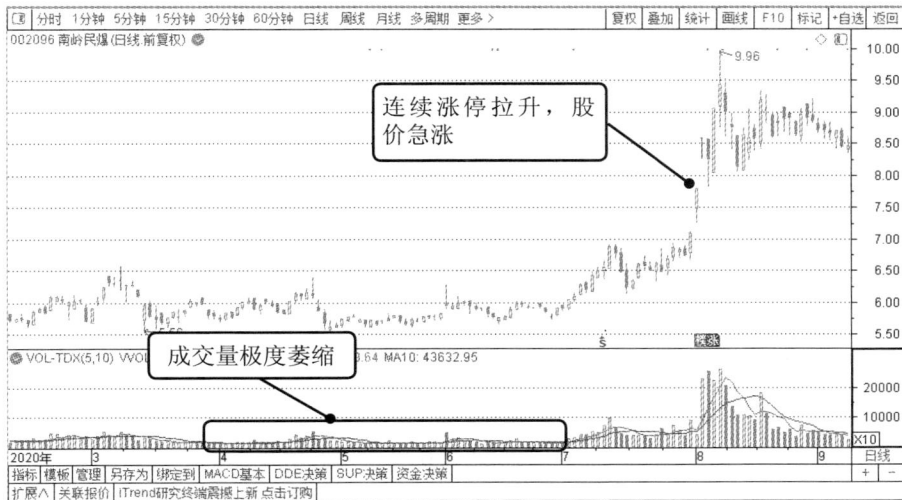

图 11-14　南岭民爆 2020 年 2 月至 9 月的 K 线走势

从图 11-14 中可以看到，南岭民爆经过一轮下跌行情后，股价下跌至 6 元价位线附近止跌，随后在该价位线上横盘波动运行，且波动的幅度越来越窄。观察下方成交量发现，成交量极度萎缩，说明市场冷清，交投较少。

7月上旬，成交量明显放量，股价出现小幅拉升，股价上涨至6.5元价位线后止涨横盘。说明场内多空平衡的状态被打破，多头占据优势，后市即将迎来一波上涨，股民可以在此位置积极买进。

7月31日，K线收出一根高开高走的大阳线突破前期6.5元阻力位，紧接着8月3日和8月4日，连续涨停，股价急涨，成交量放出巨量。此番拉升又急又猛，短短3个交易日将股价拉升至8.5元附近，股民若在6.5元附近买进，可以获得超过30%的涨幅利润。

股价上涨至8.5元价位线后继续上涨，冲刺10元失败后，在8.5元价位线上横盘运行形成小平台走势。前期没有买进的股民可以在股价放量上涨有效突破平台9元阻力位时买进，等待第二波急涨。

图11-15所示为南岭民爆2020年5月至11月的K线走势。

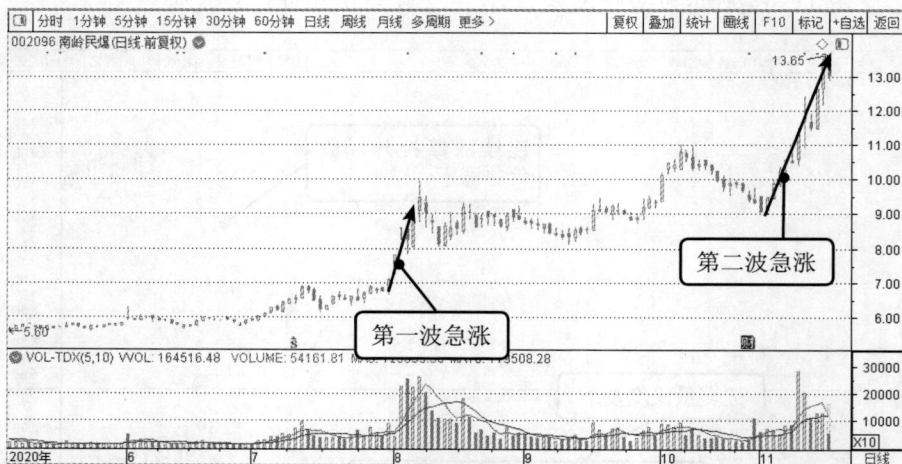

图11-15 南岭民爆2020年5月至11月的K线走势

从图11-15中可以看到，9月下旬，南岭民爆结束横盘走势之后该股继续之前的上涨走势，向上攀升。股价向上攀升至11元附近后止涨下跌回调，跌至9元后止跌，随后放量拉升，短短几个交易日股价快速上涨至13.65元，涨幅巨大。

11.4.3 庄家阶梯式拉升

阶梯式拉升与震荡式拉升有点儿类似，都是将股价拉升到一定高度后便整理，不过阶梯式拉升是以横盘的方式整理。整理结束后，再向上拉升，到一定高度后再横盘整理，如此反复，不断推高股价。最终在 K 线图中形成一种阶梯的形态。阶梯式拉升的目的在于将场内意志不坚定的，没有耐心的股民清洗出去。

面对庄家阶梯式的拉升手法，中长线股民只要确认长期均线并未改变方向，稳定上行，即可继续持有。短线股民则可以在股价放量冲高回落或收出放量阴线、放量十字星线时卖出，在股价放量上涨突破整理平台时买进，将利润最大化。

实例分析

全新好（000007）阶梯拉升买进

图 11-16 所示为全新好 2019 年 7 月至 12 月的 K 线走势。

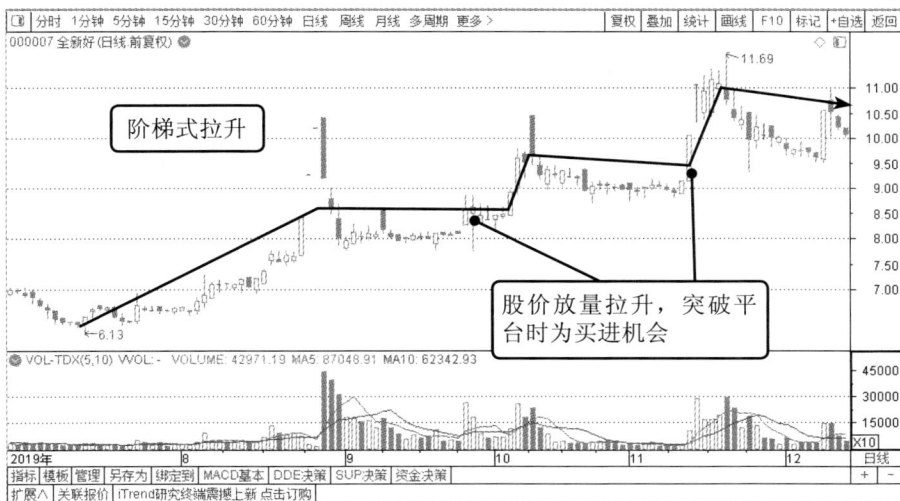

图 11-16 全新好 2019 年 7 月至 12 月的 K 线走势

从图 11-16 中可以看到，全新好在该阶段中呈现出阶梯式拉升的走势。股价从 6.13 元位置开始向上攀升，上涨至 10 元附近后 K 线收出一根放量大阴线，此时股民可以卖出持股。

股价下跌至 8 元价位线后，在该价位线上横盘整理，形成小平台走势，成交量缩量。9 月 25 日一根跳空高开的放量大阳线向上突破小平台，说明整理结束，涨势继续，股民可以在此位置买进。

股价上涨至 9.5 元价位线附近，再次收出一根放量大阴线止涨下跌，股民应在此位置卖出股票。股价下跌至 9 元价位线上止跌，横盘整理形成小平台，成交量缩量。

11 月 13 日 K 线收出一根高开高走的放量涨停大阳线，拉升股价突破平台整理，说明整理结束，股价继续向上攀升，股民可以在此位置买进。

阶梯式拉升中，投资者可以通过案例中的方法，进行多次反复操作，以获得获利机会。在股价放量拉升时买进，缩量回调时卖出。

11.5　出货阶段的跟庄策略

出货是庄家操盘的最后一步，也是盈利与否的关键性步骤。每一个股民都应该了解庄家的出货手法，及时跟庄出货，如果股民在庄家出货阶段没有及时抛售持股，就可能面临重大损失，甚至有被套的风险。

11.5.1　快速拉高出货

拉高出货通常出现在大市即将见顶时，此时场内人气高涨，买气最盛，庄家利用股民的追涨心理，以庞大的资金故意快速拉高股价，诱使场内股民跟风，使股票求大于供，股价大幅上升。在股价上涨的过程中，庄家已将筹码不知不觉地转移到散户手上了。

庄家拉高出货通常具有以下特点。

◆ 该股前期已经积累了一定的涨幅，或是在虚假突破后的高位横盘。

◆ 在快速拉高之前，股价处于相对平稳的上升走势中，股价在均线上稳定上涨。突然某一日或几日出现快速拉高，然后几日形成横盘，成交量中平或量大平，且重心开始下移。

实例分析

江铃汽车（000550）拉高出货卖出

图 11-17 所示为江铃汽车 2018 年 11 月至 2019 年 4 月的 K 线走势。

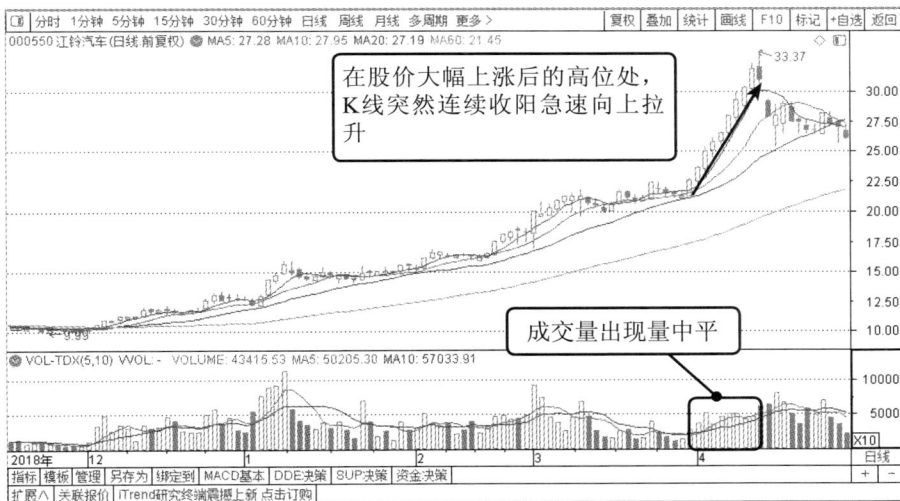

图 11-17 江铃汽车 2018 年 11 月至 2019 年 4 月的 K 线走势

从图 11-17 中可以看到，江铃汽车处于上升行情中，股价从 10 元附近开始向上稳步攀升，股价上涨至 20 元附近时止涨横盘，此时涨幅超过 100%。3 月底，K 线连续收出多根高开高走的大阳线，突破高位横盘平台的同时，进一步拉升股价至 30 元附近，成交量出现量中平。

股价这一波急速上涨，出现在完成了主升浪行情的后期，有可能是庄

家的出货手段，股民要引起注意。我们进一步查看股价快速冲高时的分时
走势图，图 11-18 所示为江铃汽车 2019 年 4 月 11 日的分时走势。

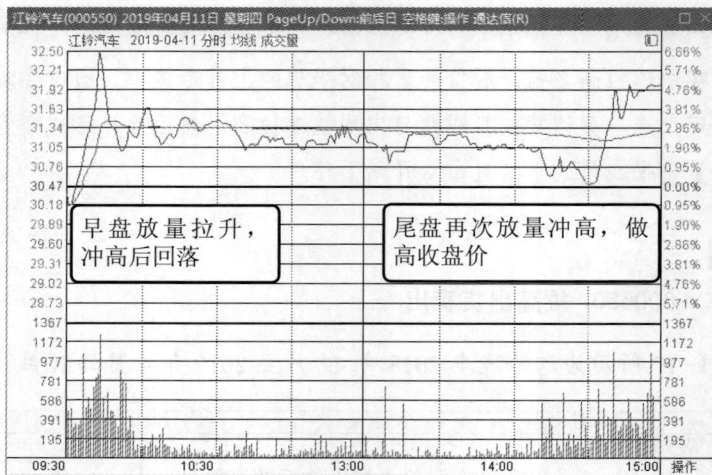

图 11-18 江铃汽车 2019 年 4 月 11 日的分时走势

从图 11-18 中可以看到，当日低开后，成交量大单放量，股价快速冲
高后慢慢回落至均价线下方，看起来似乎是主力恢复了平静，但其实我们
仔细观察可以发现回落过程中偶有大单出现，说明早盘放量拉升是为了把
价格做高，吸引追涨进去接盘，庄家却在回落过程中利用中单逐步出货。

尾盘时成交量却突然再次大单放量，将股价拉升至均价线上方，做高
收盘价，目的在于第二天能够以较高的价位继续出货。4 月 12 日，K 线收
出一根带长上影线的放量阴线。4 月 15 日，K 线继续收出一根放量跌停大
阴线，根据这两日的 K 线进一步确认了庄家出货的事实。此时股民应该利
用高位横盘离场出逃。

图 11-19 所示为江铃汽车 2019 年 4 月至 11 月的 K 线走势。

从图 11-19 中可以看到，江铃汽车在 4 月中旬上冲 32 元价位线失败
后转入下跌行情中，该股经历了长达 8 个多月的下跌走势。股价从最高的
33.37 元跌至最低的 13.26 元，跌幅达到 60%。如果股民没有识别出庄家的
出货迹象，而没有及时出逃，可能面临重大损失。

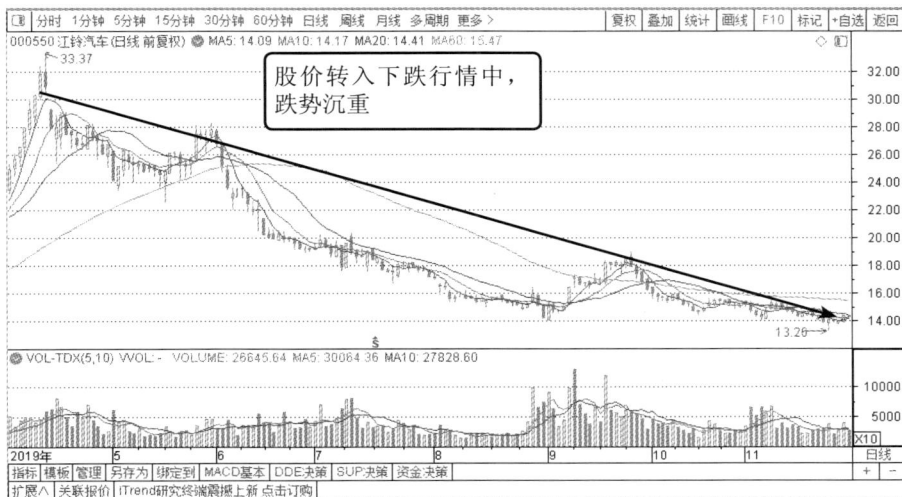

图 11-19 江铃汽车 2019 年 4 月至 11 月的 K 线走势

11.5.2 庄家震荡出货

震荡出货指庄家将股价拉升到目标价位后，便开始伺机出货，但如果直接出货必然会引起卖压增大，造成股价下跌。因此，庄家采用震荡的方式出货，当股价上涨时庄家顺便出货，股价下跌时庄家就会出来护盘，以保持场内的人气和股价，使得股价始终在一个区域范围内反复震荡运行。散户认为庄家在整理，但实质上庄家正在分批出货，出货完成后股价转入下跌行情中。

震荡出货的一个重要标志是"跌长涨短"，即股价下跌的速度较慢，时间较长，以便庄家能够尽可能地多出一些货；股价上涨的速度则较快，时间较短，以便庄家能够降低控盘的成本。

震荡出货因为反复的震荡通常会在 K 线上形成经典的顶部形态，例如头肩顶、三重顶以及双重顶等，所以股民可以借助这些形态做进一步的判断，当形态形成股民应该尽快离场。

实例分析

长源电力（000966）震荡出货分析

图 11-20 所示为长源电力 2018 年 12 月至 2019 年 10 月的 K 线走势。

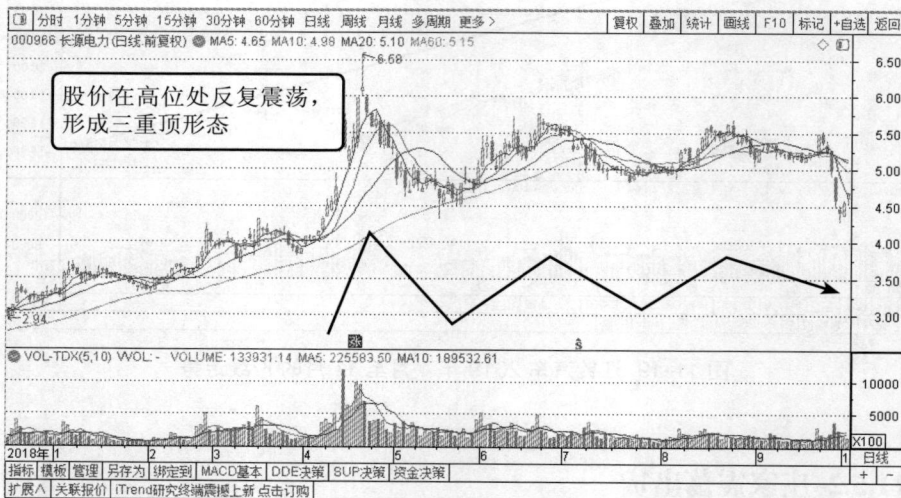

图 11-20 长源电力 2018 年 12 月至 2019 年 10 月的 K 线走势

从图 11-20 中可以看到，长源电力处于上升行情中，股价从低位处一路向上攀升。当股价上涨至 6 元价位线附近时受阻下跌，随后在 4.5~6 元区间震荡运行，且波动幅度越来越窄。在股价大幅上涨后的高位区域出现震荡走势，极有可能是庄家出货的手段，股民应该警惕。

我们进一步观察发现，股价上涨至 6 元后止涨下跌，跌至 4.5 元价位线后止跌回升，上涨至 5.5 元附近后再次受阻下跌，跌至 5 元价位线后止跌回升，上涨至 5.5 元价位线后再次受阻下跌。反复的震荡形成了 3 个差不多水平的高点，和两个差不多水平的低点，连接高点和低点发现，K 线形成了典型的三重顶形态，这是股价见顶下跌的信号。一旦形态形成，股民就应该立即出局。

图 11-21 所示为长源电力 2019 年 4 月至 2020 年 7 月的 K 线走势。

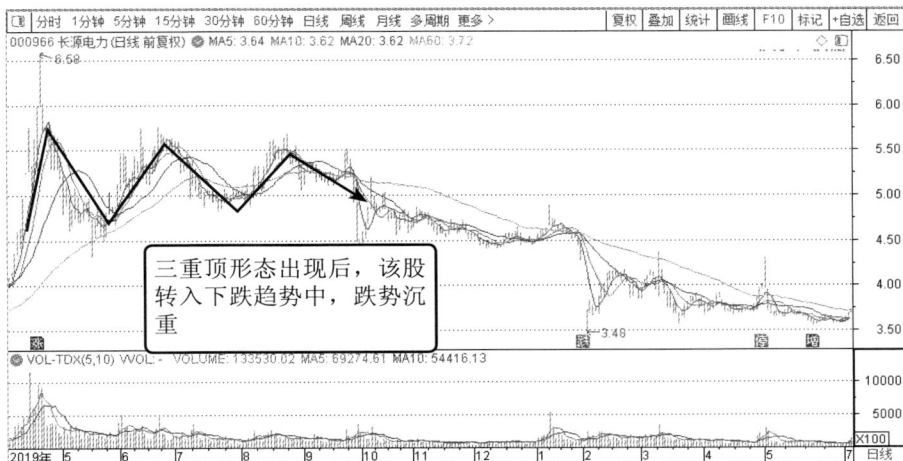

图 11-21 长源电力 2019 年 4 月至 2020 年 7 月的 K 线走势

从图 11-21 中可以看到，三重顶形态出现后，该股转入下跌趋势中，跌势沉重。由此得出，前期的震荡确实为庄家的出货手段，如果股民没有在顶部震荡时及时出逃，将面临严重损失。

11.5.3 庄家横盘出货

横盘出货是庄家控盘过重以至于股价连续上涨之后跟风盘很少，庄家无法完成高位出货，所以调整为盘整平台，营造出高位蓄势等待突破的走势，吸引投资者进场来达到出货的目的。

庄家横盘出货具有以下特点。

◆ 股价前期经历了大幅放量拉升行情，庄家获利空间较大。

◆ 横盘出货时间较长，是一种以时间换空间的出货方式。

◆ 横盘出货过程中成交量没有明显的规律，但交投活跃。

◆ 横盘过程中出现多次上冲，制造出想要突破平台的假象。

◆ 盘整平台越多，说明主力出货越彻底，后市大幅下跌的空间就越大。

实例分析

东华软件（002065）横盘出货分析

图 11-22 所示为东华软件 2019 年 8 月至 2020 年 3 月的 K 线走势。

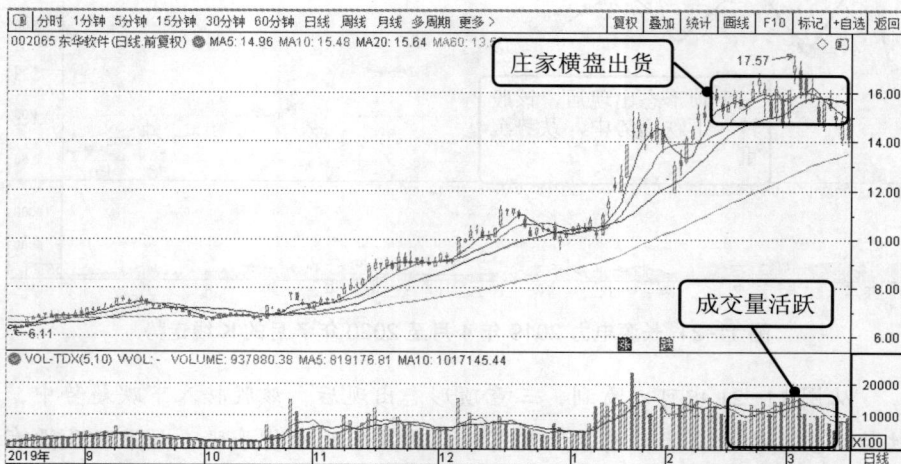

图 11-22 东华软件 2019 年 8 月至 2020 年 3 月的 K 线走势

从图 11-22 中可以看到，该股经过 7 个多月的上涨，将股价拉升至 16 元价位线上，随后股价止涨横盘。此时的横盘是否为庄家的出货行为呢？我们看到，该股从 6.11 元上涨至最高 17.57 元涨幅超过 187%，已经完成主升浪的上涨，此时为横盘洗盘的可能性不大。

其次，查看成交量发现，股价横盘时下方成交量交投活跃，没有出现明显的萎缩现象，显然不是横盘洗盘。因为横盘洗盘中庄家的目的在于换手，所以庄家只会在高位或低位出货，以主动性的买单或卖单来控制股价，使股价横盘运行，所以横盘洗盘中股价走势沉闷，但股价坚挺，成交量也随着股价换手迅速萎缩。确认之后，股民应尽快出逃，股价向下跌破平台为最后的出逃机会。

第12章

有备无患，
学点防范技能与策略畅游股市

　　想要在股市中稳操胜券，股民还需要学会一些投资技能和策略，例如了解股市常见的风险、股市投资技巧以及自我管理和解套方法，才能提高自己的投资水平，让自己在股市操盘中更加游刃有余。

股市常见的风险类型
不同类型的风险防范
分散投资买卖法
分段投资买卖法
……

12.1 股市风险了然于心

任何的投资都会有风险，股票当然也不例外，股民需要了解股市投资有哪些风险，才能提前做好心理准备和相应的风险防范，降低投资风险，让自己的投资更稳妥。

12.1.1 股市常见的风险类型

股市风险指投资者的本金和收益遭受损失的可能性，从风险的类型来看，可以将风险分为 3 个类型，具体内容如下。

1. 系统性风险

系统性风险也就是我们常说的市场风险，是不可分散的投资风险，它是由于某种因素的变化影响，导致股价下跌，给投资者造成损失的可能性。这类风险往往是投资者和投资机构不能左右的，但是可以通过对国际和国内宏观局势、经济状况等进行分析来改变调整投资策略，从而达到降低风险的作用。

系统性风险主要包括以下 4 项。

◆ 政策风险

政策风险是指因为国家经济政策和管理决策等发生改变，或者是重要的法律法规出台，而引起的股价变化，给投资者带来的投资风险。

◆ 利率风险

利率风险是指利率变动对股市总体投资资金量产生的影响，当利率普遍下调时，人们觉得利率过低而将钱投入股票，投资股票的人多，使股价上涨；当利率上调时，人们觉得存银行更划算，会让资金从股市流回银行，买股票的人少，使得股价下跌。

◆ 购买力风险

购买力风险也就是通货膨胀风险，是指物价变动影响股价变化而产生的风险。普遍认为适度的通货膨胀可以刺激投资需求的增长，使股市投资更活跃。但通货膨胀超过一定比例，会引发宏观经济调控，导致投资者对未来产生担忧，降低投资热情。

◆ 市场风险

市场风险是由于股价涨跌变化而引起的，股价波动变化大，投资者的投资风险也增大。这种风险在新兴市场上尤为明显，因为引起股价波动的因素更多、更复杂，往往难以预料。

2. 非系统性风险

非系统性风险是指与整个市场无关的风险，例如某个股自身的风险、某一领域或者是某一行业的风险。非系统性风险主要包括以下 3 类。

◆ 经营风险

经营风险是指上市公司因为经营或管理不善而给投资者带来损失的可能性。如上市公司的经营、生产以及投资活动出现问题，影响公司的盈利，使得投资者收益或本金减少或损失。

◆ 财务风险

财务风险是指上市公司因为资金问题而产生的风险。公司的财务风险主要表现为无力偿还到期债务、利率变动风险和再筹资风险。一般来说，公司的资本负债比率越高，债务结构越不合理，财务风险就越大。

◆ 信用风险

信用风险指违约风险，即上市公司不能够按时向股民支付本金和收益的风险。在股市投资中比较少见，通常只有在公司破产的情况下才会出现。

3. 操作风险

操作风险是指投资者个人在股市交易过程中，由于缺乏股市投资经验，操作不熟悉，或者是投资知识不足而产生的风险。例如，投资者对股票投资规则和分析方法在认识上存在局限性，从而在股票交易中造成损失。

以上为股市投资中比较常见的风险类型，了解这些风险可以帮助股民形成风险意识，从而有意识地规避这些风险。

12.1.2 不同类型的风险防范

在上一节的内容中介绍了股市投资中常见的风险类型，下面针对这些风险来介绍一些防范措施，以便帮助股民抵御风险。

1. 系统性风险的防范

系统性风险会对整个市场产生影响，包括宏观经济政策、利率变化以及自然灾害等。系统性风险会对市场上所有的资产产生影响，其中，有的资产影响较大，有的资产影响较小。因此，虽然系统性风险对股市影响较大，难以通过市场行为来进行化解，但投资者还是可以采取适当的措施来进行应对。

首先，投资者应该提高自身对系统性风险的认识和警惕，提前做好准备，尤其是在牛市行情中，投资者更容易被连续上涨的走势蒙蔽而忽略系统性风险。

其次，在系统性风险出现时要及时果断出逃，避免损失进一步扩大，以免给自己造成无法挽回的损失。

2. 非系统性风险的防范

因为非系统性风险不会对整个市场造成影响，只会对某一个股、某个行业或某一领域的个股产生影响，所以投资者可以通过分散投资，合理配置来规避。例如，投资者除了投资互联网行业股票之外，还可以配置一些电力、石油、纺织制造等行业的股票，分散非系统性风险。

3. 操作性风险的防范

操作性风险需要投资者通过提高自身的股市投资经验来降低，一方面要学习掌握相关的股市投资理论知识和交易规则，避免出现由于缺乏正确认识而在股市交易中产生损失；另一方面还要提高自身的投资经验和技能，可以向经验丰富的股市老手讨教，也可以通过股市论坛进行系统性学习，逐步提高自己。

12.2 降低风险的买卖操作策略

在个股买卖操盘过程中也可以通过一些具体的策略来降低投资者的投资风险，其中最为实用的就是分散投资买卖法和分段投资买卖法。

12.2.1 分散投资买卖法

分散投资买卖法实际上我们在前面的非系统性风险防范中简单地提到过，它就是指不要将资金集中投资在某一只个股上，应该分散投资，才能起到降低风险的作用。但真正的分散投资，并不是这么简单的，接下来我们就来仔细讲解分散投资。

很多投资者初入股市时都会孤注一掷，一是因为初入股市投入的资金量较少，分散投资会增加资金进出操作的难度以及增加投资成本；二是因为初入股市的投资者经验不足、精力不够，难以同时管理两只或以上的股票。所以大部分投资者都会集中资金投资一只股票，但这也在无形中增加了投资的风险。

实际上，此时我们可以考虑分散投资。分散投资也称为组合投资，是指同时将资金投资在不同的资产类型或证券上。这里就指出了分散投资的4种分散方式：对象分散、时机分散、地域分散和期限分散。

◆ 对象分散

对象分散是指投资者在投资时应该将资金广泛分布于不同的投资对象上，除了不同的股票之外，还可以考虑将部分资金投资债券、基金及保险等品种。在行业对象上，应避免将资金过度集中在某一行业上，而应该分散投资在不同的行业上。

◆ 时机分散

股市变化无常，投资者通常很难在最低位置买进，所以投资者可以在投资时间上进行分散，尽量规避由于时间给自己带来的投资风险。时机分散最常见的就是定投法，投资者在固定的时间投资固定的金额，以达到分散投资降低风险的目的。

◆ 地域分散

地域分散指投资者投资时还要考虑地域问题，避免将资金集中在某一地区，防止由于某一地区政治、经济政策的改变而导致投资产生损失。

◆ 期限分散

期限分散是指由于不同时期市场利率的变化方向和变动幅度不同，从而导致不同期限的证券市场的变动方向和变动幅度也不一样。期限分散要求投资者投资时要注意购买不同期限的证券，从而减少利率变动对投资者产生的影响。

总的来说，分散投资要求投资者将眼光放长远，以组合投资的形式进行投资操作，从对象、时间、地域以及期限4个角度对资金进行分散，最大限度地降低风险。

12.2.2 分段投资买卖法

分段投资买卖法包括分段买入和分段卖出。分段买入是指在某一价位时买入第一批，股价上升到某一价位时买入第二批，股价继续上升到某一价位时买入第三批，甚至是第四批。在分段买入的过程中，一旦股价行情趋势发生转变，投资者即可立即停止继续投资，也可视情况抛售持股，避免损失过大。

分段卖出和分段买入相同，股价在某一位置开始出现下跌迹象时卖出第一批，股价下跌至某一价位时卖出第二批，股价继续下跌到某一价位时卖出第三批，甚至是第四批。在分段卖出的过程中，一旦股价行情趋势发生转变，投资者可以立即停止卖出，也可视情况适当加仓，增加利润。

由此可见，分段投资买卖法非常灵活，它将资金分成几份，几次分段买进、分段卖出，避免资金出现大起大落，从而达到合理控制风险，稳定盈利的目的。

那么，股民应该如何分批入场呢？这里介绍比较实用的3种仓位管理方法，具体内容如下。

1. 金字塔仓位管理法

金字塔仓位管理是指初始进场的资金量较大，后市如果行情方向一致则逐渐加仓，且加仓的比例越来越小；后市如果行情方向相反，则不再加仓。仓位形态下方较大，上方较小，形成金字塔形。金字塔仓位管理分为金字塔买入法仓位管理和倒金字塔卖出仓位管理。

图 12-1 所示为金字塔买入法仓位管理示意。

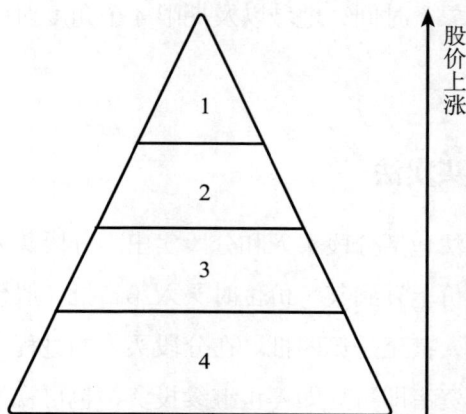

图 12-1 金字塔买入法仓位管理

从图 12-1 中可以看到，金字塔买入法仓位管理将资金分为 4 份资金比例，从下到上分为 40%、30%、20% 和 10%，如果投资者初始资金投入后，股价继续上涨就逐步分段投入 30%、20%、10% 的资金。如果股价下跌就不加仓了，如果股价继续下跌至止损点就抛售持股。

倒金字塔卖出仓位管理与金字塔买入法仓位管理相反，它是下方较小，越往上越广，主要用于看空股价时卖出的资金比例管理。

图 12-2 所示为倒金字塔卖出仓位管理示意。

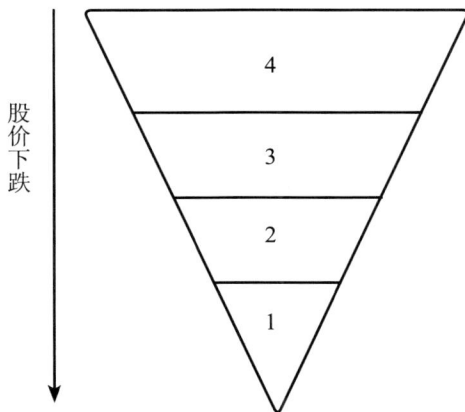

图 12-2 倒金字塔卖出法仓位管理

从图 12-2 中可以看到，倒金字塔买入法仓位管理将资金分为 4 份资金比例，从上到下分为 40%、30%、20% 和 10%，股价出现拐头下跌迹象时投资者卖出 40% 的持股，随后继续下跌就逐步分段卖出 30%、20%、10% 的持股。如果股价止跌回升，可停止卖出重仓买进。

当然，除了按照示意图中的比例将资金分为 4 份之外，还可以将资金分为 5 份甚至更多，4 份是比较常见的做法，比例也可以根据实际情况进行修改。但要注意的是，利用金字塔做仓位管理时首次入场或出场的资金量最大，随后逐渐降低。

2. 矩形仓位管理法

矩形仓位管理是指投资者初次入场建仓时的资金量为总资金的固定比例，如果后市股价按照预期方向发展，则逐渐加仓，加仓时都要遵循这个固定的比例依次增加。

但是，如果后市股价按照相反的方向发展，投资者就要停止加仓，如果超过止损点就要抛售持股。

图 12-3 所示为矩形仓位管理示意。

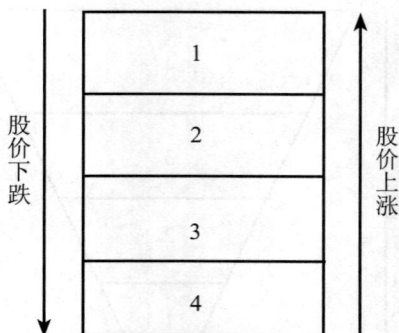

图 12-3 矩形仓位管理

从图 12-3 中可以看到，矩形仓位管理将资金分为 4 份相同的资金比例，分 4 次每次买入 25% 的资金比例，卖出也是分段卖出，每次比例相同，如果行情转变就停止买入卖出操作。

3.漏斗形仓位管理

漏斗形仓位管理中初始进场资金量比较小，仓位比较轻，如果股价行情按相反方向运行，后市就逐步加仓，摊薄成本，加仓比例越来越大。仓位控制呈下方小、上方大的一种形态。图 12-4 所示为漏斗形仓位管理示意。

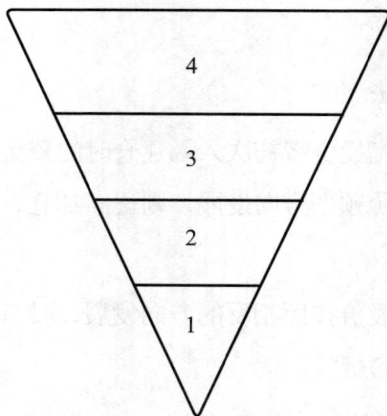

图 12-4 漏斗形仓位管理

从图12-4中可以看到，漏斗形与倒金字塔类似，但是操作上却相反，漏斗形先轻仓后重仓，金字塔形是先重仓后轻仓。实际上，漏斗形仓位管理可以用"越跌越买，越涨越抛"8个字来概括。漏斗形仓位管理投资风险更大，更适合激进和喜欢冒险的投资者。

12.3 自我管理，克服心理误区

股市投资除了技巧之外，更是一场心理博弈战，如果股民缺乏良好的心理素质，被贪婪、恐惧、幻想以及侥幸蒙蔽，就很有可能掉进庄家设置的陷阱中。因此，股民需要明白的是，股市投资最大的敌人实际上是我们自己，只有克服了自己的心理误区才能理性地判断行情趋势，做出正确的投资决策。

12.3.1 不要盲目跟风

从心理学的角度来看，盲目跟风属于羊群效应。羊群原本是一种很散乱的组织，平时在一起也是盲目地左冲右撞，但一旦有一只头羊动起来，其他的羊也会不假思索地一哄而上，全然不顾前面可能有狼或者不远处有更好的草。因此，"羊群效应"就是比喻从众心理，从众心理很容易导致盲从，而盲从往往会陷入骗局或遭到失败。

股市中的盲目跟风与羊群一样，是指缺乏主见的投资者，跟随大多数人的意见，看大家投什么，就跟着投什么，是一种盲目跟从他人的心理倾向。很多时候庄家都会利用投资者的跟风心理，制造诱多陷阱，吸引跟风盘，往往投资者发现了为时已晚。

因此，投资者要树立自己的股票买卖意识，不能跟随他人意志，被人牵着走。在投资的过程中，不要盲从、不要跟风。个人投资者自身要系统地学习相关知识，做到不熟不做、不懂不碰。

12.3.2 炒股不是赌博

炒股不是赌博，但很多投资者并未明白这一点，他们将股票投资视为赌局，逐渐放大自己的赌徒心理，使自己的损失越来越大。

赌徒心理是从赌博中衍生出来的，指参与赌博的人往往输了就想把输掉的钱赢回来，赢了就想要赢得更多，使自己的心理得到进一步满足。股市中的赌徒心理最常见的有以下两种现象。

◆ 盲目追涨

处于上涨行情中时，投资者被股价上涨的行情蒙蔽，盲目追涨，不考虑股票的内在价值和基本面变化，也不顾及已经出现的种种行情转变迹象，毫不犹豫地进入，乐观地看待后市，相信自己的运气。当他们赚钱时，不会得到满足，他们只会觉得自己赚少了，从而更疯狂地沉浸在幻想的大幅上涨行情中。

◆ 盲目杀跌

处于下跌行情中时，大部分的投资者面对亏损及时出逃，但具备赌徒心理的投资者们却受到赌徒心理的影响，认为自己的预期目标即将到来，如果股价连续下跌几天的情况下，势必会出现一波反弹。因此，他们不仅没有及时割肉出局，甚至还出手补仓，为了尽快赚回更多的钱而选择更高风险的投资方式。但往往结果是底下还有底，使投资者遭受更大的损失。

赌徒心理无处不在，投资者如果不能有效克服自己的赌徒心理，最终只会面临失败的结局。要克服自己的赌徒心理，投资者应该设置明确的止盈、止损点，让自己时刻保持清醒。

止盈点是指股价上涨到某一价位时就减仓，而将平仓的价位叫作止盈点；止损点是指股价下跌亏到某一价位时将斩仓出局，而将斩仓的价位叫作止损点，避免造成更大的损失。止盈、止损点的设置是与赌博式炒股最大的区别，前者可以将自己的损失和盈利控制在一定的范围内，降低风险。

图 12-5 所示为止盈、止损点的设置原则。

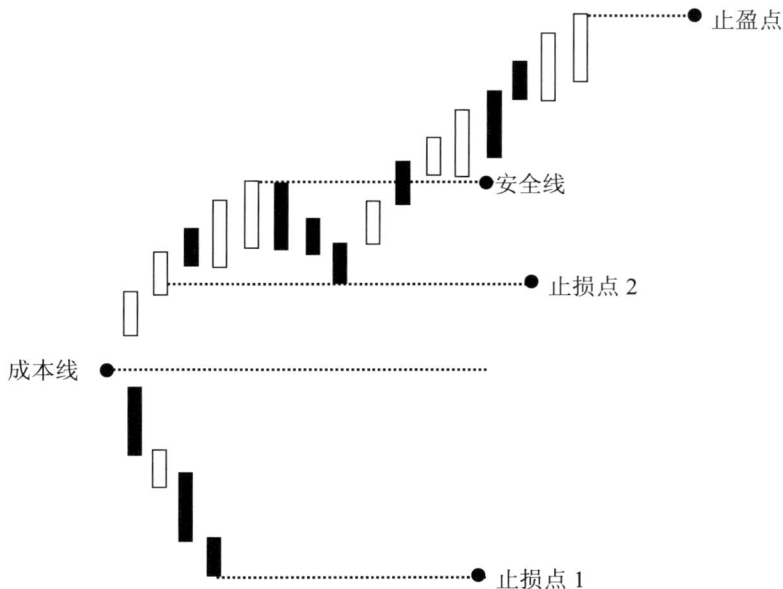

图 12-5 止盈、止损点设置原则

从图 12-5 中可以看到，止盈、止损点设置分为以下几个步骤，具体内容如下。

首先，投资者在成本线位置买进建仓，并设置止损点 1，如果投资者买进后，股价下跌，跌至止损点 1 就应该立即卖出止损。

其次，如果投资者买进后，股价按照预期的方向上涨，投资者就应该为其设置安全线。安全线指股价上涨只要达到这一价位线时，投资者的这笔交易是安全的，不存在亏损。安全线包括时间亏损和价格亏损等。

再次，投资者可以提高止损点位置，设置止损点位置2。通常将止损点2提高到入场时的成本价位，还可以适当提高一些，即加进手续费部分之后的成本价。如果股价下跌至止损点2，股民应该立即斩仓出局。此时，投资者出局基本不会亏损，有时甚至会盈利。

最后，投资者再进一步设置目标止盈点，当股价上涨至目标止盈点位置时，投资者就可以平仓出局了。

12.4　股票套牢的解套技巧

股市投资风险较高，尤其是初入股市的股民更容易被套牢，动弹不得。因此，股民需要了解股市被套的情况以及相关的解套技巧，减少亏损。

12.4.1　股市套牢的几种情况

很多投资者炒股被套时都会立即通过一些解套的方法来进行解套，实际上投资者被套时，除了要掌握解套方法之外，还要了解自己为什么会被套，才能帮助解套，也能避免在以后的股市操作中被套。

股市被套可以从3个方面分析原因，具体内容如下。

◆　大盘原因被套

大盘原因被套是指投资者买进股票之后，因为一些系统性的原因导致大盘出现下跌趋势而被套。对于这类原因，投资者应该养成风险规避意识，在交易过程中一旦发现大盘可能出现系统性风险时，就应该果断卖出持股。

◆ 个股原因被套

个股原因是比较常见的一种被套情况，即庄家利用一些诱多手段致使投资者接盘，庄家出货股价下跌被套。对于这种类型的被套，投资者要谨慎操作，观察个股的中长线趋势是否发生改变，如果已经改变趋势向下，则应该及时斩仓出逃。如果只是短线趋势改变，大盘和技术指标都趋向强势，则可以继续持有或换出部分仓位。

◆ 个人技术不成熟被套

个人技术不成熟包括错误选股被套、买进时机不对被套、投资心态不对被套以及买进价位过高被套等。这种类型的被套只能依靠投资尽可能多地学习掌握相关知识来避免。

总的来说，有些被套的情况是可以避免的，比如个人技术不成熟被套，可以通过更全面的分析降低被套的概率。

12.4.2 股市解套策略有哪些

投资者被套之后是否只能被动地等待股价回升，自动解套呢？当然不是，下面介绍一些实用的解套方法帮助投资者们提前摆脱困境。

◆ 向下差价法

向下差价法是在能够准确判断后市走势向下的情况下的解套方法。投资者在股价高位被套之后，股价下跌，等股价反弹到一定的高位时，可以先卖出，然后股价下跌至低位后再买回。通过反复的高卖低买来降低股票的成本，补回亏损，完成解套。

◆ 向上差价法

向上差价法是在能够准确判断后市走势向上的情况下的解套方法。投资者在股价高位处被套之后，股价下跌跌至某一低点买入股票，等到股票反弹到一定高度时再卖出，反弹高度不一定大于被套高度。如此反复操作多次，降低股价成本，弥补亏损，完成解套。

◆ 换股法

如果投资者被套之后，该股死气沉沉交投不活跃，没有解套的机会。此时，投资者可以考虑选择一只与自己被套股价差不多的、有上涨希望的个股进行投资，让后面买入的股票上涨后的利润来抵消前面买入的股票因下跌而产生的亏损。

◆ 单日 T+0

单日 T+0 解套是利用股价每天的波动变化来进行解套，例如今天开盘可以卖出 100 股，然后等股价下跌了再买进 100 股，如此反复操作。一进一出或几进几出，投资者可以发现虽然收盘数量与之前相同，但是现金却增加了，这样就可以降低成本，直到解套。